Bialon (Hrsg.)
Musterklausuren für das Polizeistudium

Musterklausuren für das Polizeistudium

herausgegeben
von

Jörg Bialon, M. A.

3. Auflage

KSV Medien

Klimaschutz-Beitrag
mit First Climate.com
2024
CO_2-Zertifikate

FSC
www.fsc.org
MIX
Papier | Fördert gute Waldnutzung
FSC® C083411

Die Herstellung bei KSV Medien erfolgt weitgehend digital und in dem Bewusstsein, eine möglichst ressourcenschonende Produktion zu gewährleisten.

Bibliografische Information der Deutschen Nationalbibliothek
Die Deutsche Nationalbibliothek verzeichnet diese Publikation in der Deutschen Nationalbibliografie; detaillierte bibliografische Daten sind im Internet über http://dnb.dnb.de abrufbar.

3. Auflage 2024

Satz: Kumpernatz + Bromann • Schenefeld b. Hamburg
Druck: CPI books
Umschlagfoto: © fotolia.com/tostphoto

ISBN 978-3-8293-1929-4

Inhalt

Vorwort zur 3. Auflage

Das vorliegende Werk liegt nunmehr in der 3. Auflage vor, in der weiterhin 15 Klausuren von Dozenten polizeilicher Hochschulen verfasst wurden.

Alle Klausuren befinden sich auf dem aktuellen Stand der Gesetzeslage und Rechtsprechung. Einige Klausuren wurden exklusiv für die 3. Auflage überarbeitet. Alle Klausuren wurden speziell für dieses Buch geschrieben und sind an keiner anderen Stelle veröffentlicht.

Es hat sich gezeigt, dass das Lernen mit Klausuren sehr effektiv ist und deshalb neben der Grundlage zur Vorbereitung auf Klausuren auch als grundsätzliches Lerninstrument nutzbar ist.

Die Musterklausuren sind weiterhin abgestimmt auf die Bachelor-Studiengänge, können aber auch in anderen Ausbildungsgängen eingesetzt werden.

Mein Dank gilt erneut all denjenigen, die durch Verbesserungsvorschläge an der stetigen Weiterentwicklung dieser Sammlung mitgewirkt und damit einen Teil zum Erfolg dieses Buches beigetragen haben.

Duisburg, Juli 2024 *Jörg Bialon*

Vorwort zur 2. Auflage

In der 2. Auflage wurde dieses Werk um eine Klausur erweitert, sodass jetzt 16 Klausuren von 16 Dozenten Eingang gefunden haben.

Die Klausuren wurden an die neueste Gesetzeslage und die neueste Rechtsprechung angepasst, die sich insbesondere im Bereich der Polizeigesetze ereignet haben.

Dieses Werk ist eine hervorragende Grundlage zur Vorbereitung auf die Klausuren in der polizeilichen Ausbildung. Sie sind abgestimmt auf die Bachelor-Studiengänge, können aber ebenso zur Vorbereitung in anderen Ausbildungsgängen eingesetzt werden.

Die Klausuren sind speziell für dieses Buch geschrieben. Es handelt sich hier nicht um Sammlungen von Klausuren, die bereits woanders veröffentlicht wurden.

Mein Dank gilt all denjenigen, die durch Verbesserungsvorschläge an der stetigen Weiterentwicklung mitgewirkt haben und damit einen Teil zum Erfolg dieses Buches beigetragen haben.

Duisburg, Dezember 2019 *Jörg Bialon*

Vorwort zur 1. Auflage

In dem hier vorliegenden Werk finden sich 15 Musterklausuren von 15 Dozenten, die hauptamtlich oder im Rahmen von Lehraufträgen an Polizeiausbildungsinstituten unterrichten. Dabei werden die wesentlichen Rechtsfächer abgedeckt, sodass für Studentinnen und Studenten die Möglichkeit besteht, sich auf alle Klausurerfordernisse zielgenau vorzubereiten.

Die Musterklausuren sind im Schwerpunkt von Dozenten aus Nordrhein-Westfalen verfasst, sodass landesspezifisch im Bereich des Eingriffsrechts und der Einsatzlehre die entsprechenden gesetzlichen Bestimmungen aus Nordrhein-Westfalen zur Anwendung kommen. Im Strafrecht, Staatsrecht, Verkehrsrecht und überwiegend auch in der Kriminalistik/Kriminaltechnik gibt es bundesgesetzliche Regelungen, sodass das Buch über Ländergrenzen hinweg eingesetzt werden kann.

Aber auch in den landesspezifischen Fächern können die Studierenden außerhalb von Nordrhein-Westfalen das Buch nutzen, denn die Gesetzesinhalte sind in vielen Fällen gleich. Lediglich die Gesetzesnummern unterscheiden sich.

Das Buch ist grundsätzlich einer einheitlichen Strukturierung unterworfen. Bei näherer Betrachtung ist jedoch erkennbar, dass es im Detail beim Aufbau der Lösungen Unterschiede gibt. Hier wurde bewusst eine Entscheidung zugunsten der Freiheit der Dozenten getroffen, denn auch während des Studiums müssen die Studentinnen und Studenten mit unterschiedlichen Dozenten Vorlieb nehmen. Die Dozenten setzen unterschiedliche Schwerpunkte und Anforderungen, wodurch sich im Detail verschiedene Lösungsstrukturen ergeben.

Das Buch erhebt den Anspruch, diese Entscheidung zugunsten der Freiheit der Dozenten widerzuspiegeln und bewusst darzustellen.

Hinweise und Anregungen zur Verbesserung des Werks werden gerne entgegengenommen.

Duisburg, Juni 2018 *Jörg Bialon*

Abkürzungen

AAO	Allgemeine Aufbauorganisation
Abs.	Absatz
ADV	Automatisierte Datenverarbeitung
AFIS	automatisiertes Fingerabdruckidentifizierungssystem
a. g. O.	am genannten Ort
Alt.	Alternative
BAB	Bundesautobahn
BAK	Blut-Alkohol-Konzentration
BAO	Besondere Aufbauorganisation
BeamtStG	Gesetz zur Regelung des Statusrechts der Beamtinnen und Beamten in den Ländern
Beschl.	Beschluss
BGBl	Bundesgesetzblatt
BGH	Bundesgerichtshof
BGHSt	Entscheidungen des BGH in Strafsachen
BKA	Bundeskriminalamt
BKat	Bußgeldkatalog
BPA	Bundespersonalausweis
BtMG	Gesetz über den Verkehr mit Betäubungsmitteln
BuF	Beobachtungs- und Feststellungsbericht
BVerfG	Bundesverfassungsgericht
BVerfGE	Entscheidungssammlung des BVerfG
BVerwG	Bundesverwaltungsgericht
BVerwGE	Entscheidungssammlung des BVerwG
ca.	circa
d. h.	das heißt
DHF	Diensthundeführer
EGGVG	Einführungsgesetz zum Gerichtsverfassungsgesetz
EHu	Einsatzhundertschaft
EHW	Einsatzgebundene Hinweise

ELSt	Einsatzleitstelle
EMSA	Einsatzmehrzweckstock – ausziehbar
FEM	Führungs- und Einsatzmittel
FeV	Verordnung über die Zulassung von Personen zum Straßenverkehr
ff.	fortfolgend
Fustkw	Funkstreifenkraftwagen
FZV	Verordnung über die Zulassung von Fahrzeugen zum Straßenverkehr
gem.	gemäß
GG	Grundgesetz
ggf.	gegebenenfalls
GVG	Gerichtsverfassungsgesetz
gsr	gunshot residues (Schussrückstände)
Halbs.	Halbsatz
h. L.	herrschende Lehre
h. M.	herrschende Meinung
HSOG	Hessisches Gesetz über die öffentliche Sicherheit und Ordnung
HSOG-DVO	Verordnung zur Durchführung des Hessischen Gesetzes über die öffentliche Sicherheit und Ordnung und des Hessischen Freiwilligen-Polizeidienst-Gesetzes
HRT	Handheld Radio Terminal
HVwVfG	Hessisches Verwaltungsverfahrensgesetz
i. d. R.	in der Regel
i. e. S.	im engeren Sinne
IS	Islamischer Staat
i. S. d.	im Sinne der/des
i. V. m.	in Verbindung mit
JGG	Jugendgerichtsgesetz
KMR	Kommentar zur Strafprozessordnung
KPB	Kreispolizeibehörde
KTU	Kriminaltechnische Untersuchung
LBG NRW	Gesetz über die Beamtinnen und Beamten des Landes Nordrhein-Westfalen
LF	Leitfaden
LKA	Landeskriminalamt

Lst	Leitstelle
LZA	Lichtzeichenanlage
MRT	Mobile Radio Terminal
NEF	Notarzteinsatzfahrzeug
Nr.	Nummer
NWR	Nationales Waffenregister
MünchKomm	Münchener Kommentar
o. g.	oben genannt
OWiG	Gesetz über Ordnungswidrigkeiten
PDV	Polizeidienstvorschrift
PflVG	Gesetz über die Pflichtversicherung für Kraftfahrzeughalter
PHW	Personengebundener Hinweis
PI	Polizeiinspektion
PK(in)	Polizeikommissar(in)
Pkw	Personenkraftwagen
POG NRW	Gesetz über die Organisation und die Zuständigkeit der Polizei im Lande Nordrhein-Westfalen
PolG NRW	Polizeigesetz des Landes Nordrhein-Westfalen
POK(in)	Polizeioberkommissar(in)
PP	Polizeipräsidium
PW	Polizeiwache
RdErl	Runderlass
RiStBV	Richtlinien für das Strafverfahren und das Bußgeldverfahren
RSG	Reizstoffsprühgerät
RTH	Rettungshubschrauber
RTW	Rettungswagen
s.	siehe
sog.	sogenannt
StA	Staatsanwaltschaft
StGB	Strafgesetzbuch
StPO	Strafprozessordnung
StVG	Straßenverkehrsgesetz
StVO	Straßenverkehrsordnung
StVZO	Straßenverkehrszulassungsordnung

TBNR	Tatbestandsnummer des Bundeseinheitlichen Tatbestandskatalogs für Verkehrsordnungswidrigkeiten
TWE	Tageswohnungseinbruch
u. a.	unter anderem
u. ä.	und ähnlich
Urt.	Urteil
VA	Verwaltungsakt
VBA	Verbindungsaufnahme
VG	Verwarnungsgeld
vgl.	vergleiche
VwGO	Verwaltungsgerichtsordnung
VwVfG	Verwaltungsverfahrensgesetz
VwVfG NRW	Verwaltungsverfahrensgesetz für das Land Nordrhein-Westfalen
VwV-StVO	Allgemeine Verwaltungsvorschrift zur Straßenverkehrs-Ordnung
WaffG	Waffengesetz
zGM	zulässige Gesamtmasse
z. N.	zum Nachteil

Strafrecht

Fall 1: Ausgetrickst

Schwerpunkte

Polizeibeamte als Tatmittler, Vorläufiges Festnahmerecht der Polizeibeamten, Rechtfertigender/entschuldigender Notstand bei selbst verschuldeter Notstandslage, Räuberische Erpressung, Betrug, Falsche Verdächtigung, Vortäuschen einer Straftat, Beleidigungsdelikte

Prof. Dr. jur. Waltraud Nolden,
Fachhochschule Polizei Sachsen-Anhalt

Sachverhalt

A beabsichtigt, sich auf illegale Weise Geld zu verschaffen. Hierzu will er den reichen B, Vater von drei Kindern, unter Druck setzen und von ihm 100000 Euro fordern. In einem Brief an B schreibt er: *„Wenn Sie mir nicht 100000 Euro in kleinen Scheinen zahlen oder die Polizei einschalten, werde ich Ihre Kinder töten. Legen Sie mir das Geld in einem Koffer am 5.2.2022 um 18.00 Uhr hinter die Parkbank in der Emilstraße.“* Tatsächlich hat A jedoch nicht vor, den Kindern des B jemals etwas anzutun.

B benachrichtigt dennoch nach Eingang des Briefes sofort die Polizei. Um A zu überführen, wird folgender Plan umgesetzt: B hebt 100000 Euro von seinem Konto ab. Im Koffer mit den Geldscheinen wird von der Polizei ein Peilsender versteckt. B deponiert das Geld zur geforderten Zeit am von A geforderten Ort. Die Polizei möchte dem Täter oder seinen möglichen Komplizen folgen und bei günstiger Gelegenheit zugreifen.

A ist geschickt, sodass die ihn beobachtenden und verfolgenden Polizeibeamten ihn zunächst aus den Augen verlieren. Durch den Peilsender können sie aber kurze Zeit später die Spur wieder aufnehmen. A seinerseits hat den Peilsender schon kurze Zeit später entdeckt. Nach Entnahme der Geldscheine schmeißt er den Koffer mit dem Sender auf den LKW des L, im Bewusstsein, dass die Polizei nun den L festnehmen wird. Tatsächlich treffen die Polizeibeamten sodann auf den L. Dieser zeigt ihnen sofort freiwillig seinen Personalausweis, sodass dessen Identität schnell vor Ort festgestellt werden kann. Im Ausweis befindet sich ein Flugticket für einen Hinflug. L erklärt den Polizeibeamten, mit dem Ticket werde er nächste Woche Montag nach Argentinien fliegen. Zur Frage, was er dort machen werde, schweigt er. Die daraufhin von den Polizeibeamten informierte Leitstelle kann einen Richter zur Anordnung einer Verhaftung nicht erreichen. Daraufhin nehmen die Beamten den L gegen seinen Willen vorläufig fest und bringen ihn zur Wache. Nach 30 Minuten klärt sich die Verwechslung auf, L wird entlassen und gegen ihn wird kein weiteres Ermittlungsverfahren geführt.

Strafbarkeit des A? Eventuell erforderliche Strafanträge sind gestellt.

Lösung

Erster Tatkomplex: Das Fordern des Geldes

1. Räuberische Erpressung, §§ 253, 255 StGB

Indem A dem B in einem Brief erklärte, „*Wenn Sie mir nicht 100.000 Euro in kleinen Scheinen zahlen oder die Polizei einschalten, werde ich Ihre Kinder töten*“, könnte er sich wegen räuberischer Erpressung nach §§ 253, 255 StGB strafbar gemacht haben.

1.1 Objektiver Tatbestand

A müsste einen Menschen mit Gewalt gegen eine Person oder durch Drohung mit gegenwärtiger Gefahr für Leib oder Leben zu einer Handlung, Duldung oder Unterlassung genötigt haben. Dadurch müsste er dem Vermögen des Genötigten einen Nachteil zugefügt haben.
Als Nötigungsmittel kommt allein die Drohung mit einer gegenwärtigen Gefahr für Leib oder Leben in Betracht. Diese stellt zukünftig eine Gefahr in Aussicht, auf deren Eintritt der Drohende Einfluss hat oder zu haben vorgibt.[1] Hiervon sind auch Scheindrohungen erfasst, die ebenfalls geeignet sind, den Willen des Bedrohten zu beugen.[2] Die Drohung muss sich nicht gegen den Genötigten selbst richten.

1 Vgl. *Eisele* in Schönke/Schröder, StGB, 30. Aufl., München 2019, § 240 Rdnr. 9.
2 Vgl. BGH, Urt. vom 7.3.1985 – 4 StR 82/85 –, NStZ 1985 S. 408.

Ausreichend ist, dass ein Dritter bedroht ist, wenn die Drohung für das Nötigungsopfer selbst ein Übel darstellt.[3]

A erklärte, er habe vor, die Kinder des B zu töten, sollte dieser ihm kein Geld geben oder die Polizei einschalten. Dass A nicht vorhatte, seine Drohung zu realisieren, ist unmaßgeblich, da auch Scheindrohungen Drohungen i. S. d. §§ 253, 255 StGB sind. A hat also mit einer gegenwärtigen Gefahr für das Rechtsgut Leben gedroht.

A müsste den B hierdurch zu einer Handlung, Duldung oder Unterlassung genötigt haben.

B hat das Geld zur genannten Zeit an dem vom A geforderten Ort deponiert. Er hat es hingegen nicht unterlassen, die Polizei einzuschalten. Damit könnte nur in Bezug auf das Tun (= Deponieren der Scheine) der Nötigungserfolg eingetreten sein. Umstritten ist, ob das abgenötigte Verhalten eine Vermögensverfügung darstellen muss. Von der h. L.[4] wird dies bejaht, da die Erpressung ein dem Betrug gleichendes Vermögensdelikt darstellt. Es sei also ein willentliches, nicht aber freiwilliges Opferverhalten erforderlich. B hob die 100000 Euro ab und legte das Geld mit dem Koffer an die von A geforderte Stelle. Dies war ein willentliches Verhalten des B.

Demgegenüber wollen die Rechtsprechung[5] und ein Teil der Literatur[6] jedwedes Verhalten durch das Opfer genügen lassen. Auch hiernach liegt der erforderliche Nötigungserfolg vor. Der Streit kann folglich offenbleiben.

Ferner muss das Nötigungsmittel kausal für den Nötigungserfolg sein.[7] Nicht ausgeschlossen wird die Kausalität, wenn das Opfer damit ein weiteres Motiv, wie vor allem die Überführung des Täters, verbindet.[8] Ohne die Drohung mit dem Tod seiner Kinder hätte B das Geld nicht an A übergeben. Dass B darüber hinaus den Täter gemeinsam mit der Polizei überführen wollte, hindert die Kausalität zwischen dem Nötigungsmittel und -erfolg nicht.

Durch das Verhalten müsste dem Vermögen des Genötigten ein Nachteil zugefügt worden sein. Dies ist der Fall, wenn die Vermö-

3 Vgl. *Wittig* in BeckOK StGB, 61. Ed. 1.5.2024, § 255 Rdnr. 2, § 249 Rdnr. 12.
4 Vgl. *Rengier, Rudolf,* Die harmonische Abgrenzung des Raubes von der räuberischen Erpressung entsprechend dem Verhältnis von Diebstahl und Betrug, JuS 1981 S. 656.
5 Vgl. BGH, Urt. vom 5.7.1960 – 5 StR 80/60 = BGHSt 14, 387.
6 Vgl. *Krack, Ralf,* Abgrenzung zwischen Raub und Erpressung – Anmerkung zu BGH, Beschl. vom 13.5.1997 – 4 StR 200–95 –, NStZ 1999 S. 134.
7 Vgl. BGH, Urt. vom 22.9.1983 – 4 StR 376/83 = BGHSt 32, 89.
8 Vgl. BGH, Urt. vom 30.11.1995 – 5 StR 465/95 = BGHSt 41, 371.

genslage des Betroffenen nach der Tat ungünstiger ist als vorher.[9] Ausreichend ist dabei auch eine hinreichend konkrete Vermögensgefährdung.[10] Ob eine solche bereits für den kurzen Zeitraum anzunehmen ist, als A vom Tatort flüchtete und den Peilsender noch nicht entdeckt hat und die Polizeibeamten dem Fahrzeug folgten, kann offenbleiben. Spätestens in dem Moment, in dem A das Geld aus dem Koffer nahm und sich ohne Peilsender entfernte, trat ein endgültiger Vermögensschaden ein.

1.2 Subjektiver Tatbestand

A müsste vorsätzlich und mit der Absicht, sich oder einen Dritten zu Unrecht zu bereichern, gehandelt haben.

Vorsatz setzt Wissen und Wollen in Bezug auf die objektiven Tatbestandsmerkmale voraus.[11] A handelte in dem Bewusstsein und mit dem Willen, den B durch Drohung mit gegenwärtiger Lebensgefahr für dessen Kinder zur Herausgabe der 100000 Euro zu nötigen. Er wollte B durch sein Verhalten in dieser Höhe schädigen. A handelte damit vorsätzlich.

Die Bereicherungsabsicht setzt zielgerichtetes Handeln in Bezug auf eine günstigere Gestaltung der Vermögenslage voraus.[12] Die erstrebte Bereicherung muss dabei dem Schaden entsprechen, den der Täter dem Opfer zufügen will. Das heißt, es muss Stoffgleichheit zwischen Schaden und erstrebter Bereicherung vorliegen.[13] A wollte genau die 100000 Euro, die den Schaden des B darstellten. Er handelte damit in stoffgleicher Eigenbereicherungsabsicht.

Die Bereicherung muss nach der materiellen Rechtslage zu Unrecht, also rechtswidrig, erfolgen. Erforderlich ist daher, dass der Täter einen Vermögensvorteil erstrebt, auf den er keinen fälligen und einredefreien Anspruch hat.[14] A hat keinen materiellrechtlichen Anspruch auf Übereignung des Geldes des B, sodass die Bereicherungsabsicht rechtswidrig war.

Bezüglich der Rechtswidrigkeit der Bereicherung muss der Täter vorsätzlich handeln, wobei bedingter Vorsatz genügt.[15] A wusste, dass er keinen fälligen und einredefreien Anspruch auf das Geld

9 Vgl. BGH, Urt. vom 9.7.1987 – 4 StR 216/87 = BGHSt 34, 394, 395.
10 Vgl. *Wittig* in BeckOK StGB, 61. Ed. 1.5.2024, § 253 Rdnr. 14.
11 Vgl. BGH, Beschl. vom 23.2.1961 – 4 StR 7/61 = NJW 1961 S. 1172, 1173.
12 Vgl. *Bosch*, in Schönke/Schröder, StGB, 30. Aufl., München 2019, § 253 Rdnr. 17/18, 21.
13 Vgl. *Sander* in MünchKommStGB, 4. Aufl., München 2021, § 253 Rdnr. 34.
14 Vgl. *Wittig* in BeckOK StGB, 61. Ed. 1.5.2024, § 253 Rdnr. 17.
15 Vgl. BGH, Urt. vom 22.9.1983 – 4 StR 376/83 = BGHSt 32, 88, 92.

hatte, insofern lag auch der Vorsatz in Bezug auf die Rechtswidrigkeit vor.

1.3 Rechtswidrigkeit

A müsste rechtswidrig gehandelt haben. Rechtswidrig handelt der Täter, wenn keine Rechtfertigungsgründe vorliegen. Solche sind nicht ersichtlich. Aufgrund der angewandten Raubmittel (Drohung mit gegenwärtiger Gefahr für Leib oder Leben) bedarf es abweichend von § 253 Abs. 2 StGB auch keiner positiven Feststellung der Verwerflichkeit.[16] A handelte rechtswidrig.

1.4 Schuld

A handelte schuldhaft, denn Schuldausschließungs- und Entschuldigungsgründe liegen nicht vor.

1.5 Ergebnis

A hat sich folglich wegen räuberischer Erpressung nach §§ 253, 255 StGB strafbar gemacht, indem er den B im Brief dazu aufforderte, ihm 100000 Euro zu übergeben und keine Polizei einzuschalten, anderenfalls werde er dessen Kinder töten.

2. Nötigung, § 240 StGB

Indem A den B mit der Erklärung, anderenfalls werde er dessen Kinder töten, zur Herausgabe der 100000 Euro zwang, hat er diesen ebenfalls durch Drohung mit einem empfindlichen Übel zu einem Handeln vorsätzlich, rechtswidrig und schuldhaft nach § 240 Abs. 1, Abs. 2 StGB genötigt. Die räuberische Erpressung ist aber gegenüber der Nötigung das speziellere Delikt,[17] sodass § 240 StGB in Gesetzeskonkurrenz hinter §§ 253, 255 StGB zurücktritt.

3. Bedrohung, § 241 StGB

Ferner hat A den B mit der Begehung eines gegen ihm nahestehenden Personen gerichteten Verbrechens, der Tötung seiner Kinder, vorsätzlich, rechtswidrig und schuldhaft nach § 241 Abs. 2 StGB bedroht. Die darin enthaltene Bedrohung mit einer rechtswidrigen Tat gegen die körperliche Unversehrtheit der Kinder als nahestehende Personen nach § 241 Abs. 1 StGB tritt im Wege der Gesetzeskonkurrenz

---

16 Vgl. *Bosch* in Schönke/Schröder StGB, StGB, 30. Aufl., München 2019, § 255 Rdnr. 1.

17 Vgl. *Wittig* in BeckOK StGB, 61. Ed. 1.5.2024, § 253 Rdnr. 24.

hinter den spezielleren Tatbestand der Bedrohung mit einem Verbrechen nach § 241 Abs. 2 zurück.[18] § 241 Abs. 2 tritt wiederum im Wege der Gesetzeskonkurrenz hinter die speziellere räuberische Erpressung zurück.[19]

4. Betrug, § 263 Abs. 1 StGB

Indem A dem B erklärte, er werde dessen Kinder töten, es sei denn, B übergibt ihm 100000 Euro, dies aber zu keinem Zeitpunkt tatsächlich vorhatte, könnte er sich wegen Betruges nach § 263 Abs. 1 StGB gegenüber und z. N. des B strafbar gemacht haben.

Hierzu müsste eine Täuschungshandlung vorliegen. Hierunter versteht man jede intellektuelle Einwirkung auf das Vorstellungsbild eines anderen, um eine Fehlvorstellung über Tatsachen hervorzurufen.[20] Fraglich ist, ob in der wahrheitswidrigen Erklärung des A an B, die Drohung der Tötung der Kinder ohne Geldzahlung realisieren zu wollen, eine Täuschung liegt. Die Rechtsprechung lehnt die Tatbestandsmäßigkeit einer Täuschung bereits ab. Zwar enthalte das Verhalten des A als Scheindrohung auch Elemente der Täuschung. Da das Schwergewicht des Verhaltens aber eindeutig in der Drohung liege, scheide eine Täuschungshandlung aber aus. [21]

Die herrschende Literatur lehnt den Betrug demgegenüber erst auf Konkurrenzebene ab, weil dessen Unwert in der Bestrafung wegen Erpressung bereits enthalten sei.[22] Einhellig wird für den Fall, dass die Täuschung Mittel der Drohung ist, damit insgesamt der Betrug verneint, sodass eine Stellungnahme nicht erforderlich ist. A hat sich folglich nicht wegen Betruges nach § 263 Abs. 1 StGB gegenüber und z. N. des B strafbar gemacht.

5. Ergebnis für den ersten Tatkomplex

Im ersten Tatkomplex hat sich A wegen räuberischer Erpressung nach §§ 253, 255 StGB strafbar gemacht.

---

18 Vgl. *Valerius* in BeckOK StGB, 61. Ed. 1.5.2024, § 241 Rdnr. 12.
19 Vgl. *Wittig* in BeckOK StGB, 61. Ed. 1.5.2024, § 253 Rdnr. 24.
20 Vgl. *Perron* in Schönke/Schröder, StGB, 30. Aufl., München 2019, § 263 Rdnr. 11.
21 Vgl. BGH, Urt. vom 30.6.1970 – 1 StR 127/70 = BGHSt 23, 294, 296.
22 Vgl. *Bosch* in Schönke/Schröder, StGB, 30. Aufl., München 2019, § 253 Rdnr. 33.

Zweiter Tatkomplex: Das Geschehen bei der Flucht

Aufbau

§§ 164 Abs. 1, 258 Abs. 1 StGB waren vorrangig vor § 145d Abs. 2 Nr. 1 StGB zu prüfen, da die zuletzt genannte Norm gesetzlich subsidiär ist.

1. Falsche Verdächtigung, § 164 Abs. 1 StGB

Indem A den Koffer mit dem Peilsender auf den LKW des L warf, könnte er sich wegen falscher Verdächtigung nach § 164 Abs. 1 StGB strafbar gemacht haben.

1.1 Objektiver Tatbestand

Hierfür müsste A bei einer Behörde oder einem zur Entgegennahme von Anzeigen zuständigen Amtsträger eine andere Person einer rechtswidrigen Tat verdächtigt haben.

A hat Polizeibeamten, Amtsträger nach § 11 Abs. 1 Nr. 2a StGB, die nach § 158 Abs. 1 StPO zur Entgegennahme von Anzeigen zuständig sind, durch das nonverbale Schaffen einer verdächtigen Beweislage vorgespiegelt, L sei der Täter einer räuberischen Erpressung und damit einer rechtswidrigen Tat nach § 11 Abs. 1 Nr. 5 StGB.

Unter „Verdächtigen" versteht man das Hervorrufen, Verstärken oder Umlenken eines Verdachts auf eine bestimmte Person.[23] Dabei muss der Verdacht objektiv unwahr sein.[24] Umstritten ist, ob das Schaffen einer Beweislage zur Erfüllung einer Verdächtigung genügt.

Vereinzelt wird in der Literatur vertreten, dass das Schaffen einer verdachtserregenden Beweislage den Tatbestand nicht erfüllt.[25] A hat nur die Beweise manipuliert und durch das Platzieren des Koffers mit Peilsender auf dem LKW des L selbst keine verbale Behauptung aufstellt. Nach dieser restriktiven Ansicht hat A den L nicht verdächtigt.

Nach h. M. genügt hingegen das „Sprechen lassen von Tatsachen". Nicht erforderlich ist eine verbale Mitteilung.[26] Damit hat A nach der extensiven Ansicht den L durch seine Beweismittelmanipulation verdächtigt.

Zwar ist für die restriktive Ansicht anzuführen, dass § 164 Abs. 2 StGB von „sonstigen Behauptungen tatsächlicher Art" spricht, sodass

23 Vgl. *Fischer*, StGB, 71. Aufl., München 2024, § 164 Rdnr. 3 m. w. N.
24 Vgl. *Valerius* in BeckOK StGB, 61. Ed. 1.5.2024, § 164 Rdnr. 9.
25 Vgl. *Valerius* in BeckOK StGB, 61. Ed. 1.5.2024, § 164 Rdnr. 4.
26 Vgl. *Fischer*, StGB, 71. Aufl., München 2024, § 164 Rdnr. 3.

auch § 164 Abs. 1 StGB eine Behauptung und damit eine verbale Einwirkung voraussetzen könnte. Da der Gesetzgeber in § 164 Abs. 1 StGB aber gerade auf eine vergleichbare Formulierung wie in Abs. 2 verzichtet hat, lässt dies jedoch genau umgekehrt den Schluss zu, dass für diesen Tatbestand keine derartige Einschränkung der Tatmodalitäten erforderlich ist. Hinzu kommt, dass sowohl für die Rechtspflege als auch für den Betroffenen gefälschte Indizien wegen ihres scheinbar objektiven Charakters nicht selten wesentlich gefährlicher sind als unzutreffende Aussagen. Mit h. M. ist deshalb jedes Hervorrufen oder Steigern eines Verdachts ohne Rücksicht auf die Begehungsweise als ausreichend anzusehen.

A hat damit den L bei zur Entgegennahme von Anzeigen zuständigen Amtsträgern einer rechtswidrigen Tat verdächtigt und den objektiven Tatbestand erfüllt.

1.2 Subjektiver Tatbestand

Der Täter muss vorsätzlich in Bezug auf die objektiven Tatbestandsmerkmale und bezüglich der Unwahrheit der Beschuldigung wider besseres Wissen gehandelt haben. Darüber hinaus ist die Absicht erforderlich, gegen den anderen ein behördliches Verfahren herbeizuführen.

A wusste, dass die Polizeibeamten zur Entgegennahme von Anzeigen zuständig waren und er durch seine Beweismanipulation den L wegen räuberischer Erpressung verdächtigte. Da er selbst der Täter war, wusste er sicher, dass die Verdächtigung des unschuldigen L unwahr war.

Fraglich ist aber, ob A in der Absicht handelte, ein behördliches Verfahren gegen L herbeizuführen, da er nur nicht weiter aufgrund des Peilsenders wegen räuberischer Erpressung verfolgt werden wollte. § 164 StGB könnte keinen wirksamen Schutz der Rechtspflege vor falschen Verdächtigungen gewährleisten, wenn Absicht im Sinne dieser Vorschrift nur als zielgerichtetes Handeln zu verstehen wäre. Es reicht daher aus, wenn der Täter das sichere Wissen hat, dass seine Anschuldigungen zu einem Verfahren gegen den Verdächtigen führen werden.[27] Da A dies in Bezug auf L als sicher voraussah, ist die erforderliche Absicht für ihn zu bejahen.

27 Vgl. BGH, Urt. vom 1.7.1959 – 2 StR 220/59 = BGHSt 13, 219, 222.

1.3 Rechtswidrigkeit

A müsste rechtswidrig gehandelt haben. Das Verhalten des A könnte durch Notstand nach § 34 StGB gerechtfertigt sein.

Hierzu müsste sich A in einer Notstandslage und damit in einer gegenwärtigen Gefahr für seine Freiheit befunden haben. Gefahr ist ein Zustand, bei dem es nach den konkreten tatsächlichen Umständen wahrscheinlich ist, dass es zum Eintritt eines schädigenden Ereignisses kommt.[28] Sie ist gegenwärtig, wenn sich nach objektivierter Beurteilung zum Zeitpunkt der Tathandlung der kurzfristige Eintritt eines Schadens bei natürlicher Weiterentwicklung des angelegten Geschehensverlaufs als wahrscheinlich darstellt, wenn nicht alsbald Rettungsmaßnahmen eingeleitet werden.[29] Für A, der polizeilich verfolgt wurde, war es wahrscheinlich, dass er wegen räuberischer Erpressung verurteilt und bestraft werden würde. Die Strafhöhe beträgt hier als Verbrechen „nicht unter einem Jahr". Insofern bestand die gegenwärtige Gefahr für die Fortbewegungsfreiheit des A.

Für eine Notstandshandlung müsste die Gefahr nicht anders abwendbar sein. Hierzu müsste sie geeignet sein, die Gefahr abzuwehren und das mildeste Mittel darstellen.[30] Das Ablenken des Tatverdachts ist geeignet, die Verfolgung zumindest zu erschweren. Als milderes Mittel hätte A auch den Peilsender nur wegwerfen und den Verdacht nicht auf eine konkrete Person lenken können. Das Verdächtigen einer anderen Person ist aber in jedem Fall effektiver, da hier die Polizei zunächst zeitintensiver gegen eine konkrete andere Person ermittelt. Damit ist die Gefahr auch nicht anders abwendbar.

Bei Abwägung der widerstreitenden Interessen, namentlich der betroffenen Rechtsgüter und des Grades der ihnen drohenden Gefahren, muss das geschützte Interesse zudem das beeinträchtigte Interesse wesentlich überwiegen. Dabei muss der Notstand das angemessene Mittel sein, die Gefahr abzuwenden.

Im Rahmen der Interessenabwägung stehen als beeinträchtigte Rechtsgüter durch die falsche Verdächtigung die Rechtspflege und der Individualschutz[31] des L dem geschützten Interesse des A, dem für die räuberische Erpressung mindestens ein Jahr Freiheitsentzug gedroht hätte, gegenüber. Zu beachten ist aber, dass A die räuberische Erpressung vorsätzlich herbeigeführt hat. Das Interesse einer Person, die eine vorsätzliche Straftat begeht, ist immer gemindert,

28 Vgl. BGH, Beschl. vom 15.2.1963 – 4 StR 404/62 = BGHSt 18, 271.
29 Vgl. BGH, Urt. vom 5.3.1954 – 1 StR 230/53 = BGHSt 5, 373.
30 Vgl. *Momsen/Savic* in BeckOK StGB, 61. Ed. 1.5.2024, § 34 Rdnr. 7.
31 Vgl. *Fischer*, StGB, 71. Aufl., München 2024, § 164 Rdnr. 2.

was in der Abwägung zu berücksichtigen ist.[32] Bereits daran kann die Notstandshandlung scheitern. Trotz eines möglicherweise dennoch wesentlichen Überwiegens des gefährdeten Interesses in Bezug auf die Freiheit ist die Notstandshandlung aber auch dann nicht gerechtfertigt, wenn sie sich wegen ihrer Unvereinbarkeit mit elementaren, nicht abwägungsfähigen Rechtsprinzipien oder mit abschließenden Verfahrensregeln als zur Abwendung der Gefahr nicht angemessenes Mittel erweist.[33] Die Rechtsordnung verlangt vom Tatverdächtigen, dass er das gegen ihn gerichtete Strafverfahren hinnimmt und auch eine Verurteilung und Bestrafung nach Ausschöpfung aller prozessualen Anfechtungsmöglichkeiten akzeptiert. Diese Duldungslast wird sogar Unschuldigen zugemutet. Daher kann es nicht gerechtfertigt sein, diese Gefahr durch eine straftatbestandsmäßige Handlung abzuwenden. Zumindest ist damit die falsche Verdächtigung kein angemessenes Mittel, die Notlage zu verhindern. A ist folglich nicht nach § 34 StGB gerechtfertigt. Mangels anderer Rechtfertigungsgründe handelte A somit rechtswidrig.

1.4 Schuld

A müsste schuldhaft gehandelt haben. Schuldausschließungsgründe liegen nicht vor. Zwar ist eine entschuldigende Notstandslage nach § 35 StGB insofern gegeben, als durch die Verfolgung durch die Polizei eine gegenwärtige Gefahr für die Fortbewegungsfreiheit des A bestand. Sie konnte auch am Effektivsten durch die falsche Verdächtigung des L abgewendet werden, sodass die Gefahr nicht anders abwendbar war. A ist aber zur Duldung der Gefahr auch im Rahmen des entschuldigenden Notstandes verpflichtet. Er hat diese durch seine räuberische Erpressung selbst verschuldet, sodass ihm die Hinnahme der Gefahr nach § 35 Abs. 1 Satz 2 StGB zuzumuten ist. Ein entschuldigender Notstand nach § 35 scheidet somit aus. Weitere Entschuldigungsgründe liegen nicht vor. A handelte damit auch schuldhaft.

1.5 § 258 Abs. 5 StGB analog

A wollte aber durch die Tat nur vereiteln, dass er selbst bestraft werden wird. Insofern könnte § 258 Abs. 5 StGB analog Anwendung finden, der bei der Strafvereitelung einen Strafaufhebungsgrund bei

32 Vgl. *Erb* in MünchKomm StGB, 4. Aufl., München 2020, § 34 Rdnr. 187.
33 Vgl. *Kindhäuser/Neumann/Paeffgen/Saliger*, StGB, 6. Aufl., Baden-Baden 2023, § 34 Rdnr. 117.

einer Selbstbegünstigung vorsieht. Der Gesetzgeber hat aber bewusst in § 164 StGB auf eine in § 258 Abs. 5 StGB vergleichbare Regelung verzichtet, sodass keine planwidrige Regelungslücke vorliegt, die eine Analogie des § 258 Abs. 5 StGB zugunsten des Täters erlaubt hätte.[34] § 258 Abs. 5 StGB greift deshalb bei § 164 StGB nicht analog ein.

1.6 Ergebnis

A ist strafbar nach § 164 Abs. 1 StGB.

2. Strafvereitelung, § 258 Abs. 1 StGB

Eine Strafbarkeit des A wegen Strafvereitelung nach § 258 Abs. 1 StGB scheidet aus, da A nur seine eigene Bestrafung und nicht die eines anderen vereitelte.

3. Vortäuschen einer Straftat, § 145d Abs. 2 Nr. 1 StGB

A hat auch vorsätzlich die Polizeibeamten, die eine zur Entgegennahme von Anzeigen zuständige Stelle nach § 158 Abs. 1 StPO darstellen, durch Schaffen einer belastenden Beweislage gegen L wider besseres Wissen über den Beteiligten an einer rechtswidrigen Tat zu täuschen gesucht, als er bewusst den Koffer mit dem Peilsender auf den LKW des L warf, um den Tatverdacht von sich abzulenken. Hierdurch erweckte er schließlich bei den Polizeibeamten den Eindruck, nicht A, sondern L habe eine räuberische Erpressung begangen. Umstritten ist aber, ob der Tatbestand nach Sinn und Zweck der Norm zu reduzieren ist, da A handelte, um sich selbst zu begünstigen. Teilweise wird die Täuschung eines Vortatbeteiligten als straflos angesehen, wenn er zum Zwecke der Selbstbegünstigung handelt.[35] Mit Blick auf den Normzweck wird demgegenüber teilweise behauptet, § 145d StGB greife auch dann ein, wenn ein Vortatbeteiligter die Strafverfolgungsorgane zum Selbstschutz irreführt.[36] Der Gesetzgeber habe schließlich bewusst davon abgesehen eine Regelung entsprechend dem § 258 Abs. 5 StGB einzuführen. Der Streit kann offenbleiben, weil § 145d Abs. 2 Nr. 1 StGB ohnehin formell subsidiär hinter § 164 Abs. 1 StGB im Wege der Gesetzeskonkurrenz zurücktritt.

---

34 Vgl. *Mitsch, Wolfgang*, JZ 1992 S. 979 f.

35 Vgl. *Sternberg-Lieben* in Schönke/Schröder, StGB, 30. Aufl., München 2019, § 145d Rdnr. 15.

36 Vgl. *Lackner/Kühl/Kühl*, StGB, 30. Aufl., München 2023, § 145d Rdnr. 7.

Hinweis
Wer § 164 Abs. 1 StGB verneint hat, weil er der Auffassung gefolgt ist, dass das Schaffen einer verdächtigenden Beweislage nicht genügt, muss den Streit in § 145d Abs. 2 Nr. 1 StGB ausdiskutieren.

4. Verleumdung, § 187 StGB

A könnte sich aber wegen Verleumdung nach § 187 StGB strafbar gemacht haben, indem er den Koffer mit dem Peilsender auf den LKW des L warf und die Polizeibeamten diesen für den Täter hielten.

4.1 Objektiver Tatbestand

Hierfür müsste A in Beziehung auf einen anderen eine unwahre Tatsache behauptet oder verbreitet haben, welche denselben verächtlich zu machen oder in der öffentlichen Meinung herabzuwürdigen oder dessen Kredit zu gefährden geeignet ist.

L ist ein anderer Mensch als A. Der Täter handelt in Beziehung auf einen anderen, wenn er die verleumderische Äußerung einem Dritten gegenüber gemacht hat. Die Polizei erlangte Kenntnis von der angeblichen Täterschaft des L. Die Begehung einer räuberischen Erpressung ist eine Tatsache. Dabei handelt es sich um eine solche, die geeignet ist, jemanden in der öffentlichen Meinung herabzuwürdigen. Sie ist unwahr, da der unbeteiligte L keine räuberische Erpressung begangen hat. Ob A eine Tatsache behauptet oder verbreitet hat, ist fraglich, da er nicht verbal erklärte, L habe eine räuberische Erpressung begangen, sondern nur eine verdachtserregende Sachlage geschaffen hat, die geeignet ist, in einem davon Kenntnis erlangenden Dritten die Vorstellung hervorzurufen, L sei Täter einer räuberischen Erpressung. Mangels Äußerung lehnt die h. M. ein Behaupten oder Verbreiten ab.[37] Die Gegenansicht,[38] die eine taugliche Tathandlung annimmt, verkennt die Eigenart des § 187 StGB als Äußerungsdelikt.

4.2 Ergebnis

B hat sich deshalb nicht wegen Verleumdung nach § 187 StGB strafbar gemacht.

---

37 Vgl. *Eisele/Schittenhelm* in Schönke/Schröder, StGB, 30. Aufl., München 2019, § 186 Rdnr. 7.

38 Vgl. *Streng, Franz,* Verleumdung durch Tatsachenmanipulation?, GA 1985 S. 214, 221 ff.

5. Beleidigung, § 185 StGB

Durch das Werfen des Koffers mit dem Peilsender auf den LKW des L könnte sich A aber einer Beleidigung nach § 185 StGB des L strafbar gemacht haben.

5.1 Objektiver Tatbestand

A müsste den L beleidigt haben. Eine Beleidigung ist ein Angriff auf die Ehre eines andern durch Kundgabe der Miss- oder Nichtachtung.[39]

Diese kann sich auf Tatsachen gegenüber dem Beleidigten oder Werturteile gegenüber dem Beleidigten oder einem Dritten beziehen. Hier kommt eine Tatsache gegenüber dem Ehrträger L in Betracht, nämlich die Tatsache, dass dieser angeblich eine räuberische Erpressung und damit eine strafbare Handlung begangen haben soll. Auch das wahrheitswidrige Behaupten einer Straftat kann eine Beleidigung sein.[40] Hier fehlte es aber an einem verbalen Vortrag. Das Schaffen kompromittierender Sachlagen kann nur dann eine Kundgabe erfüllen, wenn das Opfer sie als Äußerung eines gedanklichen Inhalts versteht.[41] Keine Kundgabe ist aber das Schaffen einer Tatsachenbasis für das Urteil anderer. Auch hierbei fehlt das personale Gegenstück des Äußernden.[42] Durch das falsche Beweismittel können nur Dritte den Schluss auf eine räuberische Erpressung ziehen. Einen anderen gedanklichen Inhalt hat der Koffer mit dem Peilsender nicht. Damit scheidet auch der objektive Tatbestand der Beleidigung aus.

5.2 Ergebnis

A hat sich auch nicht wegen Beleidigung nach § 185 StGB strafbar gemacht.

---

39 Vgl. *Fischer*, StGB, 71. Aufl., München 2024, § 185 Rdnr. 4.

40 Vgl. *Eisele/Schittenhelm* in Schönke/Schröder, StGB, 30. Aufl., München 2019, § 185 Rdnr. 6.

41 Vgl. *Kindhäuser/Neumann/Paeffgen/Saliger*, StGB, 6. Aufl., Baden-Baden 2023, § 185 Rdnr. 22; anders aber bei der Veröffentlichung der Anzeige „Modell-Hosteß Jutta“, hierzu BGH, Beschl. vom 3.11.1983 – 1 StR 515/83 = BGH NStZ 1984 S. 216.

42 Vgl. *Kindhäuser/Neumann/Paeffgen/Saliger*, StGB, 6. Aufl., Baden-Baden 2023, § 185 Rdnr. 22; anders auch *Streng, Franz*, Verleumdung durch Tatsachenmanipulation?, GA 1985 S. 214, der die Beleidigungsdelikte als „Zuschreibungsdelikte“ auffasst.

6. §§ 239 Abs. 1, 25 Abs. 1 2. Fall StGB

Indem A den Peilsender auf den LKW des L warf und die Polizeibeamten den L 30 Minuten lang festnahmen, könnte er sich wegen Freiheitsberaubung in mittelbarer Täterschaft nach §§ 239 Abs. 1, 25 Abs. 1 2. Fall StGB strafbar gemacht haben.

6.1 Objektiver Tatbestand

Hierfür müsste A den L eingesperrt oder auf andere Weise der Freiheit beraubt haben.

Neben dem Einsperren kommt jedes Mittel in Betracht, das tauglich ist, einem anderen die Möglichkeit der Fortbewegung zu nehmen.[43] Hierunter fällt auch die Festnahme durch einen Polizeibeamten.[44] Unerhebliche Beeinträchtigungen, die lediglich einen kurzen Augenblick oder einige Sekunden dauern, reichen dafür nicht aus. Eine halbe Stunde überschreitet aber die erforderliche Erheblichkeitsschwelle.[45] L wurde für 30 Minuten von der Polizei gegen seinen Willen vorläufig festgenommen und zur Wache verbracht. Dadurch wurde er in seiner Fortbewegungsfreiheit beschränkt. Es war aber nicht A selbst, der durch die Festnahme an L eine tatbestandliche Freiheitsberaubung begangen hat, sondern die Polizeibeamten. A hat aber durch die Positionierung des Peilsenders eine Beweislage geschaffen, in der die Polizeibeamten der Auffassung waren, L habe die räuberische Erpressung begangen. A könnte insofern mittelbarer Täter nach § 25 Abs. 1 2. Fall StGB sein, sodass ihm das Verhalten der Polizeibeamten zuzurechnen ist. Auch staatliche Organe wie Polizeibeamten können durch Täuschung zum amtlichen Eingreifen als Tatmittler veranlasst werden.[46]

A müsste also die Tat durch andere – die Polizeibeamten – begangen haben. Er müsste sich also der Polizeibeamten als Werkzeuge bedient haben. Voraussetzung für eine mittelbare Täterschaft ist ein Defizit des Vordermannes und eine überlegene, die Handlung des Tatmittlers steuernde Stellung des Hintermanns.[47]

---

43 Vgl. *Valerius* in BeckOK StGB, 61. Ed. 1.5.2024, § 239 Rdnr. 10.
44 Vgl. RGSt 17, 127, 128.
45 Vgl. *Eisele* in Schönke/Schröder StGB, 30. Aufl., München 2019, § 239 Rdnr. 4 m. w. N.
46 Vgl. *Kindhäuser/Neumann/Paeffgen/Saliger*, StGB, 6. Aufl., Baden-Baden 2023, § 239 Rdnr. 24.
47 Vgl. *Fischer*, StGB, 71. Aufl., München 2024, § 25 Rdnr. 5.

6.1.1 Defizit des Vordermanns

Das deliktische Defizit der Polizeibeamten könnte in der Rechtswidrigkeit liegen.

Die Polizeibeamten, die den objektiven und subjektiven Tatbestand des § 239 Abs. 1 StGB verwirklichten, könnten ihrerseits nach § 127 Abs. 2 StPO gerechtfertigt gewesen sein.

Hinweis

Zulässig ist auch die Prüfung des hier aber sehr problematischen Jedermann-Festnahmerechts nach § 127 Abs. 1 Satz 1 StPO. Hierbei mussten dann folgende Probleme diskutiert werden:

- Anwendbarkeit des § 127 Abs. 1 Satz 1 StPO auf Polizeibeamten neben §§ 163b Abs. 1, 127 Abs. 2 StPO[48]
- Verfolgen auf frischer Tat auch, wenn der Verfolgte nur unter dringendem Tatverdacht steht.

Bejaht man sowohl die Anwendbarkeit des § 127 Abs. 1 Satz 1 StPO auf Polizeibeamte als auch mit der Verdachtslösung[49] den für die Rechtfertigung dann genügenden dringenden Tatverdacht, handeln die Polizeibeamten als gerechtfertigte Werkzeuge.

Folgt man bei Anwendbarkeit des § 127 Abs. 1 Satz 1 StPO hingegen der Tatlösung,[50] die eine wirkliche Täterschaft des L voraussetzt, kommt keine Rechtfertigung der Polizeibeamten in Betracht. Die Polizeibeamten, die sich dann irrig die tatsächlichen Voraussetzungen eines Festnahmerechts (sog. Erlaubnistatbestandsirrtum) vorstellten, fehlt dann mit der herrschenden rechtsfolgenverweisenden eingeschränkten Schuldtheorie nach § 16 Abs. 1 Satz 1 analog[51] der Vorsatz-Schuldvorwurf und damit die Schuld. Auch insofern liegt damit ein Defizit der Polizeibeamten vor.

Die Beamten des Polizeidienstes sind nach § 127 Abs. 2 StPO bei Gefahr im Verzug dann zur vorläufigen Festnahme befugt, wenn die Voraussetzungen eines Haftbefehls vorliegen.

---

48 Vgl. *Kramer, Bernhard*, „Jedermann" nach § 127 Abs. 1 StPO: Staatsanwälte und Polizeibeamte?, MDR 1993 S. 111.

49 Vgl. *Wagner, Markus*, Dass allgemeine Festnahmerecht gem. § 127 Absatz 1 Satz 1 StPO als Rechtfertigungsgrund, ZJS 2011 S. 465, 459.

50 Vgl. *Lackner/Kühl/Heger*, StGB, 30. Aufl., München 2023, Vorbemerkung § 32 Rdnr. 23.

51 Vgl. *Wessels, Johannes/Beulke, Werner/Satzger, Helmut*, Strafrecht Allgemeiner Teil, 52. Aufl., Heidelberg 2022, Rdnr. 478.

6.1.1.1 Voraussetzungen eines Haftbefehls

Ein Haftbefehl setzt nach § 112 Abs. 2 StPO einen dringenden Tatverdacht des Beschuldigten, einen Haftgrund aufgrund bestimmter Tatsachen und die Wahrung des Grundsatzes der Verhältnismäßigkeit voraus.

Dringender Tatverdacht ist gegeben, wenn nach dem bisherigen Ermittlungsergebnis eine hohe Wahrscheinlichkeit besteht, dass der Beschuldigte Täter oder Teilnehmer einer Straftat ist.[52] Durch den Peilsender im Koffer, der sich auf dem LKW des L befand, bestand die hohe Wahrscheinlichkeit, dass L Täter der räuberischen Erpressung war. Ein dringender Tatverdacht gegen L lag damit vor.

Als Haftgründe kommen bestimmte Tatsachen in Betracht, die eine Flucht oder eine Fluchtgefahr begründen. Nach § 112 Abs. 2 Nr. 1 StPO liegt Flucht des Beschuldigten aber nur dann vor, wenn dieser sich von seinem bisherigen Lebensmittelpunkt absetzt, um zumindest auch in einem gegen ihn anhängigen Strafverfahren unerreichbar zu sein und dem behördlichen Zugriff zu entgehen.[53] Die Fluchtgefahr muss sich aus bestimmten Tatsachen ergeben. Erfahrungswerte und Prognosen reichen hingegen nicht aus.

Zwar scheint es so, als wenn L als vermeintlicher Täter vom Tatort fliehen würde und sich ins Ausland nach Argentinien aufgrund des Flugtickets allein für den Hinflug absetzen will. Schließlich hat er auch keine Erklärung für seinen einseitigen Hinflug. Er befindet sich aber noch im Inland und hat sich damit noch nicht (scheinbar) abgesetzt.

In Betracht kommen insofern nur bestimmte Tatsachen, die eine Fluchtgefahr nach § 112 Abs. 2 Nr. 2 StPO begründen. Fluchtgefahr ist gegeben, wenn bei Würdigung der Umstände des Falles eine höhere Wahrscheinlichkeit für die Annahme spricht, der Beschuldigte werde sich – zumindest für eine gewisse Zeit – dem Strafverfahren entziehen, als für die Erwartung, er werde am Verfahren teilnehmen.[54]

Dass ein Täter vom Tatort flieht, so wie der vermeintliche Täter L, reicht für die Fluchtgefahr nicht aus, da es um das zukünftige Strafverfahren geht. Allerdings hatte L ein Flugticket nach Argentinien ausschließlich für einen Hinflug direkt in der nächsten Woche Montag. Eine Erklärung auf die Frage, was er dort mache, unterblieb. Zu-

52 Vgl. BVerfG Beschl. vom 12.9.1995 – 2 BvR 2475/94 = NJW 1996 S. 1049; BGH NStZ 1992 S. 449.
53 Vgl. KG Beschl. vom 1.3.2013 – 4 Ws 14/13 – 141 AR 685/12 = KG StV 2013 S. 516.
54 Vgl. BGH Beschl. vom 8.5.2014 – BGH 1 StR 726/13 = BeckRS 2014, 14207.

dem bestand eine Straferwartung von 1–15 Jahren für die vermeintlich begangene räuberische Erpressung nach §§ 253, 255 StGB.

Damit erweckte L bei Gesamtwürdigung der Umstände den Anschein, er werde sich einem Strafverfahren entziehen, sodass Fluchtgefahr bestand. Ein Haftgrund nach § 112 Abs. 2 Nr. 2 StPO lag vor.

Für die Verhältnismäßigkeit darf die Untersuchungshaft nicht außer Verhältnis zur Bedeutung der Sache und der zu erwartenden Strafe stehen. In Bezug auf die Straftat als Verbrechen und die Höhe der Beute von 100000 Euro war die Festnahme auch verhältnismäßig.

6.1.1.2 Gefahr in Verzug

Gefahr im Verzug liegt vor, wenn die Festnahme gefährdet wäre, falls zuvor ein richterlicher Haft- oder Unterbringungsbefehl erwirkt werden müsste. Dies beurteilt der Beamte aufgrund pflichtgemäßer Prüfung der Umstände des Falles.[55] Die Leitstelle konnte eine richterliche Anordnung nicht erwirken, sodass auch Gefahr im Verzug vorlag.

6.1.1.3 Subjektives Rechtfertigungselement

Die Polizeibeamten handelten auch zum Zwecke der Festnahme.

6.1.1.4 Ergebnis

Da die Beamten also nach § 127 Abs. 2 StPO gerechtfertigt gehandelt haben, sind sie nicht rechtswidrig handelnde Werkzeuge und weisen damit ein Defizit auf.

6.1.2 Steuernde Handlung des Hintermanns

A hat durch sein Deponieren des Koffers mit dem Peilsender auf dem LKW die Polizeibeamten getäuscht, die den L für den Täter der räuberischen Erpressung hielten, sodass dieser festgenommen wurde. Da A – anders als die Polizeibeamten – wusste, dass L nicht der Täter war, hatte er aufgrund seines überlegenen Wissens auch eine steuernde Stellung.

6.1.3 Ergebnis

A hat also objektiv die Freiheitsberaubung in mittelbarer Täterschaft durch die Polizeibeamten als gerechtfertigte Werkzeuge mit überlegenem Wissen begangen, sodass ihm die Festnahme des L durch die Polizeibeamten nach § 25 Abs. 1 2. Fall StGB zuzurechnen ist.

---

55 Vgl. *Krauß* in BeckOK StPO, 51. Ed. 1.4.2024, StPO § 127 Rdnr. 13.

6.2 Subjektiver Tatbestand

A müsste vorsätzlich gehandelt haben. Vorsatz ist Wissen und Wollen der objektiven Tatbestandsverwirklichung.[56] Dabei genügt bedingter Vorsatz.[57] A war bewusst, dass die Polizeibeamten als Tatmittler den L gerechtfertigt verhaften würden. Er handelte insofern mit sicherem Wissen und damit vorsätzlich.

6.3 Rechtswidrigkeit und Schuld

A handelte rechtswidrig und schuldhaft.

6.4 Ergebnis

A hat sich folglich wegen Freiheitsberaubung in mittelbarer Täterschaft nach §§ 239 Abs. 1, 25 Abs. 1 2. Fall StGB strafbar gemacht.

7. Nötigung in mittelbarer Täterschaft §§ 240, 25 Abs. 1 2. Fall StGB

Darüber hinaus liegt eine Nötigung in mittelbarer Täterschaft nach §§ 240, 25 Abs. 1 2. Fall StGB vor. Schließlich hat A den L auch in mittelbarer Täterschaft durch die gerechtfertigt handelnden Polizeibeamten und seine Wissensherrschaft mit Gewalt zu einem Dulden, nämlich die Mitnahme des L zur Wache, genötigt. Dabei handelte er vorsätzlich, mangels Rechtfertigungsgründe und wegen Verwerflichkeit (§ 240 Abs. 2) rechtswidrig und auch schuldhaft.

8. Ergebnis des zweiten Tatkomplexes

Im zweiten Tatkomplex hat sich A durch das Positionieren des Peilsenders auf L's LKW und damit durch dieselbe Handlung wegen falscher Verdächtigung nach § 164 Abs. 1 StGB, Freiheitsberaubung in mittelbarer Täterschaft nach §§ 239 Abs. 1, 25 Abs. 1 2. Fall StGB und Nötigung in mittelbarer Täterschaft nach §§ 240, 25 Abs. 1 2. Fall StGB strafbar gemacht.

Die Freiheitsberaubung und die Nötigung stehen dabei im Verhältnis der Tateinheit. Kommt es nämlich dem Täter neben einem erzwungenen Verhalten zugleich darauf an, den Genötigten an einer Veränderung des Aufenthalts nach freiem Willen zu hindern wie bei der Festnahme und dem Zwang zum Mitgehen zur Polizeiwache, so liegt Tateinheit zwischen Freiheitsberaubung und Nötigung nach

56 Vgl. BGH Beschl. vom 23.2.1961 – 4 StR 7/61 = NJW 1961 S. 1172, 1173.
57 Vgl. *Eisele* in Schönke/Schröder, StGB, 30. Aufl., München 2019, § 239 Rdnr. 9.

§ 52 StGB vor.[58] Auch die falsche Verdächtigung steht hierzu in Tateinheit. A hat sich damit im zweiten Tatkomplex strafbar gemacht nach §§ 164 Abs. 1, 239 Abs. 1, 25 Abs. 1 2. Fall, 240, 25 Abs. 1 2. Fall, 52 StGB.

Gesamtergebnis

Die räuberische Erpressung aus dem ersten Tatkomplex und die Delikte aus dem zweiten Tatkomplex, die durch einen neuen Tatentschluss begangen wurden, stehen im Verhältnis der Tatmehrheit. A ist folglich strafbar nach §§ 253, 255; 164 Abs. 1, 239 Abs. 1, 25 Abs. 1 2. Fall, 240, 25 Abs. 1 2. Fall, 52; 53 StGB.

58 Vgl. *Eisele* in Schönke/Schröder StGB, 30. Aufl., München 2019, § 240 Rdnr. 41.

Fall 2: Der Juwelier ohne Schmuck

Schwerpunkte

Wohnungseinbruchsdiebstahl, Diebstahl mit Waffen, Beihilfe, Totschlag, Versuch, Rücktritt vom Versuch, Widerstand und tätlicher Angriff gegen Vollstreckungsbeamte, Unterlassen

Prof. Dr. Andreas Mertens, HSPV NRW, Abt. Köln

Sachverhalt

Der gelegentliche Einbrecher E erfährt aus gut unterrichteten Kreisen, dass im Nachbarort ein bekannter und erfolgreicher ehemaliger Juwelier seinen Ruhestand genießt. In dessen Wohnung sollen sich etliche wertvolle Schmuckstücke befinden. Als er nähere Recherchen anstellt, erkennt er einen für ihn sehr glücklichen Zufall. Die Haushälterin H des Rentners R ist nämlich eine ehemals gute Bekannte von ihm, die ihm noch einen Gefallen schuldet. An diesen Umstand erinnernd, bringt E die H dazu, ihm zu versprechen, während des nächsten Urlaubs des R dem E ihren Schlüssel zur Wohnung auszuhändigen, damit dieser einige der wertvollen Schmuckstücke entwenden kann. Dabei muss er H allerdings versprechen, keine Waffen mitzunehmen.

Zwei Monate später ist es soweit. Mit dem Schlüssel der H gelangt E problemlos in die Wohnung des sich im Urlaub befindenden R. Wie von H angekündigt, findet er die Schmuckstücke in einer offenen Schublade im Wohnzimmer und steckt diese umgehend in seinen mitgebrachten Rucksack. Gerade als er die Wohnung verlassen will, betritt jedoch der Polizeibeamte P die Wohnung, der gerade zufällig nebenan tätig war und ungewöhnliche Geräusche aus der Wohnung des R gehört hat. Er erkennt den E sofort als früheren Einbrecher und schreit diesen an, er solle sofort stehenbleiben und die Hände heben, er sei vorläufig festgenommen. Daraufhin zieht E seine vorsichtshalber doch mitgebrachte, geladene Pistole und schießt auf den Bauch des P. P denkt zwar daran, dass dieser dadurch zu Tode kommen könnte. Er beabsichtigt dies aber nicht und letztlich ist es ihm egal. P sackt mit erheblichen Bauchverletzungen zusammen und stürzt zu Boden. E, der bis dahin noch nie auf einen Menschen geschossen hat, ist selbst erschrocken über das Geschehene, jedoch sehr erleichtert, als er erkennt, dass P ihn zwar nicht mehr am Verlassen des Hauses hindern kann, aber nicht lebensgefährlich verletzt ist. Deshalb lässt er P liegen und flieht mit seinem Rucksack nach Hause. Wie erwartet, kommt P tatsächlich wenig später zu Bewusstsein, kann mit seinem Handy Hilfe holen und erholt sich im Krankenhaus vollständig.

Der von der Polizei informierte R kehrt nun umgehend nach Hause zurück und lässt sich aus Angst um sein schwaches Herz von seinem Sohn S, mit dem ihn ein besonders enges Verhältnis verbindet, begleiten. Als er allerdings die Schublade im Wohnzimmer begutachtet und erkennt, dass ausgerechnet seine wertvollsten Schmuckstücke entwendet wurden, regt er sich derart auf, dass er einen Herzanfall erleidet. S, der schon einmal einen solchen Anfall mitbekommen hatte, erkennt, dass umgehende ärztliche Hilfe nötig ist, die seinem Vater auch sicher das Leben retten würde. Da er jedoch in argen finanziellen Nöten ist, schiebt er alle Skrupel beiseite und holt zunächst keine Hilfe. Er wartet so lange, bis sein Vater offensichtlich nicht mehr zu retten ist. Der nunmehr herbeigerufene Arzt kann nur noch den Tod des R feststellen. Wie erwartet, kann sich S etwas später über die Mitteilung freuen, dass er der alleinige Erbe seines Vaters ist.

Aufgabe 1

Prüfen Sie die Strafbarkeit von E, H und S.

Das „Überreden“ der H durch E, ihm die Schlüssel zu geben, soll nicht berücksichtigt werden.

Ferner ist davon auszugehen, dass die vorläufige Festnahme, die P durchführen will, rechtmäßig ist.

Nicht zu prüfen sind §§ 123, 211, 222, 240 und 303 StGB, die Delikte des 20. Abschnitts des StGB (§§ 249 bis 256 StGB) und die Delikte des Waffengesetzes.

Aufgabe 2

Begründen Sie kurz und ohne gutachterliche Prüfung, welche der nachfolgenden Tatbestände verwirklicht sein könnten und welche nicht: §§ 249, 252, 250 StGB.

Lösung zu Aufgabe 1

A. Strafbarkeit des E nach §§ 242 Abs. 1, 244 Abs. 1 Nr. 1a, Abs. 1 Nr. 3, Abs. 4 StGB?

E könnte sich gem. §§ 242 Abs. 1, 244 Abs. 1 Nr. 1a, Abs. 1 Nr. 3, Abs. 4 StGB eines Wohnungseinbruchsdiebstahls mit Waffen strafbar gemacht haben, indem er den Schmuck aus der Wohnung des Rentners R entwendet und dabei eine Pistole bei sich geführt hat.

I. Objektiver Tatbestand, § 242 Abs. 1 StGB

Dafür müsste er zunächst den objektiven Tatbestand des Grunddelikts, also des Diebstahls, verwirklicht haben. Bei dem entwendeten Schmuck handelt es sich um fremde, bewegliche Sachen, also um körperliche Gegenstände, die fortbewegt werden können und weder im Alleineigentum des E stehen noch herrenlos sind. Diese müssten von E weggenommen worden sein. Unter einer Wegnahme versteht man den Bruch fremden und die Begründung neuen Gewahrsams, wobei Gewahrsam die von einem Sachherrschaftswillen getragene tatsächliche Sachherrschaft ist. R befand sich zu diesem Zeitpunkt zwar nicht in seiner Wohnung. Das Vorliegen von Gewahrsam richtet sich allerdings nach der allgemeinen Verkehrsanschauung. Danach behält ein Wohnungsinhaber auch während seiner Abwesenheit den jedenfalls gelockerten Gewahrsam über seine Sachen.[1] Diesen ursprünglichen Gewahrsam des R hat E gebrochen, als er ohne Einverständnis des R den Schmuck an sich nahm. Fraglich ist, wann er neuen, eigenen Gewahrsam begründet hat. Dies wäre spätestens durch Verlassen der Wohnung der Fall gewesen, wenn E nicht bereits in der Wohnung des R, also in dessen Gewahrsamssphäre, eine Gewahrsamsenklave begründet hätte. Dies geschah durch das Einstecken des Schmucks in den mitgebrachten Rucksack, mit dem er dem R die weitere Zugriffmöglichkeit genommen hat. Bereits zu diesem Zeitpunkt hat E folglich neuen Gewahrsam begründet, wodurch der objektive Tatbestand des Diebstahls erfüllt ist.[2]

---

1 Vgl. BGHSt 22, 182; *Fischer*, StGB, 69. Aufl. 2022, § 242 RdNr. 11; *Nolden/Palkovits/Dittert/Pichocki*, Grundstudium Strafrecht, 5. Aufl. 2021, S. 196 f.

2 Vgl. *Laustetter/Mertens*, Fälle und Lösungen im Strafrecht für die Polizeiausbildung, 2. Aufl. 2023, S. 73.

Hinweis
Für die Annahme einer Wegnahme würde natürlich auch die Feststellung genügen, dass spätestens mit dem Verlassen der Wohnung neuer Gewahrsam begründet wurde. Im Sinne einer gutachterlichen Prüfung ist es aber unbedingt ratsam, diesen Zeitpunkt näher zu bestimmen, wenn – wie hier – bereits zuvor eine Gewahrsamsenklave begründet wurde.

II. Subjektiver Tatbestand, § 242 Abs. 1 StGB

Da E wusste, dass es sich beim Schmuck um für ihn fremde, bewegliche Sachen handelt, und er diese absichtlich entwendete, hatte er zunächst Vorsatz in der Form des dolus directus ersten Grades. Darüber hinaus müsste er aber auch in der Absicht einer rechtswidrigen Zueignung gehandelt haben. Dabei ist zunächst die Aneignungsabsicht erforderlich, also die Absicht, sich die Sache zumindest vorübergehend einzuverleiben, ferner aber auch der Enteignungsvorsatz, der Wille also, den vorherigen Gewahrsamsinhaber dauerhaft von der Sachherrschaft zu verdrängen. Da E den Schmuck behalten und keinesfalls wieder an R zurückgelangen lassen wollte, handelte er auch mit Zueignungsabsicht. Da er auf den Schmuck offensichtlich auch keinen fälligen und durchsetzbaren Anspruch hatte und er dies auch wusste, war die erstrebte Zueignung auch rechtswidrig. Dies war wiederum von seinem Vorsatz umfasst.

III. Objektiver Tatbestand, § 244 Abs. 1 Nr. 1a StGB

Fraglich ist, ob E auch qualifiziert gehandelt hat, er könnte nämlich einen Diebstahl mit Waffen verwirklicht haben nach § 244 Abs. 1 Nr. 1a StGB. Bei Waffen handelt es sich um Gegenstände, die dazu bestimmt sind, erhebliche Verletzungen herbeizuführen. Die Pistole, mit der E beim Herauslaufen auf P geschossen hat, ist somit zweifelsfrei eine solche Waffe, die sich auch als funktionstüchtig herausgestellt hat. Diese hat E auch schon bei der Wegnahme bei sich geführt, da sich bei dem späteren Schuss herausstellte, dass sie einsatzbereit war und er Zugriff auf sie hatte.[3] Es handelt sich also objektiv um einen Diebstahl mit Waffen.

3 Vgl. *Kindhäuser/Hilgendorf*, Strafgesetzbuch, 9. Aufl. 2021, § 244 RdNr. 4, 16.

IV. Objektiver Tatbestand, § 244 Abs. 1 Nr. 3, Abs. 4 StGB

Darüber hinaus könnte auch ein Wohnungseinbruchsdiebstahl gegeben sein. Dann müssten die betroffenen Räumlichkeiten die Wohnräume des R sein. Eine Wohnung dient Menschen zur Unterkunft und nicht nur zu dienstlichen Zwecken. Dies ist hier der Fall. Die urlaubsbedingte Abwesenheit von R ändert nichts an der Tatsache, dass die Räume dauerhaft als Privatwohnung genutzt werden, weshalb neben § 244 Abs. 1 Nr. 3 StGB auch Absatz 4 erfüllt ist.[4]

Fraglich ist indes, ob E eine Tathandlung i. S. d. § 244 Abs. 1 Nr. 3 StGB vorgenommen hat. E ist weder eingebrochen noch eingestiegen, da er die Wohnung auf dem dafür vorgesehenen Weg, also mit dem Schlüssel durch die Eingangstür, betreten und die Tür nicht gewaltsam geöffnet hat. Er könnte aber mit einem falschen Schlüssel eingedrungen sein. Für die Kategorisierung als falscher Schlüssel in diesem Sinne ist es nicht entscheidend, dass R kein Interesse daran hatte, dass der Schlüssel nicht zu einem Diebstahl genutzt wird. Es kommt einzig darauf an, ob R den Schlüssel entwidmet hat.[5] Da R keine Kenntnis von den Plänen des E hatte, gab es für ihn keinen Grund, den Schlüssel der H zu entwidmen, also zu entscheiden, dass dieser nicht mehr zum Betreten der Wohnung genutzt werden dürfe. E hat somit auch keinen falschen Schlüssel verwendet, weshalb kein Wohnungseinbruchsdiebstahl gegeben ist.

Hinweis

Weder die Tatsache, dass der „echte“ Schlüssel nicht für den Zweck eines Diebstahls genutzt werden sollte, führt also dazu, dass er falsch wird, noch der Umstand, dass er von der Berechtigten H an einen Dritten weitergegeben wird, solange jedenfalls R keine Kenntnis von alledem hat. Anders wäre es, wenn E unerlaubt einen Nachschlüssel hergestellt hätte.

V. Subjektiver Tatbestand, § 244 Abs. 1 Nr. 1a StGB

E wusste, dass er die Pistole mit sich führte, sodass er bezüglich des Diebstahls mit Waffen vorsätzlich handelte.

4 Vgl. *Nolden/Palkovits/Dittert/Pichocki*, Grundstudium Strafrecht, 5. Aufl. 2021, S. 230.

5 Vgl. *Bosch* in Schönke/Schröder, StGB, 30. Aufl. 2019, § 243 RdNr. 14.

VI. Rechtswidrigkeit und Schuld

E handelte rechtswidrig und schuldhaft.

VII. Ergebnis

Somit machte sich E durch die Entwendung des Schmucks wegen Diebstahls mit Waffen nach §§ 242 Abs. 1, 244 Abs. 1 Nr. 1a StGB strafbar.

B. Strafbarkeit des E nach §§ 212, 22, 23 Abs. 1 StGB?

E könnte gem. §§ 212, 22, 23 Abs. 1 StGB wegen versuchten Totschlags strafbar gemacht haben, indem er auf den P schoss.

I. Vorprüfung

P wurde durch den Schuss nicht tödlich verletzt, weshalb der Totschlag nicht vollendet wurde. Darüber hinaus handelt es sich beim Totschlag aufgrund des Mindeststrafmaßes von fünf Jahren um ein Verbrechen, § 12 StGB, dessen Versuch gem. § 23 Abs. 1 StGB stets strafbar ist.

II. Tatentschluss

E müsste mit Tötungsvorsatz gehandelt haben. Zwar wollte er P nicht absichtlich töten, aber er erkannte die Möglichkeit des Erfolgseintritts. Zudem nahm er den Tod des P billigend in Kauf, da ihm die Möglichkeit des Erfolgseintritts egal war. E handelte also mit bedingtem Vorsatz (dolus eventualis).[6]

III. Unmittelbares Ansetzen zur Tat

E müsste weiterhin unmittelbar zur Tat angesetzt haben. Ein Täter setzt unmittelbar zur Tat an, wenn er subjektiv die Schwelle zum „jetzt geht's los" überschritten und objektiv so zur tatbestandsmäßigen Ausführungshandlung angesetzt hat, dass nach seiner Vorstellung von der Tat seine Handlung ohne wesentliche Zwischenschritte in den tatbestandsmäßigen Erfolg mündet. Indem E auf P geschossen hat, hat er unmittelbar zur Tat angesetzt.

IV. Rechtswidrigkeit und Schuld

E handelte rechtswidrig und schuldhaft.

---

6 Vgl. *Nowrousian/Bahne*, Strafrecht für die Polizei, 2022, S. 39.

V. Rücktritt vom Versuch

Allerdings könnte er nach § 24 Abs. 1 Satz 1 StGB strafbefreiend vom Versuch zurückgetreten sein. Dafür dürfte zunächst der Versuch nicht fehlgeschlagen sein. Von einem Fehlschlag spricht man, wenn der Täter erkennt, dass er den tatbestandsmäßigen Erfolg mit den ihm zur Verfügung stehenden Mitteln nicht mehr herbeiführen kann. Vorliegend wäre E keineswegs daran gehindert gewesen, ein weiteres Mal auf P zu schießen, um ihn endgültig zu töten. Der Versuch war daher nicht fehlgeschlagen.

Fraglich ist, welche Rücktrittshandlung erforderlich war. Dies hängt davon ab, ob der Versuch beendet oder unbeendet war. Beendet ist der Versuch dann, wenn der Täter glaubt, dass er alles für den Erfolgseintritt Erforderliche getan hat. Dabei ist jedoch nach überzeugender Ansicht auf den tatbestandlichen Erfolg, also den Tod, abzustellen. Auf außertatbestandliche Ziele, wie hier möglicherweise das Ziel des E, nicht mehr weiter verfolgt werden zu können, kommt es hingegen nicht an.[7] Der Versuch ist unbeendet, wenn der Täter glaubt, dass er noch nicht alles zum Erfolgseintritt Erforderliche getan hat.

E hat erkannt, dass P nicht lebensgefährlich verletzt ist. Es handelt sich somit um einen unbeendeten Versuch, von dem man gem. § 24 Abs. 1 Satz 1 Alt. 1 StGB durch das bloße Aufgeben der weiteren Tatausführung zurücktreten kann. E hat keinen weiteren Schuss auf P abgegeben, die weitere Ausführung der Tat also aufgegeben.

Schließlich müsste dies freiwillig geschehen sein. Der Entscheidung müssten also autonome Gründe zugrunde gelegen haben. E wurde nicht von außen zum Aufhören gedrängt, sondern hat sich selbständig dazu entschieden, nicht noch einmal zu schießen. Er trat daher freiwillig, mithin wirksam strafbefreiend vom Versuch zurück.

Hinweis

Diese sog. „Denkzettelfälle", bei denen also der Täter mit Eventualtötungsvorsatz handelt und er dabei erkennt, dass das Opfer ohne weiteres Hinzutun nicht versterben wird, er zugleich aber seine eigentlichen Ziele (etwa nicht mehr verfolgt zu werden oder sich zu rächen) als bereits vollständig erfüllt ansieht, können natürlich auch anders gelöst werden, wenn man darauf abstellt, dass das au-

---

7 BGHSt 39, 22, NStZ 2008 S. 275; *Wessels/Beulke/Satzger*, Strafrecht Allgemeiner Teil, 51. Aufl. 2021, RdNr. 1048; *Blum/Hofmann/Kohler*, Fälle zum Strafrecht für Polizeibeamte, 2. Aufl. 2019, S. 115.

ßertatbestandliche Ziel erreicht ist und der Täter durch sein Nichtweiterhandeln nicht auf den Boden der Legalität zurückkehrt.[8]

VI. Ergebnis

Somit hat sich E durch seinen Schuss auf P nicht wegen eines versuchten Totschlags strafbar gemacht.

C. Strafbarkeit des E nach §§ 223 Abs. 1, 224 Abs. 1 Nr. 2 und 5 StGB?

Jedoch könnte sich E durch diesen Schuss gem. §§ 223 Abs. 1, 224 Abs. 1 Nr. 2 und 5 StGB wegen einer gefährlichen Körperverletzung strafbar gemacht haben.

I. Objektiver Tatbestand, § 223 Abs. 1 StGB

Objektiv müsste E willensgesteuert gehandelt haben, was er mit dem Schuss tat. Zugleich müsste der Erfolg des § 223 StGB eingetreten sein. Dabei versteht man unter einer körperlichen Misshandlung jede üble unangemessene Behandlung, durch die das körperliche Wohlbefinden oder die körperliche Unversehrtheit des Opfers nicht ganz unerheblich beeinträchtigt wird. Eine Gesundheitsschädigung ist das Hervorrufen oder Steigern eines pathologischen Zustandes. Beides ist im vorliegenden Fall der erheblichen Schussverletzungen am Bauch zweifellos gegeben. Dieser Erfolg müsste kausal auf der Handlung beruhen. Nach der Äquivalenztheorie ist jede Handlung kausal für den Erfolg, die nicht hinweggedacht werden kann, ohne dass der Erfolg in seiner konkreten Gestalt entfiele. Denkt man den Schuss hinweg, so wäre es bei P zu keinen Verletzungen gekommen, weshalb die Kausalität gegeben ist. Schließlich ist festzustellen, dass sich E die Verletzungen des P auch objektiv zurechnen lassen muss, da er mit dem Schuss ein rechtlich missbilligtes Risiko geschaffen hat, welches sich im konkreten Verletzungserfolg realisiert hat. Somit hat E den objektiven Tatbestand des § 223 StGB erfüllt.

II. Subjektiver Tatbestand, § 223 Abs. 1 StGB

Wissen und Wollen der Tatbestandsverwirklichung sind ebenfalls gegeben, sodass E auch vorsätzlich gehandelt hat.

---

8 Vgl. *Joecks/Jäger,* Strafgesetzbuch Studienkommentar, 13. Aufl. 2021, § 24 RdNr. 29 ff.

III. Objektiver Tatbestand, § 224 Abs. 1 Nr. 2 und 5 StGB

Er könnte aber auch Qualifikationstatbestände des § 224 StGB verwirklicht haben. Dabei ist zunächst an Nr. 2 zu denken. Da E mittels einer Waffe gehandelt hat, hat er § 224 Abs. 1 Nr. 2 StGB verwirklicht. Darüber hinaus kommt Nr. 5 in Betracht. Auch wenn man davon ausginge, dass es im vorliegenden Fall nicht konkret zur Lebensgefahr von P gekommen sei, muss doch festgestellt werden, dass ein Schuss in den Bauch eines Opfers jedenfalls abstrakt dazu geeignet ist, zu lebensgefährlichen Verletzungen zu führen. Da diese abstrakte Sicht überzeugt, kann hier auch Nr. 5 objektiv angenommen werden.[9]

IV. Subjektiver Tatbestand

E hat sowohl in Bezug auf § 223 StGB als auch bezüglich der verwendeten Waffe und bezüglich der lebensgefährdenden Behandlung vorsätzlich gehandelt.

V. Rechtswidrigkeit und Schuld

Wiederum sind keine Rechtfertigungs- und Entschuldigungsgründe erkennbar.

VI. Ergebnis

E hat sich also durch den Schuss wegen einer gefährlichen Körperverletzung strafbar gemacht.

D. Strafbarkeit des E nach § 113 Abs. 1 und 2 Nr. 1 und 2 StGB?

Zugleich könnte sich E durch den Schuss gem. § 113 Abs. 1 und 2 Nr. 1 und 2 StGB wegen eines besonders schweren Falles eines Widerstandleistens gegen Vollstreckungsbeamte strafbar gemacht haben.

I. Objektiver Tatbestand

Im Rahmen des objektiven Tatbestandes ist zunächst festzustellen, dass es sich beim Polizeibeamten P um einen Amtsträger i. S. d. § 11 Abs. 1 Nr. 2a StGB handelt. Als solcher ist P auch zur Vollstreckung von Gesetzen berufen. Im Moment des Schusses nimmt er auch gerade eine solche Vollstreckungshandlung vor, nämlich eine vorläufige Festnahme. Gegen diese müsste E mit Gewalt Widerstand geleistet haben. Widerstandleisten ist jedes aktive, gegen den Vollstreckungsbeamten gerichtete Verhalten, das die Vollstreckungshandlung erschweren oder verhindern soll. Um nicht festgenommen zu

9 Vgl. *Nimtz*, Strafrecht für Polizeibeamte, Band 1, 7. Aufl. 2021, RdNr. 419.

werden, hat E auf P geschossen, was zugleich eine Gewalthandlung ist. Er hat also gegen die Festnahmehandlung Widerstand geleistet.

II. Subjektiver Tatbestand

Dabei wusste A, dass es sich bei P um einen Vollstreckungsbeamten bei der Vornahme einer Vollstreckungsmaßnahme handelte. Zudem hatte er die Absicht, diesen von der Festnahme abzuhalten. Somit ist auch der subjektive Tatbestand erfüllt.

III. Objektive Bedingung der Strafbarkeit

Die Vollstreckungshandlung müsste rechtmäßig gewesen sein, § 113 Abs. 3 StGB. Diese objektive Strafbarkeitsbedingung muss nicht vom Vorsatz getragen sein. Dabei ist zu beachten, dass damit nicht die umfassende verwaltungsrechtliche Rechtmäßigkeit gemeint ist. Vielmehr ist Maßstab ein strafrechtlicher Rechtmäßigkeitsbegriff, der das Vorhandensein einer gesetzlichen Ermächtigungsgrundlage, hier § 127 Abs. 2 StPO, die sachliche und örtliche Zuständigkeit sowie das Einhalten der wesentlichen Förmlichkeiten und des Ermessens einschließlich der Verhältnismäßigkeit umfasst.[10] Die polizeiliche Maßnahme ist rechtmäßig, sodass auch die objektive Bedingung der Strafbarkeit als gegeben anzusehen ist.

Hinweis

Nicht nur, aber insbesondere hier ist genau auf die Vorgaben aus dem Sachverhalt oder der Aufgabenstellung zu achten: Würde die Aufgabenstellung die Rechtmäßigkeit der polizeilichen Maßnahme nicht unterstellen, so wäre vorliegend in der Strafrechtsprüfung inzident eine – wenn auch gekürzte – eingriffsrechtliche Prüfung vorzunehmen. Im Rahmen einer sog. Kombiklausur, bestehend aus Eingriffs- und Strafrecht, könnte sich auch die Möglichkeit ergeben, dass man bei diesem strafrechtlichen Prüfungspunkt auf die im eingriffsrechtlichen Teil vorgenommene Rechtmäßigkeitsprüfung verweisen kann.

IV. Rechtswidrigkeit und Schuld

E handelte weiterhin rechtswidrig. Insbesondere kann die rechtmäßige Vollstreckungshandlung keinen rechtswidrigen Angriff auf E

---

10 Vgl. *Laustetter/Mertens*, Fälle und Lösungen im Strafrecht für die Polizeiausbildung, 2. Aufl. 2023, S. 146 f.

darstellen, gegen den sich E im Rahmen einer Notwehr zur Wehr setzen dürfte. Mangels des Vorliegens von Entschuldigungsgründen handelte er auch schuldhaft.

V. § 113 Abs. 2 Nr. 1 und 2 StGB

Schließlich könnte ein besonders schwerer Fall nach Absatz 2 gegeben sein. Wie bereits festgestellt, führt E bei seiner Widerstandshandlung eine Waffe mit sich, nämlich die Pistole, mit der er auf P schießt. Zudem bringt er P durch den Bauchschuss in die Gefahr des Todes. Da beide Regelbeispiele auch vom Vorsatz getragen sind, ist ein besonders schwerer Fall sowohl nach § 113 Abs. 2 Nr. 1 StGB als auch nach Nr. 2 gegeben.

VI. Ergebnis

Folglich machte sich E auch wegen des besonders schweren Falles des Widerstands gegen Vollstreckungsbeamte nach § 113 Abs. 1 und 2 Nr. 1 und 2 StGB strafbar.

E. Strafbarkeit von E nach §§ 114 Abs. 1 und 2 i. V. m. 113 Abs. 2 Nr. 1 und 2 StGB?

Schließlich könnte sich E durch dasselbe Verhalten, aber auch wegen eines besonders schweren Falles, des tätlichen Angriffs auf Vollstreckungsbeamte strafbar gemacht haben.

I. Objektiver Tatbestand

E müsste hierfür den Vollstreckungsbeamten P tätlich angegriffen haben. Dabei ist die Vollstreckungshandlung der vorläufigen Festnahme zugleich als Diensthandlung i. S. d. § 114 StGB anzusehen. Tätlicher Angriff ist jede in feindseliger Absicht unmittelbar auf den Körper zielende Einwirkung ohne Rücksicht auf ihren Erfolg. Der Schuss ist zweifellos als ein solcher tätlicher Angriff anzusehen, weshalb der objektive Tatbestand des § 114 StGB erfüllt ist.

II. Subjektiver Tatbestand

Dieses Verhalten des E war auch vom Vorsatz getragen.

III. Objektive Bedingung der Strafbarkeit

Durch den Verweis des § 114 Abs. 3 StGB auf § 113 Abs. 3 StGB ergibt sich auch hier das Erfordernis einer rechtmäßigen Diensthandlung, was aber dem oben Geprüften entspricht.

IV. Rechtswidrigkeit und Schuld

Auch hinsichtlich Rechtswidrigkeit und Schuld ergeben sich keine Veränderungen.

V. §§ 114 Abs. 2 i. V. m. 113 Abs. 2 Nr. 1 und 2 StGB

Für § 114 StGB gelten gemäß Absatz 2 auch die Regelbeispiele des § 113 Abs. 2 StGB.

VI. Ergebnis

Mithin hat sich E auch wegen eines besonders schweren tätlichen Angriffs auf einen Vollstreckungsbeamten strafbar gemacht.

F. Strafbarkeit der H nach §§ 242 Abs. 1, 244 Abs. 1 Nr. 1a, 27 StGB

H könnte sich durch die Übergabe des Schlüssels von der Wohnung des R an E wegen Beihilfe zum Diebstahl mit Waffen gem. §§ 242 Abs. 1, 244 Abs. 1 Nr. 1a, 27 StGB strafbar gemacht haben.

I. Rechtswidrige Haupttat

Zunächst liegt mit dem Diebstahl mit Waffen, mit dem sich E strafbar gemacht hat, eine vorsätzlich rechtswidrige Straftat vor.

II. Hilfeleisten

Zu dieser Haupttat könnte nun H Hilfe geleistet haben. Das wäre dann der Fall, wenn sie die Tat gefördert hat. Indem H dem E die Schlüssel zum Betreten der Wohnung des R übergeben hat, hat sie dessen Diebstahl gefördert. Dabei stellt sich noch die Frage, ob man in dieser Förderungsleistung nicht sogar ein mittäterschaftliches Verhalten sehen könnte. Es ist jedoch festzustellen, dass H weder an der Tatplanung beteiligt war noch wesentliche Tatbeiträge bei der Ausführung der Tat geleistet hat, schon gar nicht die Tatherrschaft besaß, noch dass sie ein eigenes Interesse an der Tat bzw. Täterwillen hatte. Mittäterschaft nach § 25 Abs. 2 StGB scheidet deshalb vorliegend aus.

III. Subjektiver Tatbestand

H müsste mit doppeltem Gehilfenvorsatz gehandelt haben. Dieser umfasst sowohl die Haupttat als auch die Förderung der Tat. Zweifellos hatte H Kenntnis darüber, dass E in der Wohnung des R einen Diebstahl begehen wollte. Allerdings hat sie sich dabei ausbedungen, dass E die Wohnung des R unbewaffnet betritt. Es fehlt ihr mithin am Vorsatz bezüglich des Diebstahls mit Waffen i. S. d. § 244 Abs. 1 Nr. 1a StGB. Diesbezüglich liegt ein Exzess des E vor, für den H nicht verantwortlich gemacht werden kann. Es bleibt daher nur der Vorsatz hinsichtlich eines einfachen Diebstahls nach § 242 StGB. In Bezug auf Ihre Förderungsleistung hatte sie ebenfalls Vorsatz.

IV. Rechtswidrigkeit und Schuld

Auch zugunsten H sind keine Rechtfertigungs- oder Entschuldigungsgründe ersichtlich. Die Angaben des Sachverhalts sind auch nicht ausreichend, um einen rechtfertigenden Notstand zu bedenken.

V. Ergebnis

Somit hat sich H strafbar gemacht wegen Beihilfe zum Diebstahl nach §§ 242 Abs. 1, 27 StGB.

G. Strafbarkeit des S nach §§ 212 Abs. 1, 13 StGB

S könnte sich dadurch, dass er nicht rechtzeitig Hilfe holte, wegen Totschlags durch Unterlassen gem. §§ 212 Abs. 1, 13 StGB strafbar gemacht haben.

I. Objektiver Tatbestand

Auch für eine Unterlassungsstrafbarkeit müsste zunächst der objektive Tatbestand verwirklicht sein. R ist tot, der tatbestandliche Erfolg ist eingetreten. Zugleich hat S darauf verzichtet, seinem Vater selbst zu helfen oder Hilfe von außen zu holen. Er hat demnach die ihm obliegende Handlung nicht vorgenommen, obwohl er die Möglichkeit dazu gehabt hätte. Darüber hinaus muss der Erfolg kausal auf dem Unterlassen beruhen. Nach der umgekehrten Äquivalenztheorie bedeutet dies, dass die gebotene Handlung nicht hinzugedacht werden kann, ohne dass der Erfolg mit an Sicherheit grenzender Wahrscheinlichkeit entfiele. S hat laut Sachverhalt erkannt, dass R durch Hilfe von außen gerettet werden würde, weshalb die Kausalität hier bejaht werden kann. Zweifel an der objektiven Zurechenbarkeit bestehen nicht. Nach § 13 StGB müsste S aber auch Garant für R sein. Die erforderliche Garantenstellung ergibt sich vorliegend aus der Tatsache, dass es sich bei S um den ihm nahestehenden Sohn von R handelt. Er ist daher Beschützergarant aus enger familiärer Verbundenheit.[11] Schließlich bestehen keine Zweifel daran, dass das Unterlassen des S auch wertmäßig einem Tun gleichzustellen ist, sodass der objektive Tatbestand im Ergebnis erfüllt ist.

II. Subjektiver Tatbestand

S hat erkannt hat, dass sein Vater ohne Hilfe sterben würde. Er hat bewusst nicht gehandelt. Da er auch die Umstände kannte, aus denen sich seine Garantenstellung ergibt, kann auch der subjektive Tatbestand bejaht werden.

III. Rechtswidrigkeit und Schuld

S handelte auch rechtswidrig und schuldhaft. Insbesondere war ihm ein Tätigwerden auch zumutbar.

IV. Ergebnis

Folglich hat sich S wegen Totschlags durch Unterlassen nach §§ 212 Abs. 1, 13 StGB strafbar gemacht.

Lösung zu Aufgabe 2

- § 249 StGB kommt vorliegend nicht in Betracht, da die Wegnahme des Schmucks zum Zeitpunkt des Schusses, also des Einsatzes des Raubmittels, bereits vollendet war. Beim Raub muss jedoch das Raubmittel final zur Ermöglichung der Wegnahme eingesetzt werden.
- § 252 StGB kommt hier durchaus in Betracht, wenn man davon ausgeht, dass E beim Schießen nicht nur selbst entkommen wollte, sondern sich jedenfalls auch im Besitz der Beute erhalten wollte. Die Gewalt wurde nach Vollendung der Wegnahme aber noch vor Beendigung des Diebstahls eingesetzt, E wurde durch P also auf frischer Tat betroffen.
- Wenn man deshalb § 252 StGB bejaht, dann handelte E auch qualifiziert nach § 250 Abs. 1 und 2 StGB, als er mit der mitgeführten Waffe auf P schoss. Die Qualifikation ist anwendbar, da der Täter eines räuberischen Diebstahls gleich einem Räuber bestraft wird.

---

11 Vgl. *Holzberg/Reichelt*, Hauptstudium Strafrecht, 3. Aufl. 2022, S. 273.

Eingriffsrecht

Fall 3: Häusliche Gewalt

Schwerpunkte

Wohnungsverweisung und Rückkehrverbot, Zwangsgeld, Datenverarbeitung, Datenabgleich, weiterer Umgang mit personenbezogenen Daten bei verschiedenen Polizeimaßnahmen

EPHK a.D. Marcello Baldarelli, Lehrbeauftragter HSPV NRW

Sachverhalt

Bei der Einsatzleitstelle der KPB D-Stadt geht ein Anruf ein: „Kommen Sie schnell zur Simonstraße 12, bei der Familie Müller sind laute Hilfeschreie zu hören. Ich bin die Nachbarin, Frau Seibel." Die entsandte Streifenwagenbesatzung, bestehend aus Polizeioberkommissarin Altenberg (POKin A) und Polizeikommissar Zoch (PK Z), trifft kurze Zeit später am Einsatzort ein. Die Beamten betreten die Wohnung, nachdem ein Mann, offensichtlich Herr Müller, die Wohnungstür geöffnet hat. POKin A spricht mit der Frau, während PK Z sich dem Mann zuwendet. Beide Personen können von den Beamten beruhigt werden. Die Frau weist leichte Rötungen im Gesicht auf; eine sofortige ärztliche Behandlung sei jedoch nicht erforderlich.

Die Frau weist sich mit Personalausweis (Lisa Müller) aus. Frau Müller schildert, sie habe mit ihrem Ehemann Streit gehabt; es sei wieder einmal um ihren 18-jährigen Sohn Fred gegangen, der die Schule verlassen habe und jetzt orientierungslos sei. Frau Müller habe ihren Mann um Geduld gebeten. Dieser sei dann völlig ausgerastet, habe sie an der Kleidung gepackt und heftig geschüttelt. Dann habe er ihr mehrfach mit der flachen Hand ins Gesicht geschlagen. Einen Strafantrag möchte sie jedoch nicht gegen ihren Ehemann stellen. POKin A veranlasst einen Datenabgleich der Personalien des Herrn Müller; die Personalien hatte sie zuvor von ihrem Kollegen erhalten. Herr Müller ist weder fahndungsmäßig ausgeschrieben noch in der Datei „Häusliche Gewalt (HG)" als Gefährder verzeichnet.

Herr Müller bestätigt auf Nachfrage den Sachverhalt, nachdem er als Beschuldigter über seine Rechte durch PK Z belehrt wurde.

Herr Müller entschuldigt sich in Anwesenheit der Beamten bei seiner Frau; er sei beruflich gestresst und die Sorgen und unterschiedlichen Auffassungen zum weiteren Verhalten des Sohnes hätten einen derartigen Zorn bei ihm verursacht, dass er auf seine Frau eingeschlagen habe. Er könne sich seinen plötzlichen Wutausbruch nicht erklären.

POKin A überlegt gemeinsam mit ihrem Kollegen, ob eine Wohnungsverweisung und ein Rückkehrverbot gegen Herrn Müller ausgesprochen werden sollte. Beide Beamten sind sich zunächst unschlüssig. POKin A fragt dann Frau Müller, ob sie möglicherweise Konsequenzen gegenüber ihrem Ehemann ziehen wolle. Frau Müller ist jedoch verunsichert und gibt keine konkrete Antwort. Nach Abwägung der Gesamtumstände entscheiden sich die Beamten für diese Maßnahmen. POKin A teilt Herrn Müller mit, dass sie beabsichtigt, ihm gegenüber eine Wohnungsverweisung mit Rückkehrverbot für die Dauer von zehn Tagen auszusprechen. Das bedeutet, dass er für die Dauer von zehn Tagen die Wohnung sowie das Treppenhaus und den Kellerbereich nicht betreten dürfe. Diese Anordnung diene dem Schutz der Ehefrau vor weiteren möglichen Angriffen. Außerdem solle sie in Ruhe und ohne Angst überlegen können, ob und welche Konsequenzen sie aus dem Vorfall ziehen will. Er erhalte nunmehr die Gelegenheit, dazu Stellung zu nehmen. Herr Müller ist entsetzt, bleibt jedoch ruhig. Er entgegnet nur: „Wenn es sein muss!“. Daraufhin fertigt die Beamtin handschriftlich eine entsprechende Anweisung. Dazu füllt sie das Formular aus. Die mündlich ausgesprochene Wohnungsverweisung sowie das zehntägige Rückkehrverbot sowie das Betretungsverbot für das Treppenhaus sowie für die Kellerräume werden durch das Formular schriftlich bestätigt. Anschließend droht die Beamtin für den Fall der Nichtbeachtung der Maßnahmen ein Zwangsgeld von 500 Euro an und erklärt Herrn Müller, dass das Zwangsgeld fällig werde, wenn Herr Müller die Anweisung nicht beachtet. Kurze Begründungen für die polizeilichen Anordnungen werden ebenfalls in den Vordruck eingetragen. Die Beamtin zeigt ihm die entsprechenden Passagen im Vordruck. Danach fragt die Beamtin Herrn Müller nach einer möglichen Adresse, bei der er vorübergehend unterkommen könnte. Herr Müller nennt die Anschrift seines Bruders, der in der Nähe wohnt. Die Beamtin vermerkt diese Daten in dem Formular, eine Durchschrift des Vordrucks wird an Herrn Müller ausgehändigt. Die Beamtin erklärt ihm weitere Einzelheiten, insbesondere, dass die polizeiliche Anweisung sofort gelte. Herr Müller könne noch persönliche Gegenstände aus der Wohnung mitnehmen. Anschließend erklärt die Beamtin Herrn Müller, dass gegen ihn ein Strafverfahren wegen Körperverletzung gem. § 223 StGB eingeleitet wird. Herr Müller packt verschiedene Gegenstände ein, will sich noch kurz mit seiner Frau unterhalten. Diese lehnt ein Gespräch jedoch ab.

Herr Müller verlässt die Wohnung. POKin A erklärt Frau Müller noch, dass sie ihren Mann nicht in die Wohnung lassen soll. Außerdem regt sie an, sich an eine Hilfsorganisation in Sachen häusliche Gewalt zu wenden, die für den Fall der Trennung aber auch in anderen Angelegenheiten weiterhelfen könne. Frau Müller möchte jedoch nicht, dass die Beamten ihre Personalien an diese soziale Einrichtung übersenden. Die Beamtin schreibt Frau Müller die Adresse und Telefonnummer der Hilfsorganisation auf und bittet sie, die Polizei über Notruf anzurufen, falls ihr Mann vor Ablauf der Zehn-Tage-Frist in die Wohnung zurückwolle, Gewalttätigkeiten ausüben oder sie bedrohen würde.

Da Frau Müller keine weiteren Fragen hat, verlassen die Beamten die Wohnung. Nach Beendigung der Streifenfahrt fertigt PK Z von Amts wegen eine Strafanzeige wegen einer vorsätzlichen Körperverletzung gem. § 223 StGB im Zusammenhang mit häuslicher Gewalt. Der gesamte Vorgang wird im polizeilichen Datenverarbeitungssystem gespeichert und nach Kontrolle durch die Dienstgruppenleiterin, PHKin Heide, an das zuständige Kriminalkommissariat weitergeleitet.

Aufgaben

Prüfen Sie gutachterlich die Rechtmäßigkeit folgender Maßnahmen:

1. Wohnungsverweisung und das Rückkehrverbot gegen Herrn Müller
2. Androhung eines Zwangsgeldes
3. Durchführung eines Fahndungsabgleichs mit den Daten des Herrn Müller
4. Durchführung eines Abgleichs mit der Datei „Häusliche Gewalt“
5. Fertigung der Strafanzeige gegen Herrn Müller
6. Weiterleitung der Strafanzeige an das zuständige Fachkommissariat.

Bearbeitungshinweise

Gehen Sie von einem grundrechtlichen Ansatz aus und prüfen Sie, ob durch die Maßnahmen Herrn Müllers Grundrechte eingeschränkt werden.

Gehen Sie davon aus, dass die Feststellung der Identität des Herrn Müller gem. § 163b Abs. 1 StPO rechtmäßig war.

Lösung

Folgende Maßnahmen sind hinsichtlich der Rechtmäßigkeit zu begutachten:

1. Wohnungsverweisung und Rückkehrverbot gegen Herrn Müller
2. Androhung eines Zwangsgeldes
3. Durchführung eines Fahndungsabgleichs mit den Daten des Herrn Müller
4. Durchführung eines Abgleichs mit der Datei „Häusliche Gewalt“
5. Fertigung der Strafanzeige gegen Herrn Müller
6. Weiterleitung der Strafanzeige an das zuständige Fachkommissariat.

Die Maßnahmen sind rechtmäßig, wenn die formellen und im Falle eines Grundrechtseingriffs auch die materiellen Zulässigkeitsvoraussetzungen erfüllt sind.

1. Wohnungsverweisung und Rückkehrverbot gegen Herrn Müller

1.1 Ermächtigungsgrundlage

Durch die Verhängung dieser Maßnahmen könnte in folgende Grundrechte des Herrn Müller eingegriffen worden sein: Art. 11 GG (Freizügigkeit), Art. 13 GG (Unverletzlichkeit der Wohnung) und Art. 14 GG. Als Ermächtigungsgrundlage könnte § 34a Abs. 1 PolG in Betracht kommen.

Der persönliche Schutzbereich der oben genannten Grundrechte ist jeweils eröffnet.

Art. 11 Abs. 1 GG

Art. 11 Abs. 1 GG schützt nicht nur das Recht der freien Wohnsitznahme, sondern auch das Aufenthaltsrecht. Miterfasst ist das Recht, grundsätzlich an einem gewählten Ort verbleiben zu dürfen. Unter diesem Gesichtspunkt schränkt die Wohnungsverweisung das

Grundrecht auf Freizügigkeit ein. Ein Grundrechtsrechteingriff ist zu bejahen[1].

Das Grundrecht kann gem. Art. 11 Abs. 2 GG durch oder aufgrund eines Gesetzes eingeschränkt werden. Art. 11 Abs. 2 GG enthält einen qualifizierten Gesetzesvorbehalt, der nur durch ein förmliches Parlamentsgesetz ausgefüllt werden kann und nur auf bestimmte Fallgruppen bezogen ist (hier der sog. Kriminalitätsvorbehalt, um strafbaren Handlungen vorzubeugen).

§ 34a Abs. 1 PolG[2] erfüllt diese Voraussetzungen.

Art. 13 Abs. 1 GG

Der sachliche Schutzbereich umfasst den Schutz der Privatheit in der Wohnung, insbesondere vor dem körperlichen Eindringen von Vertretern des Staates.

Fraglich ist jedoch, ob die Wohnungsverweisung ebenfalls ein Eingriff ist. Die einzelnen Auffassungen dazu sind nicht einheitlich[3]; der sachliche Schutzbereich ist diesbezüglich umstritten. Die Rechtsprechung bejaht überwiegend einen Eingriff mit dem Hinweis, dass durch diese Maßnahme nicht nur die Nutzungsmöglichkeit der Wohnung, sondern auch die Privatheit ihrer Bewohner geschützt wird.

Eine Gegenmeinung sieht den Schutzbereich nicht so weit, dass dadurch das Interesse geschützt wird, eine bestimmte Wohnung zum Lebensmittelpunkt zu machen und sie hierfür zu behalten. Diese Meinung konzentriert sich überwiegend auf Schutz vor dem körperlichen Eindringen und Datenerhebungen durch akustische oder optische Wohnraumüberwachungen.

Im Hinblick auf den hohen Stellenwert der Privatheit der Wohnung kann hier von einem Eingriff in das Grundrecht ausgegangen werden.

Soweit dieser Meinung gefolgt wird, ergibt sich die verfassungsrechtliche Rechtfertigung aus Art. 13 Abs. 7 GG. Die Wohnungsverweisung und das Rückkehrverbot sind als sonstige Eingriffe zu sehen. Nach Art. 13 Abs. 7 2. HS GG dürfen Eingriffe aufgrund eines Gesetzes

---

1 Vgl. *Gnatzy* in Schmidt-Bleibtreu/Hofmann/Henneke, GG-Grundgesetz, 15. Aufl. 2022, Art. 11 GG Rn. 28.

2 Dargestellt wird die Rechtslage im Bundesland Nordrhein-Westfalen. Alle Bundesländer verfügen über ähnliche Befugnisnormen.

3 Vgl. zum Meinungsstreit *Schoch,* Jura 2010 S. 22 (25) – Die Unverletzlichkeit der Wohnung nach Art. 13 GG. Einen Eingriff in Art. 13 GG bejahen, *Nimtz/Thiel,* Eingriffsrecht NRW, 2. Aufl. 2020, Rn. 890. Ein Eingriff in Art. 14 GG wird dagegen wegen der kurzen Dauer des Rückkehrverbots verneint.

zur Verhütung dringender Gefahren für die öffentliche Sicherheit vorgenommen werden.

§ 34a Abs. 1 PolG ist als Gesetz i. S. d. Art. 13 Abs. 7 GG anzusehen.

Art. 14 Abs. 1 GG

Der Schutz der Eigentumsgarantie umfasst alle vermögenswerte Rechte, die dem Inhaber von der Rechtsordnung in der Weise zugeordnet sind, dass er die damit verbundenen Befugnisse nach seiner Entscheidung zu seinem Nutzen ausüben kann. Die Ausübung des Mietrechts – bzw. auch die mit dem Eigentum an der Wohnung verbundenen Rechte – werden durch die Wohnungsverweisung des Herrn Müller eingeschränkt. Ein Eingriff ist daher zu bejahen[4].

Das Eigentumsrecht kann durch eine Inhalts- und Schrankenbestimmung beschränkt werden. Eine Inhalts- und Schrankenbestimmung liegt dann vor, wenn die Eigentumsbefugnisse des Betroffenen im Vergleich zur bisherigen Rechtslage eingeschränkt werden. Das ist hier der Fall. Herr Müller darf für die Dauer von zehn Tagen nicht über seine Wohnung verfügen.

§ 34a Abs. 1 PolG ist eine solche Inhalts- und Schrankenbestimmung[5].

Im Ergebnis kann eine Einschränkung der Grundrechte von Herrn Müller positiv festgestellt werden.

Die Zielrichtung ist rein präventiver Natur; es sollen Straftaten z. N. der Frau Müller verhindert werden.

Als Befugnisnorm kommt hier § 34a Abs. 1 PolG in Betracht.

1.2 Formelle Rechtmäßigkeit

Sachliche Zuständigkeit

Die sachliche Zuständigkeit der Polizei ergibt sich aus § 1 Abs. 1 Satz 1 und 2 PolG i. V. m. § 11 Abs. 1 Nr. 1 POG. Demnach hat die Polizei die Aufgabe, Gefahren für die öffentliche Sicherheit abzuwehren und im Rahmen dieser Aufgabe u. a. Straftaten zu verhüten. Voraussetzung ist, dass konkrete Anhaltspunkte die Annahme rechtfertigen, dass Herr Müller erneut gegenüber seiner Frau eine Straftat begehen würde. Die geforderte Tatsachenbasis ergibt sich aus dem bisherigen Verhalten des Herrn Müller. Mit einer weiteren strafbaren Handlung gegenüber Frau Müller ist zu rechnen. Die Zielrichtung der Beamten

---

4 Die Verwaltungsgerichte gehen im Regelfall davon aus, dass durch die polizeiliche Wohnungsverweisung und das Rückkehrverbot alle drei Grundrechte tangiert sind, vgl. VG Aachen, Urt. vom 29.7.2009, jurionRS 2009, 27303 <juris>.

5 Vgl. *Guckelberger*, JA 2011 S. 1, 2.

liegt tatsächlich darin, weitere Straftaten, insbesondere Körperverletzungsdelikte gem. §§ 223 ff. StGB, z. N. der Frau Müller zu verhindern. Die Verhütung möglicher Straftaten stellt eine originäre Aufgabe der Gefahrenabwehr dar.

Des Weiteren ist davon auszugehen, dass die Polizeibeamten als Amtswalter der KPB D-Stadt für ihre Kreispolizeibehörde (§ 11 Abs. 1 Nr. 1 POG) handeln.

Örtliche Zuständigkeit

Von der örtlichen Zuständigkeit gem. § 7 Abs. 1 POG kann ausgegangen werden.

Allgemeine Verfahrensvorschriften

Des Weiteren müssen die allgemeinen Form- und Verfahrensvorschriften beachtet werden, da es sich bei der Anordnung, die Wohnung zu verlassen und für die Dauer von zehn Tagen nicht zurückzukehren, um einen Verwaltungsakt gem. § 35 VwVfG handelt. Dabei sind Verfahrensvorschriften insbesondere gem. §§ 28 ff. VwVfG zu beachten.

Die Beamten haben Herrn Müller die Möglichkeit der Anhörung gem. § 28 Abs. 1 VwVfG gegeben. Davon hat dieser auch Gebrauch gemacht. Der Inhalt des Verwaltungsakts ist eindeutig; Herrn Müller hat Klarheit darüber, welchen Bereich er für die Dauer von zehn Tagen nicht betreten darf. Der Verwaltungsakt ist damit gem. § 37 Abs. 1 VwVfG hinreichend bestimmt.

Die Beamten haben den Verwaltungsakt zunächst mündlich erlassen und dann später schriftlich bestätigt. § 37 Abs. 2 VwVfG wurde damit ebenfalls beachtet.

Der Verwaltungsakt wurde Herrn Müller bekanntgegeben und ist damit wirksam, vgl. §§ 41, 43 VwVfG.

Die Verfahrensvorschriften wurden von den Beamten beachtet.

Der Verwaltungsakt ist formell rechtmäßig.

1.3 Materielle Rechtmäßigkeit

Er müsste auch materiell rechtmäßig sein. Er ist materiell rechtmäßig, wenn er sich auf eine Ermächtigungsgrundlage stützt, deren Voraussetzungen vorliegen.

Die Befugnis könnte sich aus § 34a Abs. 1 PolG ergeben. Der Tatbestand von § 34a Abs. 1 PolG müsste erfüllt sein. Dieser verlangt, dass es sich um „Häusliche Gewalt“ handeln muss. Außerdem muss die Maßnahme der Abwehr einer gegenwärtigen Gefahr für Leib, Leben oder Freiheit einer anderen Person dienen, die in der Wohnung wohnt.

Tatbestandsvoraussetzungen der Ermächtigungsnorm

Häusliche Gewalt

Zu prüfen ist, ob Gewalt gegeben ist. Gewaltanwendung ist u. a. die unmittelbare körperliche Einwirkung des Täters auf das Opfer (vis absoluta)[6]. Herr Müller hat seine Frau geschlagen und sie verletzt. Folglich hat er Gewalt gegen sie angewendet.

Der Begriff „Häusliche Gewalt" setzt eine häusliche Gemeinschaft voraus.

Fraglich ist, ob zwischen Herrn Müller und Frau Müller eine häusliche Gemeinschaft besteht. Der Begriff wird im Allgemeinen weit angesehen. Abgestellt wird auf eine Lebensgemeinschaft unabhängig einer sexuellen Orientierung oder ihres rechtlichen Status.

Die Tatsache des gemeinsamen Zusammenwohnens reicht aber grundsätzlich nicht aus. Nicht jede Wohngemeinschaft stellt zugleich eine Lebensgemeinschaft dar[7]. Auch die Eigentums- und Besitzverhältnisse schaffen keine eindeutige Abgrenzung. Da § 34a Abs. 1 PolG den typischen Gefahren einer Lebensgemeinschaft begegnen will, muss im Einzelfall geklärt werden, ob eine solche Gemeinschaft vorliegt. Dadurch sollen Besuche und andere vorübergehende Beherbergungen von Personen zur häuslichen Gemeinschaft abgegrenzt werden. Die Tatsache, dass Herr und Frau Müller verheiratet sind und eine gemeinsame Wohnung haben, begründet jedoch zweifelsfrei eine häusliche Gemeinschaft.

Es muss sich weiterhin um spezifisch „Häusliche Gewalt" handeln. Gemeint ist hiermit nicht, dass sich die Gewalthandlung ausschließlich in den Räumen der Lebensgemeinschaft abspielen muss[8]. Vielmehr ist erforderlich, dass die Gewalt ihre Ursache in der Ehe oder Lebensgemeinschaft hat oder hierzu in einem engen Bezug steht. Dies kann hier bejaht werden. Anlass des Streits waren unterschied-

---

6 Vgl. *Schluckebier* in Satzger/Schluckebier/Widmaier, Kommentar StGB, 5. Aufl. 2021, § 240 Rn. 5.

7 Vgl. *Nimtz/Thiel*, Eingriffsrecht NRW, 2. Aufl. 2020, Rn. 895. Die häusliche Gemeinschaft ist dann zu bejahen, wenn eine gewisse zeitliche Dauer und Intensität des Zusammenlebens bestehen.

8 § 34a Abs. 1 PolG fordert nur, dass die gefährdete Person in der Wohnung wohnen muss. Daraus darf nicht der Rückschluss gezogen werden, dass Gewalthandlungen in einer Lebensgemeinschaft außerhalb der Wohnung nicht unter den Begriff der „Häuslichen Gewalt" fallen.

liche Auffassungen über das weitere Verhalten gegenüber dem gemeinsamen Sohn.

Die Gewaltanwendung des Herrn Müller erfolgte anlässlich und im Rahmen dieser Lebensgemeinschaft. Somit liegt „Häusliche Gewalt" vor.

Abwehr einer gegenwärtigen Gefahr für Leib, Leben oder Freiheit einer Person

Ferner müsste eine gegenwärtige Gefahr für Leib, Leben oder Freiheit einer Person vorliegen. Eine Gefahr für Leib oder Leben liegt vor, wenn eine nicht unerhebliche Körperverletzung oder der Tod des Menschen droht. Angesichts der Frau Müller zugefügten Ohrfeigen ist es fraglich, ob diese qualifizierte Gefahr vorliegt. Einfache oder geringe Körperverletzungen allein rechtfertigen nicht eine Gefahr für Leib oder Leben. Andererseits ist hier auch nicht der hohe Gefahrenbegriff der gegenwärtigen Gefahr für Leib oder Leben gem. § 64 Abs. 1 Nr. 1 PolG gefordert, der den Einsatz der Schusswaffe gegen eine Person erlaubt. Da der Gesetzgeber bei § 34a Abs. 1 PolG jedoch das Rechtsgut der Freiheit einbezogen und damit die Zielrichtung der Wohnungsverweisung zur Verhinderung von Körperverletzungsdelikten gem. §§ 223 ff. StGB, von Tötungsdelikten gem. §§ 211 ff. sowie die Freiheitsberaubung gem. § 239 StGB beabsichtigt hat, ist es vertretbar, diesen Gefahrengrad so auszulegen, dass auch die Verhinderung einfacher Körperverletzungen erfasst wird[9]. Es ist demnach nicht nur die schwerwiegende oder ernsthafte Körperverletzung gefordert, um diesen Gefahrengrad zu erfüllen[10]. Die Ohrfeigen, mit denen Herr Müller seine Frau traktierte, rechtfertigen damit die Annahme, dass weitere Körperverletzungsgefahr für Frau Müller besteht. Damit ist der erste Teil der Gefahr, das qualifizierte Rechtsgut, erfüllt.

Fraglich ist jedoch, die Gefahr gegenwärtig ist. Sie ist gegenwärtig, wenn die Einwirkung des schädigenden Ereignisses bereits begonnen hat (sog. Schadenskomponente), wenn diese Einwirkung unmittelbar (sog. Zeitkomponente) oder in allernächster Zeit mit einer an Sicherheit grenzenden Wahrscheinlichkeit (sog. Wahrscheinlichkeitskomponente) bevorsteht.

Frau Müller wurde durch den Angriff ihres Mannes verletzt. Weitere Angriffe sind durch das Auftreten der Polizeibeamten verhindert

---

9 Vgl. *Rachor* in Lisken/Denniger, Handbuch des Polizeirechts, 5. Aufl. 2012, Abschnitt F, Rn. 479.

10 Im Ergebnis auch *Collin*, DVBl. 2002 S. 1501 mit kritischer Anmerkung, dass die polizeiliche Praxis diese Gefahr möglicherweise zu niedrig ansetzt.

worden. Die schädigende Einwirkung wurde unterbrochen und dauert nicht mehr an. Eine zeitnahe oder unmittelbar bevorstehende Körperverletzung ist ebenfalls nicht zu erwarten, sodass die Zeitkomponente der gegenwärtigen Gefahr ebenfalls nicht erfüllt ist.

Fraglich ist, ob die Wahrscheinlichkeitskomponente erfüllt ist. Das bedeutet, dass eine erneute Körperverletzung mit hoher Wahrscheinlichkeit zu prognostizieren ist. Danach muss es hochwahrscheinlich sein, dass Herr Müller seine Frau erneut schlägt oder in ähnlicher Weise angreift. Ein konkreter Zeitraum muss bei der Prognose nicht bestimmt werden. Es ist möglich und reicht aus, dass der Angriff zu jeder Zeit geschehen könnte. Die Prognose eines erneuten Angriffs muss jedoch auf einer hohen Wahrscheinlichkeit beruhen. Voraussetzung für diese Prognose ist eine gesicherte Tatsachenbasis. Eine solche Tatsachenbasis wäre es z. B., wenn eine „Gewaltbeziehung“ vorliegt, d. h. wenn es schon mehrmals zur Gewaltanwendung gekommen ist. Auch besonders heftige Angriffe mit schwerwiegenden Folgen rechtfertigen die Annahme erneuter Gewalt. Eine solche Situation liegt jedoch hier nicht vor. Für einen erneuten Angriff sprechen allerdings die Art und Weise der Tatausführung und die plötzliche und massive Aggression des Herrn Müller.

Gegen die Annahme spricht, dass er sich spontan entschuldigt hat und es bisher zu keinen anderweitigen Gewalttätigkeiten gekommen ist. Auch das Verhalten des Opfers, das auf einen Strafantrag verzichtet, spricht eher gegen die Befürchtung.

Ob auch das Phänomen der häuslichen Gewalt hier einen Beitrag zur Festigung der Prognose geben kann, ist fraglich. Danach ist das Verhalten von häuslicher Gewalt dadurch geprägt, dass sich Phasen der Gewalt von Phasen der Gewaltfreiheit oder sogar der Reue/Zuneigung/Zärtlichkeit ablösen; es aber letztlich zu einer Steigerung im Rahmen einer Gewaltspirale kommen kann. Die typische Gewaltspirale[11], die durch eine Steigerung der Gewalt in verschiedene Phasen gekennzeichnet wird, lässt sich hier noch nicht erkennen, zumindest fehlen hierfür konkrete Anhaltspunkte. Eine Prognose ist auf dieser Basis daher schwer möglich. Möglicherweise befindet sich das Zusammenleben der Eheleute Müller eher auf einer unteren Ebene der Gewaltspirale.

Fraglich ist, ob die sog. „je-desto-Formel“ weiterhilft. Diese besagt: Je wahrscheinlicher der Schadenseintritt, desto geringere Anforde-

---

11 Vgl. zur Gewaltspirale und den Bezug zur Praxis *Lehmann*, Professionelles Handeln gegen häusliche Gewalt, 2015, S. 92, 114, 156 ff., 411.

rungen sind zu stellen, wenn es sich um ein besonders hohes Rechtsgut handelt. Da Herr Müller seine Frau mehrfach schlug, könnte ein besonders hohes Rechtsgut, nämlich das Leben oder die Gesundheit, gefährdet sein. Die „je-desto-Formel“ könnte daher hier Anwendung finden. Jedoch hat der Gesetzgeber diesen Umstand schon berücksichtigt und sich für die gegenwärtige Gefahr für die Rechtsgüter Leib, Leben und Freiheit entschieden. Die „je-desto-Formel“ kann deshalb nicht angewendet werden. Wer dennoch der Anwendung dieser Formel folgt[12], darf dabei jedoch nicht die Wahrscheinlichkeitsprognose so weit absenken, dass die bloße Möglichkeit eines erheblichen Schadens ausreicht. Vielmehr muss mindestens eine hinreichende Wahrscheinlichkeit bestehen. Eine solche Wahrscheinlichkeit lässt sich nach der bestehenden Faktenlage wie folgt begründen: Herr Müller ist plötzlich und mit erheblicher Gewalt gegen sein Opfer vorgegangen. Die Ursachen dafür sind familiäre Probleme, die schon eine gewisse Zeit bestehen. Die Äußerung von Herrn Müller, er sei plötzlich in Rage geraten, erlaubt die Annahme, dass er bei einem entsprechenden Anlass erneut in dieser oder noch schärferer Form agiert. Insofern ist es wahrscheinlich, dass Herr Müller erneut in dieser oder einer ähnlichen Form gegenüber seiner Frau reagieren wird, falls bestimmte Gründe oder sonstige Ursachen, die für die Polizeibeamten jedoch nicht abschließend erkennbar sind, vorliegen. Insofern lässt sich mit hinreichender Wahrscheinlichkeit eine erneute Gewalthandlung gegen Frau Müller prognostizieren.

Somit liegt unter Anwendung der Grundsätze der „je-desto-Formel“ eine gegenwärtige Gefahr vor. Der Tatbestand der Befugnisnorm des § 34a Abs. 1 PolG wäre dann erfüllt.

Wer jedoch die „je-desto-Formel“ aus den oben genannten Gründen ausschließt, kann als zusätzliches Argument für die hohe Wahrscheinlichkeit der erneuten Gewaltabwendung den plötzlichen Wutausbruch mit der heftigen Gewaltanwendung gegenüber Frau Müller ohne Vorwarnung oder Ankündigung einbeziehen. Diese Reaktion könnte ein Indiz für eine Senkung der Gewaltbereitschaft sein. Mögliche Hemmschwellen gegen Gewalt sind bei Herrn Müller offensichtlich weggefallen. Das könnte wiederum ein Anzeichen dafür sein, dass die Gewaltspirale und damit die Gewaltbereitschaft bei

---

12 Z. B. VG Aachen, Urt. vom 29.7.2009, jurionRS 2009, 27303, <juris>. Aufgrund des gefährlichen Verhaltens des Täters (u. a. Bedrohung mit Schusswaffe) und der Tatsache, dass er schon mehrfach in Erscheinung getreten war, war die Anwendung der je-desto-Formel jedoch nicht nötig, da die hohe Wahrscheinlichkeit auf der Grundlage dieser Fakten begründet werden konnte.

Herrn Müller schon ein relativ hohes Niveau erreicht haben. Unter diesem Gesichtspunkt ist die erneute Gewalt gegen Frau Müller mit einer hohen Wahrscheinlichkeit anzunehmen.

Diese Prognose sowohl unter Anwendung der „je-desto-Formel" als auch unter der Beachtung der hohen Wahrscheinlichkeit lässt sich für den Zeitraum von zehn Tagen begründen.

Insofern sind unter beiden Aspekten diese Voraussetzungen des § 34a Abs. 1 PolG erfüllt[13].

Schutzzweck der Maßnahmen

Das in der Wohnung lebende Opfer soll geschützt werden. Diese Voraussetzung ist erfüllt.

Als Zwischenergebnis lässt sich feststellen, dass die tatbestandlichen Voraussetzungen gem. § 34a Abs. 1 PolG erfüllt sind.

Besondere Verfahrensvorschriften

Diese ergeben sich aus § 34a PolG. Der räumliche Bereich, nämlich die Wohnung sowie Treppenhaus und Kellerräume, wurden durch die Beamten genau bezeichnet, vgl. § 34a Abs. 1 Satz 2 PolG.

Herr Müller erhielt die Gelegenheit, dringend benötigte Sachen mitzunehmen, vgl. § 34a Abs. 2 PolG. Davon machte er auch Gebrauch.

Die Benennung einer neuen Anschrift erfolgte. Herr Müller gab die Adresse seines Bruders an. § 34a Abs. 3 PolG wurde ebenfalls beachtet.

Die Information des Opfers über die Möglichkeiten der Beantragung des zivilrechtlichen Schutzes erfolgte in der Wohnung des Opfers. Insofern kann hier § 34a Abs. 4 PolG[14] als erfüllt angesehen werden.

Es ist davon auszugehen, dass die Beamten die Überwachung der Einhaltung des Verbots veranlassen und damit auch die Vorschrift des § 34a Abs. 7 PolG beachten.

Rechtsfolge

Die beiden Beamten ordnen die Wohnungsverweisung aus der Wohnung des Herrn Müller sowie das Rückkehrverbot für zehn Tage an. Die Rechtsfolge umfasst die Verweisung der Gewalt ausübenden Per-

13 Wird die gegenwärtige Gefahr dagegen verneint, wäre die Entscheidung der beiden Beamten rechtswidrig, weil die Voraussetzungen gem. § 34a Abs. 1 PolG nicht vorlägen.

14 Ein sog. „Pro-Aktiv-Ansatz", d. h. die Polizei informiert ohne Einverständnis oder Zustimmung des Opfers, eine Beratungsstelle, ist in NRW nicht vorgesehen.

son aus der Wohnung und ihrer unmittelbaren Umgebung und das Verbot der Rückkehr in diesen Bereich innerhalb der nächsten zehn Tage. Die gesetzte Rechtsfolge entspricht der Befugnisnorm.

Beide Rechtsfolgen sind von der Regelung des § 34a Abs. 1 PolG erfasst.

Adressat

Der Adressat ergibt sich aus § 4 Abs. 1 PolG. Herr Müller ist der Verursacher der gegenwärtigen Gefahr. Er wird als Verhaltensstörer in Anspruch genommen.

Verhältnismäßigkeit

Die Maßnahme ist verhältnismäßig, wenn sie zur Zweckerreichung geeignet, erforderlich und angemessen ist. Sie ist geeignet, wenn sie tauglich ist, den polizeilichen Zweck zu erfüllen. Die Maßnahme war geeignet, den beabsichtigten Zweck, also den Schutz der Ehefrau vor weiteren körperlichen Angriffen durch Herrn Müller, jedenfalls für die vom Gesetzgeber vorgesehene Übergangszeit von zehn Tagen zu erreichen.

Erforderlich ist die Maßnahme, wenn sie unter den geeigneten Mitteln das mildeste ist. Wohnungsverweisungen und Rückkehrverbot waren erforderlich, weil in der aktuellen Krisensituation kein milderes Mittel zur Verfügung stand, um kurzfristig das beabsichtigte Ziel zu erreichen. Eine einfache Gefährderansprache gem. § 8 Abs. 1 PolG hätte sicherlich kurz gewirkt. Jedoch soll im Falle von häuslicher Gewalt dem Opfer auch die Möglichkeit gegeben werden, unbeeinflusst vom Täter und ohne Ängste vor erneuten Angriffen das weitere Vorgehen, insbesondere die zivilgerichtliche Einholung von Entscheidungen gem. §§ 1, 2 Gewaltschutzgesetz[15] (Überlassung der gemeinsamen Wohnung für einen längeren Zeitraum, Kontakt- und Näherungsverbote und ähnliche Anordnungen), zu gewährleisten.

Angemessen ist die Wohnungsverweisung, wenn der Grundrechtseingriff nicht außer Verhältnis zum erzielten Erfolgt steht. Fraglich ist ihre Angemessenheit. Zwar ist Herr Müller vorübergehend daran gehindert, die Wohnung, die seinen Lebensmittelpunkt gebildet und in der sich seine persönliche Habe befindet, als Unterkunft zu nutzen. Hierbei handelt es sich um erhebliche – wenn auch nur für einen begrenzten Zeitraum hinzunehmende – Beeinträchtigungen seiner persönlichen Sphäre. Die gesetzlich vorgezeichnete zehntägige Frist

15 Gesetz zum zivilrechtlichen Schutz vor Gewalttaten und Nachstellungen, vom 11.12.2001, BGBl I S. 3513.

ist jedoch so bemessen, dass nicht von einer ernstzunehmenden Gefahr ausgegangen werden kann, Herr Müller werde nachhaltig und dauerhaft aus seinem sozialen Umfeld gerissen. Im Vergleich zu dem hochwertigen Schutzgut von Leib und Leben der Ehefrau und den zu befürchtenden Beeinträchtigungen ihrer körperlichen Unversehrtheit erweisen sich diese Unannehmlichkeiten und Einschränkungen für Herrn Müller im Ergebnis als geringfügig. Der Grundrechtseingriff ist für Herrn Müller nicht unerheblich. Auf der anderen Seite wurde das Opfer durch Ohrfeigen verletzt. Die Maßnahme dient hier dem Schutz der höchsten Rechtsgüter, der Gesundheit von Frau Müller. Gegenüber möglichen Gesundheitsgefährdungen sind etwaige Widrigkeiten für die der Wohnung verwiesenen Person bei der Suche eines Schlafplatzes nicht hinreichend gewichtig, um die Unverhältnismäßigkeit der Wohnungsverweisung und das Rückkehrverbot zu begründen. Die Wohnungsverweisung nebst Rückkehrverbot dient gleichsam der Überbrückung des Zeitraums bis zur Beantragung und Erlangung eines möglichen zivilgerichtlichen Rechtsschutzes. Insofern ergibt die Abwägung der beiden betroffenen Güter, dass hier kein deutliches Missverhältnis besteht. Die Wohnungsverweisung ist angemessen.

1.4 Ergebnis

Die Wohnungsverweisung und das Rückkehrverbot waren rechtmäßig, da die formellen und materiellen Rechtmäßigkeitsvoraussetzungen erfüllt sind.

2. Rechtmäßigkeit der Zwangsgeldandrohung

2.1 Ermächtigungsgrundlage

Durch die Androhung eines Zwangsgeldes wird auf Herrn Müller psychischer Druck ausgeübt. Damit ist er in seinem Grundrecht aus Art. 2 Abs. 1 GG betroffen. Erforderlich ist daher eine Befugnisnorm für diese Maßnahme. Diese könnte sich aus § 50 Abs. 1 PolG und aus §§ 53 ff. PolG ergeben.

Die allgemeine Handlungsfreiheit wird durch die verfassungsmäßige Ordnung beschränkt. Es handelt sich dabei um Normen, die formell und materiell mit der Verfassung in Einklang stehen. Das Polizeigesetz ist eine solche Norm der verfassungsmäßigen Ordnung.

Die Androhung eines Zwangsmittels setzt voraus, dass die Maßnahme selbst rechtlich zulässig ist. Deshalb ist die Zulässigkeit des Zwangsgeldes zu prüfen.

2.2 Formelle Rechtmäßigkeit

Sachliche Zuständigkeiten

Siehe Prüfung Grundmaßnahme 1.

Örtliche Zuständigkeit

Von der örtlichen Zuständigkeit gem. § 7 Abs. 1 POG kann ausgegangen werden.

Allgemeine Verfahrensvorschriften

Gemäß § 28 Abs. 2 Nr. 5 VwVfG kann eine weitere Anhörung unterbleiben, sofern Maßnahmen in der Verwaltungsvollstreckung getroffen werden sollen. Das ist hier der Fall.

Die Zwangsgeldandrohung erfolgte schriftlich und ist inhaltlich hinreichend bestimmt. Die Voraussetzungen gem. § 37 VwVfG wurden beachtet. Eine kurze Begründung dafür findet sich in dem Vordruck (§ 39 VwVfG). Die Zwangsgeldandrohung ist Herrn Müller auch bekanntgegeben worden; damit ist diese ebenfalls gem. §§ 41, 43 VwVfG wirksam.

Die formelle Rechtmäßigkeit ist gegeben.

2.3 Materielle Rechtmäßigkeit

Zulässigkeit des Verwaltungszwangs

Gemäß § 50 Abs. 1 PolG ist Verwaltungszwang zulässig zur Durchsetzung eines Verwaltungsakts, der auf die Vornahme einer Handlung gerichtet ist. Der Verwaltungsakt muss ferner wirksam sein und vollstreckbar sein.

Wie bereits unter der Maßnahme A geprüft worden ist, wurden gegen Herrn Müller eine Wohnungsverweisung und ein Rückkehrverbot für zehn Tage ausgesprochen. Es handelt sich um einen Verwaltungsakt, der auf die Vornahme einer Handlung oder Unterlassung (Rückkehr in die Wohnung) gerichtet ist.

Des Weiteren muss der Verwaltungsakt gem. § 43 VwVfG wirksam gewesen sein. Die Wirksamkeit ist mit der Bekanntgabe durch die Beamten vor Ort eingetreten.

Gemäß § 80 Abs. 2 Satz 1 VwGO ist ein Verwaltungsakt vollstreckbar, wenn ein Rechtsmittel gegen ihn keine aufschiebende Wirkung hat. Dies ist gem. § 80 Abs. 2 Satz 1 Nr. 2 VwGO unter folgenden Voraussetzungen der Fall:

- Anordnung oder Maßnahme von Polizeivollzugsbeamten/-innen und
- Unaufschiebbarkeit dieser Anordnung/Maßnahme

Die beiden Polizeibeamten gehören dem Polizeivollzugsdienst an. Es muss sich um eine unaufschiebbare Anordnung oder Maßnahme handeln. Dies ist dann der Fall, wenn sich allgemein feststellen lässt, dass ohne die sofortige Umsetzung des Verwaltungsakts ein Schaden für die öffentliche Sicherheit eintreten würde. Es muss sich um einen Eilfall handeln, welcher vorliegt. Würde Herr Müller in der Wohnung bleiben oder zurückkehren können, könnte er seine Frau erneut angreifen.

Es liegt somit eine unaufschiebbare Anordnung vor.

Die Zwangsanwendung ist somit zugelassen.

Zulässigkeit des Zwangsmittels

Nun ist zu prüfen, ob es sich bei der Durchsetzung des Verwaltungsakts um ein zugelassenes Zwangsmittel gem. § 51 PolG handelt.

Das Zwangsgeld ist gem. § 51 Abs. 1 Nr. 2 PolG ein zulässiges Zwangsmittel.

Art und Weise des Zwanges

Der Zwang ist gem. §§ 51 Abs. 2 und 56 Abs. 1 PolG anzudrohen. Das Zwangsgeld wurde in Höhe von 500 Euro angedroht. Die Androhung erfolgte in Schriftform.

Verhältnismäßigkeit

Eine Maßnahme ist verhältnismäßig, wenn sie zur Zweckerreichung geeignet, erforderlich und angemessen ist.

Ein Zwangsgeld anzudrohen ist objektiv zwecktauglich, um Herrn Müller davon abzuhalten, zur Wohnung innerhalb der Verweisungszeit zurückzukehren. Die meisten Menschen reagieren entsprechend, wenn ihnen die Zahlung einer höheren Geldsumme angedroht wird. Somit ist das Mittel geeignet.

Ein Mittel ist immer dann erforderlich, wenn es von mehreren zur Verfügung stehenden Mitteln das mildeste darstellt. Ein milderes Zwangsmittel ist nicht ersichtlich.

Somit ist die Maßnahme auch erforderlich.

Die Güterabwägung zwischen dem Grundrechtseingriff und dem Zweck der Androhung ergibt, dass hier ein ausgewogenes Verhältnis besteht. Die Ausübung eines gewissen psychischen Drucks stellt sich insgesamt als geringfügiger Eingriff dar. Außerdem hat Herr Müller es in der Hand, ob er die polizeilichen Anweisungen beachtet oder nicht. Auf der anderen Seite soll mit der Zwangsgeldandrohung (und der Möglichkeit einer Zwangsgeldfestsetzung bei Nichtbeachtung des Verwaltungsakts gem. § 53 Abs. 1 PolG) der Schutz der Ehefrau

Müller vor körperlichen Angriffen ihres Mannes nachhaltig verstärkt werden. Die Zwangsgeldandrohung ist damit auch angemessen.

2.4 Ergebnis

Die Androhung eines Zwangsgeldes zur Durchsetzung der Wohnungsverweisung und des Rückkehrverbots war rechtmäßig.

3. Durchführung eines Fahndungsabgleichs mit den Daten des Herrn Müller

3.1 Ermächtigungsgrundlage

Durch diese Maßnahme könnte in das Grundrecht des Herrn Müller auf informationelle Selbstbestimmung gem. Art. 1 Abs. 1 i. V. m. Art. 2 Abs. 1 GG eingegriffen worden sein. Das Grundrecht gewährleistet die Befugnis des Einzelnen, grundsätzlich selbst über die Erhebung, Speicherung, Verwendung und Weitergabe seiner persönlichen Daten zu bestimmen[16]. Das Grundrecht schützt insoweit die Befugnis jedes Menschen, selbst über die Preisgabe und Verwendung seiner persönlichen Daten zu bestimmen. Jeder staatliche Umgang mit personenbezogenen Daten stellt immer dann einen Eingriff in das Grundrecht dar, wenn keine ausdrückliche Einwilligung der betroffenen Person vorliegt. Personenbezogene Daten sind alle Informationen, die sich auf eine identifizierte oder identifizierbare natürliche Person (betroffene Person) beziehen[17]. Der Schutzbereich umfasst jeglichen staatlichen Umgang mit personenbezogenen Daten. Der Begriff der Datenverarbeitung erfasst nicht nur die Erhebung und Speicherung von Daten, sondern auch den Abgleich mit anderen Daten[18].

Mit der Verwendung der personenbezogenen Daten des Herrn Müller für den Datenabgleich wird ein Datenverarbeitungsvorgang vorgenommen, der ein Eingriff in das Grundrecht auf informationelle Selbstbestimmung ist. Da er nicht ausdrücklich zugestimmt hat, bedarf dieser Eingriff einer Befugnisnorm.

Das Recht auf informationelle Selbstbestimmung kann im Rahmen der Schrankentrias eingeschränkt werden. Die Schrankentrias findet Anwendung. Allerdings fordert das Bundesverfassungsgericht, dass die Einschränkung aufgrund der „verfassungsmäßigen Ordnung" durch ein förmliches Gesetz zu erfolgen hat. Des Weiteren nehmen

16 Vgl. dazu das Urt. des Bundesverfassungsgerichts zum Volkszählungsgesetz vom 15. 12. 1983, BVerfGE 65, 1 ff.
17 Vgl. § 36 Nr. 1 DSG NRW.
18 Vgl. § 36 Nr. 2 DSG NRW.

die Grundsätze der Verhältnismäßigkeit, der Zweckbindung und des Kernbereichsschutzes wegen der Nähe des Schutzes der Menschenwürde gem. Art. 1 Abs. 1 GG einen hohen Stellenwert ein und verlangen eine besondere Prüfung.

Das Grundrecht kann gem. Art. 2 Abs. 1 GG durch oder aufgrund eines Gesetzes eingeschränkt werden. Ein solches förmliches Gesetz stellt das Polizeigesetz dar.

Die Befugnis für einen solchen Eingriff könnte sich aus § 25 Abs. 1 Satz 3 PolG ergeben.

Die Zielrichtung dieser Maßnahme ist hier nicht eindeutig, da der Zweck der Maßnahme die Fahndung nach Personen und Sachen beinhaltet[19]. Eine solche Fahndungsmaßnahme kann repressiver Natur sein, wenn die Fahndungsausschreibung den Zweck der Strafverfolgung- oder Strafvollstreckung beinhaltet. Der Datenabgleich zu Fahndungszwecken kann aber auch präventiver Natur sein, um Personen aufzufinden, die eine Gefahr verursachen oder für die eine Gefahr besteht. Der Datenabgleich zu Fahndungszwecken erfolgt aus repressiven und aus präventiven Gründen. Diese Mischung beider Zwecke charakterisiert die Besonderheit des Fahndungsabgleichs, bei dem der Amtsträger zunächst nur die Kenntnis erlangen möchte, ob die Person von einer staatlichen Stelle zur Fahndung ausgeschrieben worden ist. Andere oder weitere Informationen müssen wiederum über andere Datensysteme abgefragt werden i. S. v. § 25 Abs. 1 Satz 1 und Satz 2 bzw. gem. § 98c StPO.

3.2 Formelle Rechtmäßigkeit

Sachliche Zuständigkeit

Da der Datenabgleich zu Fahndungszwecken gem. § 25 Abs. 1 Satz 3 PolG nicht eindeutig der Aufgaben Gefahrenabwehr oder Strafverfolgung zugeordnet werden kann, muss festgestellt werden, dass diese Mischform im Rahmen der sachlichen Zuständigkeit nicht ausdrücklich geregelt worden ist. Da die Polizei für solche Fahndungsabfragen befugt ist, lässt sich daraus nach dem Grundsatz „a maiore ad minus“[20] ableiten, dass in der Befugnis zugleich die sachliche Zuständigkeit enthalten ist.

19 *Arzt* in BeckOK Polizei- und Ordnungsrecht Nordrhein-Westfalen, 28. Ed., Stand: 1.2.2024, § 25 PolG Rn. 16 ff.; *Möstl/Kugelmann*, 23. Ed., Stand: 1.9.2022.

20 Der Begriff „a maiore ad minus“ stammt aus der juristischen Methodenlehre. Er beinhaltet den Rückschluss vom Größeren zum Kleineren. Wenn etwas für das „Größere“ gilt, muss es auch für das „Kleinere“ gelten. Hier bedeutet das Argument folgendes: Wenn die Polizei eine Befugnis für den Datenabgleich zu Fahn-

Die sachliche Zuständigkeit ergibt sich somit unmittelbar aus § 25 Abs. 1 Satz 3 PolG. Beide Aufgaben werden von § 11 Abs. 1 Nr. 1 und Nr. 2 POG erfasst. Zuständig für diese Maßnahme ist die Kreispolizeibehörde. Die beiden Beamten handeln als Amtswalter der KPB-D Stadt für die Behörde gem. § 11 POG.

Örtliche Zuständigkeit

Von der örtlichen Zuständigkeit gem. § 7 Abs. 1 POG kann ausgegangen werden.

Allgemeine Verfahrensvorschriften

Allgemeine Form- und Verfahrensvorschriften bestehen nicht. Der Datenabgleich zu Fahndungszwecken ist ein Realakt, der keine weiteren Formerfordernisse nach sich zieht. Es besteht auch keine gesetzliche Mitteilungs- oder Hinweispflicht auf die Durchführung dieser Maßnahme.

Da die Beamten sachlich und örtlich zuständig sind und keine weiteren allgemeinen Verfahrensvorschriften bestehen, sind die formellen Rechtmäßigkeitsvoraussetzungen erfüllt.

3.3 Materielle Rechtmäßigkeit

Die Befugnis könnte sich aus § 25 Abs. 1 Satz 3 PolG ergeben.

Tatbestandsvoraussetzungen der Ermächtigungsnorm

Fahndungsabgleich als Zweck der Maßnahmen

Der Zweck der Maßnahme liegt in der Erkenntnisgewinnung, ob gegen Herrn Müller Maßnahmen zur Strafverfolgung oder Vollstreckung bzw. zur Gefahrenabwehr angeordnet wurden. Es würde die Funktionsfähigkeit staatlicher Einrichtungen in Frage stellen, wenn diese mit einer „gesuchten" Person befasst wären, ohne in der Lage zu sein, eine möglicherweise ausgeschriebene Festnahme oder sonstige Vollstreckung zu erkennen und diese Maßnahme dann durchzusetzen. Daher ist der Tatbestand sehr niedrigschwellig. Der Zweck des Datenabgleichs ist erfüllt.

Rechtmäßigkeit der Datenerlangung

Weitere Tatbestandsvoraussetzung ist, dass die Daten rechtmäßig erlangt wurden. Dies erfordert eine formelle und materielle Prüfung

---

dungszwecken hat, hat sie auch gleichzeitig die entsprechende Aufgabenzuweisung, ohne dass es einer besonderen gesetzlichen Regelung bedarf. Vgl. *Kastner* in Möllers, Wörterbuch der Polizei, 3. Aufl. 2018, Stichwort Argumentum.

der Datenerhebungsmaßnahmen; hier der Identitätsfeststellung bei Herrn Müller. Nach dem Bearbeitungsvermerk kann die Rechtmäßigkeit der Identitätsfeststellung gem. § 163b Abs. 1 StPO[21] unterstellt werden.

Die Tatbestandsvoraussetzungen gem. § 25 Abs. 1 Satz 3 PolG sind damit erfüllt.

Besondere Verfahrensvorschriften

Es bestehen keine besonderen Verfahrensvorschriften; der Eingriff ist niedrigschwellig.

Rechtsfolge

Unter dem Datenabgleich zur Fahndung ist die Verwendung personenbezogener Daten zu verstehen, um festzustellen, ob über die Person bereits Daten bzw. Erkenntnisse vorliegen, ob diese gesucht wird oder ob sonstige Erkenntnisse zu möglichen Vollstreckungsmaßnahmen vorliegen. Eine solchen „Trefferabfrage" haben die Beamten durchgeführt. Diese Rechtsfolge ist von § 25 Abs. 1 Satz 3 PolG erfasst.

Adressat

Die Adressatenregelung ergibt sich hier aus § 4 Abs. 4 i. V. m. § 25 Abs. 1 Satz 3 PolG. Adressat kann jede Person sein, deren Daten die Polizei rechtmäßig erlangt hat.

Herr Müller wurde hier als Adressat im Sinne dieser Regelung in Anspruch genommen.

Verhältnismäßigkeit

Die Maßnahme ist verhältnismäßig, wenn sie geeignet, erforderlich und angemessen ist. Sie ist geeignet, wenn sie tauglich ist, den polizeilichen Zweck zu erfüllen. Der Fahndungsabgleich war geeignet, den beabsichtigten Zweck, die Erkenntnisgewinnung über mögliche Vollstreckungsmaßnahmen gegen Herrn Müller zu gewinnen.

Erforderlich ist die Maßnahme, wenn sie unter den geeigneten Mitteln das mildeste ist. Ein milderes Mittel zur Erfüllung des Zwecks ist nicht ersichtlich. Der Grundsatz der Erforderlichkeit wurde gewahrt.

Angemessen ist der Fahndungsabgleich, wenn der Grundrechtseingriff nicht außer Verhältnis zum erzielten Erfolgt steht. Das Ziel der Fahndungsabfrage und damit der Klärung, ob eine Person ge-

---

21 Die Feststellung der Identität einer tatverdächtigen Person gem. § 163b Abs. 1 StPO ist im Regelfall völlig unstrittig.

sucht wird oder nicht, steht dem relativ geringen Eingriff gegenüber, nämlich der weiteren Verarbeitung der personenbezogenen Daten zu diesem Zweck. Es handelt sich dabei um ein wichtiges Rechtsgut. Der Fahndungsabgleich war angemessen.

3.4 Ergebnis

Der Fahndungsabgleich der Daten des Herrn Müller war rechtmäßig, da die formellen und materiellen Rechtmäßigkeitsvoraussetzungen erfüllt sind.

4. Durchführung eines Abgleichs mit der Datei „Häusliche Gewalt“

4.1 Ermächtigungsgrundlage

Durch diese Maßnahme ist Herr Müller erneut in seinem Grundrecht auf informationelle Selbstbestimmung gem. Art. 1 Abs. 1 i. V. m. Art. 2 Abs. 1 GG beeinträchtigt; es gilt die gleiche Argumentation wie unter Ziffer 3, 1.1 Ermächtigungsgrundlage.

Das Grundrecht kann gem. Art. 2 Abs. 1 GG durch oder aufgrund eines Gesetzes eingeschränkt werden. Ein solches förmliches Gesetz ist das Polizeigesetz.

Die Befugnis für einen solchen Eingriff könnte sich aus § 25 Abs. 1 Satz 1 PolG ergeben.

Die Zielrichtung dieser Maßnahme ist die Gefahrenabwehr gem. § 1 Abs. 1 PolG[22].

4.2 Formelle Rechtmäßigkeit

Sachliche Zuständigkeit

Die sachliche Zuständigkeit ergibt sich je nach Zielrichtung der beiden Beamten aus § 1 Abs. 1 Satz 1 und Satz 3 PolG (allgemeine Gefahrenabwehr) oder aus § 1 Abs. 1 Satz 1 und Satz 2 PolG (Verhinderung weiterer Straftaten z. N. von Frau Müller). Die Maßnahme dient der Erkenntnisgewinnung für die Aufgabenerfüllung. Die gewonnenen Erkenntnisse fließen unmittelbar in die Gefahrenbewertung und die zu treffenden Maßnahmen ein.

---

22 Im Vergleich zum Fahndungsabgleich ist die Maßnahme nach § 25 Abs. 1 Satz 1 PolG an höhere Eingriffsvoraussetzungen gebunden. Obwohl in der Praxis mit unterschiedlichen Abfragekombinationen die Inpol- und die Datei (oder das Tool) „Häusliche Gewalt“ gleichzeitig abgefragt werden können, darf nicht übersehen werden, dass es sich um zwei unterschiedliche Eingriffe handelt, die jeweils der Rechtfertigung bedürfen.

Die Aufgabe der Gefahrenabwehr wird von § 11 Abs. 1 Nr. 1 POG erfasst. Zuständig für diese Maßnahme ist die Kreispolizeibehörde. Die beiden Beamten handeln als Amtswalter der KPB-D Stadt für die Behörde gem. § 11 POG.

Örtliche Zuständigkeit

Von der örtlichen Zuständigkeit gem. § 7 Abs. 1 POG kann ausgegangen werden.

Allgemeine Verfahrensvorschriften

Allgemeine Form- und Verfahrensvorschriften bestehen nicht. Der Datenabgleich zu Fahndungszwecken ist ein Realakt, der keine weiteren Formerfordernisse nach sich zieht. Es besteht auch keine gesetzliche Mitteilungs- oder Hinweispflicht auf die Durchführung dieser Maßnahme.

Da die Beamten sachlich und örtlich zuständig sind und keine weiteren allgemeinen Verfahrensvorschriften bestehen, sind die formellen Rechtmäßigkeitsvoraussetzungen erfüllt.

4.3 Materielle Rechtmäßigkeit

Die Befugnis könnte sich aus § 25 Abs. 1 Satz 1 PolG ergeben.

Tatbestandsvoraussetzungen der Ermächtigungsnorm

Erkenntnisgewinnung über Störer gem. § 4 Abs. 1 PolG

Herr Müller ist Verhaltensstörer (Verursacher einer gegenwärtigen Gefahr) einer häuslichen Gewalt gegenüber seiner Ehefrau, siehe dazu Maßnahme 1, Adressat. Der Zweck liegt in der Erkenntnisgewinnung für die Lagebeurteilung und die Durchführung weiterer Schutzmaßnahmen. Auch wenn tatsächlich in der Datei keine Erkenntnisse über Herrn Müller vorliegen, verfolgte die Erkenntnisabfrage den gesetzlichen Zweck.

Rechtmäßigkeit der Datenerlangung

Neben der Störereigenschaft müssen auch hier wiederum die Daten rechtmäßig erlangt worden sein. Das ist hier der Fall, siehe dazu auch Maßnahme 3, Ziffer 1.3.

Die Tatbestandsvoraussetzungen gem. § 25 Abs. 1 Satz 1 PolG sind damit erfüllt.

Besondere Verfahrensvorschriften

Es bestehen keine besonderen Verfahrensvorschriften; der Eingriff ist niedrigschwellig.

Rechtsfolge

§ 25 Abs. 1 Satz 1 PolG umfasst die polizeilichen Dateien, die u. a. zur Gefahrenabwehr eingerichtet worden sind. Das ist bei der Datei „Häusliche Gewalt“ der Fall.

Unter dem Datenabgleich gem. § 25 Abs. 1 Satz 1 PolG ist ebenfalls die Verwendung personenbezogener Daten zu verstehen, um im Rahmen der Abfrage festzustellen, ob über die Person bereits Daten bzw. Erkenntnisse vorliegen für die Beurteilung der Gefahrenlage vorliegen.

Eine solche Abfrage haben die Beamten durchgeführt. Diese Rechtsfolge ist von § 25 Abs. 1 Satz 1 PolG erfasst.

Adressat

Adressat ist der jeweilige Verhaltensstörer gem. § 4 Abs. 1 PolG.

Herr Müller wurde hier als Adressat im Sinne dieser Regelung in Anspruch genommen.

Verhältnismäßigkeit

Die Maßnahme ist verhältnismäßig, wenn sie geeignet, erforderlich und angemessen ist. Geeignet ist sie, wenn sie tauglich ist, den polizeilichen Zweck zu erfüllen.

Der Fahndungsabgleich war geeignet, den beabsichtigten Zweck, die Erkenntnisgewinnung für die Abwehr der bestehenden Gefahr, die von dem Verhalten des Herrn Müller ausgeht, zu erfüllen.

Erforderlich ist die Maßnahme, wenn sie unter den geeigneten Mitteln das mildeste ist. Ein milderes Mittel zur Erfüllung des Zwecks könnte hier die Befragung der Ehefrau sein. Jedoch werden deren Angaben nicht den Umfang der möglicherweise detaillierten Daten in der Datei „Häusliche Gewalt“ entsprechen. Andere mildere Mittel sind nicht erkennbar. Der Grundsatz der Erforderlichkeit wurde gewahrt.

Angemessen ist der Datenabgleich, wenn der Grundrechtseingriff nicht außer Verhältnis zum erzielten Erfolgt steht. Das Ziel der Datenabfrage war die Erkenntnisgewinnung für die weitere Gefahrenabwehr, insbesondere auch die Verhinderung von weiteren Straftaten z. N. der Frau Müller. Der relativ geringe Eingriff in das Grundrecht von Herrn Müller steht diesem Zweck nicht entgegen. Es handelt sich dabei um eine wichtige Maßnahme zum Schutz der Frau Müller. Der Datenabgleich ist deshalb auch angemessen.

4.4 Ergebnis

Der Abgleich der Daten des Herrn Müller in der Datei „Häusliche Gewalt“ war rechtmäßig, da die formellen und materiellen Rechtmäßigkeitsvoraussetzungen erfüllt sind.

5. Vorlage einer Strafanzeige gegen Herrn Müller

5.1 Ermächtigungsgrundlage

Die Einleitung eines Strafverfahrens gegen eine verdächtige oder beschuldigte Person ist zwar mit Unannehmlichkeiten und möglichen Nachteilen verbunden. Diese Maßnahme stellt jedoch keinen Grundrechtseingriff dar. In der Anzeige werden aber personenbezogene Daten zur Person und zum Verhalten des Herrn Müller vermerkt, sodass wiederum sein Grundrecht auf informationelle Selbstbestimmung gem. Art. 1 Abs. 1 i. V. m. Art. 2 Abs. 1 GG betroffen ist. Das Grundrecht umfasst auch die Befugnis des Herrn Müller, selbst darüber zu entscheiden, ob die personenbezogenen Daten durch staatliche Stelle ohne Zustimmung weiterverarbeitet und gespeichert werden. Eine solche Fixierung bzw. Eingabe der Daten von Herr Müller in das Anzeigenbearbeitungssystem liegt vor. Es handelt sich dabei um eine Datenspeicherung und damit ein Vorgang der Datenverarbeitung gem. § 46 Nr. 2 BDSG. Ein weiterer Grundrechtseingriff liegt vor.

Das Grundrecht kann gem. Art. 2 Abs. 1 GG durch oder aufgrund eines Gesetzes eingeschränkt werden. Ein solches förmliches Gesetz ist die Strafprozessordnung.

Als Befugnis könnte hier § 483 Abs. 1 Satz 1 StPO in Betracht kommen.

Die Maßnahme dient der Strafverfolgung.

5.2 Formelle Rechtmäßigkeit

Sachliche Zuständigkeit

Gemäß § 1 Abs. 4 PolG i. V. m. § 163 Abs. 1 Satz 1 StPO hat die Polizei die Aufgabe der Strafverfolgung. Voraussetzung ist mindestens das Vorliegen eines Anfangsverdachts einer Straftat. Ein Anfangsverdacht liegt gem. § 152 Abs. 2 StPO vor, wenn aufgrund von Tatsachen die Annahme besteht, dass eine strafbare Handlung vorliegen könnte. Die Aussage von Frau Müller und die von den Beamten festgestellte Situation in der Wohnung begründet den Verdacht einer

Körperverletzung z. N. von Frau Müller. Der Anfangsverdacht ist somit gegeben.

Die Aufgabe der Strafverfolgung wird von § 11 Abs. 1 Nr. 2 POG erfasst. Zuständig für diese Maßnahme ist die Kreispolizeibehörde. Die beiden Beamten handeln als Amtswalter der KPB-D Stadt für die Behörde gem. § 11 POG.

Örtliche Zuständigkeit

Von der örtlichen Zuständigkeit gem. § 7 Abs. 1 POG kann ausgegangen werden.

Allgemeine Verfahrensvorschriften

Gemäß § 163 Abs. 2 StPO i. V. m. § 158 Abs. 1 Satz 1 StPO sind Strafanzeigen der Staatsanwaltschaft in Schriftform vorzulegen. Diese Voraussetzungen haben die Beamten erfüllt. Weitere Form- und Verfahrensvorschriften bestehen nicht. Die Eingabe der Daten und die weitere Verarbeitung stellen ein reales Handeln dar.

Da die Beamten sachlich und örtlich zuständig sind und keine weiteren allgemeinen Verfahrensvorschriften bestehen, sind die formellen Rechtmäßigkeitsvoraussetzungen erfüllt.

5.3 Materielle Rechtmäßigkeit

Die Befugnis könnte sich aus § 483 Abs. 1 Satz 1 StPO ergeben. Die Tatbestandsvoraussetzungen von § 483 Abs. 1 Satz 1 StPO müssten erfüllt sein.

Tatbestandsvoraussetzungen der Ermächtigungsnorm

Datenverarbeitung für den Zweck der Strafverfolgung erforderlich

Der Zweck der Datenverarbeitung liegt in der Einleitung eines Strafverfahrens gegen Herrn Müller. Es handelt sich dabei um eine Maßnahme der Strafverfolgung.

Die Datenverarbeitung muss zur Strafverfolgung erforderlich sein. Das Merkmal stellt damit auch an dieser Stelle die zentrale Voraussetzung der Befugnis dar. Danach muss die Verarbeitung jeweils im Einzelfall notwendig sein, um die Aufgabe rechtmäßig, vollständig und mit angemessenem Aufwand in angemessener Zeit erfüllen zu können[23]. Diese Anforderungen sind erfüllt. Ohne die Datenverar-

23 *Singelnstein* in MünchKomm StPO, § 483 Rn. 9, 1. Aufl. 2019.

beitung wäre ein ordnungsgemäßes Strafverfahren gegen Herrn Müller nicht möglich.

Rechtmäßigkeit der Datenerlangung

Auch § 483 Abs. 1 StPO erfordert als Tatbestandsvoraussetzung, dass die Daten rechtmäßig erlangt wurden. Dies erfordert eine formelle und materielle Prüfung der Datenerhebungsmaßnahmen; hier der Identitätsfeststellung bei Herrn Müller. Nach dem Bearbeitungsvermerk kann die Rechtmäßigkeit der Identitätsfeststellung gem. § 163b Abs. 1 StPO[24] unterstellt werden. Die weiteren Erkenntnisse gegen Herrn Müller, die in der Strafanzeige dokumentiert werden, sind auf die Generalermittlungsklausel gem. § 163 Abs. 1 Satz 2 StPO zurückzuführen. Auch dieser Vorgang ist rechtmäßig.

Die Tatbestandsvoraussetzungen gem. § 483 Abs. 1 Satz 1 StPO sind damit erfüllt.

Besondere Verfahrensvorschriften

Es bestehen keine besonderen Verfahrensvorschriften, die die Beamten unmittelbar betreffen. Die mögliche Löschung der verarbeiteten Daten zu einem späteren Zeitpunkt betrifft nicht die Anordnungskompetenz der Beamten.

Rechtsfolge

§ 483 Abs. 1 Satz 1 StPO ist eine Generalklausel für die Datenverarbeitung zur Strafverfolgung. Der Begriff ist jedoch nicht identisch mit dem des § 46 Nr. 6 BDSG[25], da die Datenweitergabe zu Strafverfolgungszwecken sich nach § 487 Abs. 1 StPO richtet.

Hier tragen die Beamten die Daten des Herrn Müller in das Datensystem ein. Es liegt somit eine Datenspeicherung vor, die von der Rechtsfolgeregelung erfasst wird.

Adressat

§ 483 Abs. 1 Satz 1 StPO umfasst alle Daten, die für das Strafverfahren erforderlich sind. Die Adressatenregelung ergibt sich hier aus § 483 Abs. 1 Satz 1 StPO. Es handelt sich um die Daten der tatverdächtigen Person.

---

24 Die Feststellung der Identität einer tatverdächtigen Person gem. § 163b Abs. 1 StPO ist im Regelfall völlig unstrittig.

25 Gemäß § 500 StPO gelten für Strafverfolgungsmaßnahmen die Regelungen des Bundesdatenschutzgesetzes (BDSG).

Verhältnismäßigkeit

Die Maßnahme müsste verhältnismäßig sein. Sie ist verhältnismäßig, wenn sie zur Zweckerreichung geeignet, erforderlich und angemessen ist. Geeignet ist sie, wenn sie tauglich ist, den polizeilichen Zweck zu erfüllen.

Die Datenverarbeitung war geeignet, den beabsichtigten Zweck, die Einleitung eines Strafverfahrens gegen Herrn Müller, zu erfüllen.

Erforderlich ist die Maßnahme, wenn sie unter den geeigneten Mitteln das mildeste ist. Ein milderes Mittel zur Erfüllung des Zwecks ist nicht ersichtlich. Der Grundsatz der Erforderlichkeit wurde gewahrt.

Angemessen ist die Datenverarbeitung, wenn der Grundrechtseingriff nicht außer Verhältnis zum erzielten Erfolgt steht. Das Ziel der Datenverarbeitung dient der Strafverfolgung. Bei der Abwägung der beiden Positionen ist festzustellen, dass der Grundrechtseingriff gegenüber Herrn Müller im Interesse der Strafverfolgung zurücktritt.

Die Datenverarbeitung war angemessen.

5.4 Ergebnis

Die Verarbeitung der personenbezogenen Daten des Herrn Müller war rechtmäßig, da die formellen und materiellen Tatbestandsvoraussetzungen der Ermächtigungsgrundlage erfüllt sind.

6. Weiterleitung der Strafanzeige an das zuständige Fachkommissariat

6.1 Ermächtigungsgrundlage

Auch die Weitergabe der personenbezogenen Daten in der Strafanzeige an das Fachkommissariat ist ein weiter Eingriff in das Grundrecht auf informationelle Selbstbestimmung gem. Art. 1 Abs. 1 i. V. m. Art. 2 Abs. 1 GG. Es handelt sich hierbei um eine weitere Datenverwendung bzw. Datenübermittlung gem. § 46 Nr. 2 BDSG.

Das Grundrecht kann gem. Art. 2 Abs. 1 GG durch oder aufgrund eines Gesetzes eingeschränkt werden. Ein solches förmliches Gesetz ist die Strafprozessordnung.

Als Befugnisnorm kommt § 487 Abs. 1 Satz 1 StPO in Betracht. Danach ist eine Übermittlung der gespeicherten an die zuständigen Stellen zum Zwecke der Strafverfolgung erlaubt. Zuständige Stellen sind die Behörden und staatlichen Einrichtungen, die für die Erfüllung dieser Zwecke Sorge tragen[26]. Es gilt das Behördenprinzip. Adressatinnen sind die jeweiligen Behörden, die für die Strafverfolgungsmaßnahmen zuständig sind. § 487 Abs. 1 StPO umfasst daher nur Datenübermittlungen zwischen den jeweiligen Behörden. Der Datenumgang innerhalb der Behörde ist von § 487 Abs. 1 StPO nicht erfasst. Da die Anzeige an das zuständige Fachkommissariat übersandt wird und es sich um eine interne Datenverarbeitung innerhalb derselben Behörde handelt, ist diese Maßnahme nicht von § 487 Abs. 1 StPO erfasst.

Die Maßnahme könnte jedoch wiederum gem. § 483 Abs. 1 Satz 1 StPO zulässig sein. Diese Norm ist als Generalklausel für nahezu alle Datenverarbeitungsvorgänge zu sehen[27]. Die Rechtsfolgenregelung „Datenverarbeitung" des § 483 Abs. 1 StPO umfasst gem. § 46 Nr. 2 BDSG u. a. die weitere Verwendung der Daten. Damit ist auch die Nutzung der Daten innerhalb der Behörde erfasst. § 483 Abs. 1 Satz 1 StPO könnte als Befugnisnorm Anwendung finden.

Die Maßnahme dient der Strafverfolgung.

6.2 Formelle Rechtmäßigkeit

Sachliche Zuständigkeit

Die Übermittlung der Anzeige dient auch hier der Strafverfolgung. Die sachliche Zuständigkeit ergibt sich aus § 1 Abs. 4 PolG i. V. m. § 163 Abs. 1 Satz 1 StPO i. V. m. § 11 Abs. 1 Nr. 2 POG. Die Ausführungen zu Maßnahme 5 gelten entsprechend.

Örtliche Zuständigkeit

Von der örtlichen Zuständigkeit gem. § 7 Abs. 1 POG kann ausgegangen werden.

Allgemeine Verfahrensvorschriften

Gemäß § 163 Abs. 2 StPO i. V. m. § 158 Abs. 1 Satz 1 StPO sind Strafanzeigen der Staatsanwaltschaft in Schriftform vorzulegen. Diese Vorschrift haben die Beamten erfüllt. Aus organisatorischer Sicht erfolgt jedoch i. d. R. keine unmittelbare Weitergabe. Vielmehr führt der Weg über die zuständige Fachdienststelle. Weitere Form- und Verfahrensvorschriften bestehen nicht. Die Weitergabe der Daten an die Fachdienststelle ist ein reales Handeln.

---

26 *Singelnstein* in MünchKomm StPO, § 487 RdNr. 4, 1. Aufl. 2019.

27 *Gemählich* in KMR-Kommentar zur Strafprozessordnung, § 483 RdNr. 2, 97. Lfg., 2022.

Da die Beamten sachlich und örtlich zuständig sind und keine weiteren allgemeinen Verfahrensvorschriften bestehen, sind die formellen Rechtmäßigkeitsvoraussetzungen erfüllt.

6.3 Materielle Rechtmäßigkeit

Die Befugnis könnte sich aus § 483 Abs. 1 Satz 1 StPO ergeben.

Tatbestandsvoraussetzungen der Ermächtigungsnorm

Datenverarbeitung für den Zweck der Strafverfolgung erforderlich

Der Zweck der Datenübermittlung dient der Durchführung des konkreten Strafverfahrens durch das Fachkommissariat gegen Herrn Müller. Es handelt sich dabei um eine Maßnahme der Strafverfolgung.

Die Datenverarbeitung muss zur Strafverfolgung erforderlich sein. Danach muss die Verarbeitung jeweils im Einzelfall notwendig sein, um die Aufgabe rechtmäßig, vollständig und mit angemessenem Aufwand in angemessener Zeit erfüllen zu können[28]. Auch diese Anforderungen sind erfüllt. Ohne die Datenübermittlung an das Fachkommissariat wäre die weitere Bearbeitung des Strafverfahrens gegen Herrn Müller nicht möglich.

Rechtmäßigkeit der Datenerlangung

Auch hier ist festzustellen, dass die Daten rechtmäßig erhoben wurden. Die Ausführungen zu Maßnahme 5 gelten entsprechend.

Die Tatbestandsvoraussetzungen gem. § 483 Abs. 1 Satz 1 StPO sind damit erfüllt.

Besondere Verfahrensvorschriften

Es bestehen keine besonderen Verfahrensvorschriften, die die Beamten unmittelbar betreffen. Die mögliche Löschung der verarbeiteten Daten betrifft nicht die Anordnungskompetenz der Beamten.

Rechtsfolge

§ 483 Abs. 1 Satz 1 StPO ist eine Generalklausel für die Datenverarbeitung zur Strafverfolgung. Der Begriff umfasst die weitere Verwendung und Nutzung der Daten innerhalb der Behörde für den Zweck des jeweiligen Strafverfahrens.

28 *Singelnstein* in MünchKomm StPO, § 483 Rn. 9, 1. Aufl. 2019.

Die Datenübermittlung an das Fachkommissariat wird als Datenverarbeitungsvorgang von der Rechtsfolgeregelung des § 483 Abs. 1 Satz 1 StPO erfasst.

Adressat

§ 483 Abs. 1 Satz 1 StPO umfasst alle Daten, die für das Strafverfahren erforderlich sind. Die Adressatenregelung ergibt sich aus § 483 Abs. 1 Satz 1 StPO. Es handelt sich um die Daten der tatverdächtigen Person.

Verhältnismäßigkeit

Die Maßnahme ist verhältnismäßig, wenn sie geeignet, erforderlich und angemessen ist. Geeignet ist sie, wenn sie tauglich ist, den polizeilichen Zweck zu erfüllen.

Die Datenverarbeitung in Form der Datenübermittlung an das Fachkommissariat war geeignet, den beabsichtigten Zweck, die Fortführung des Strafverfahrens gegen Herrn Müller, zu gewährleisten.

Erforderlich ist die Maßnahme, wenn sie unter den geeigneten Mitteln das mildeste ist. Ein milderes Mittel zur Erfüllung des Zwecks ist nicht ersichtlich. Auf die sachgerechte Bearbeitung durch die Fachdienststelle kann innerhalb einer Behörde nicht verzichtet werden. Der Grundsatz der Erforderlichkeit wurde gewahrt.

Angemessen ist die Datenübermittlung an die Fachdienststelle dann, wenn der Grundrechtseingriff nicht außer Verhältnis zum erzielten Erfolgt steht. Das Ziel der Datenverarbeitung dient der Strafverfolgung und der Fortführung der Ermittlungen. Bei der Abwägung der beiden Positionen ist festzustellen, dass der Grundrechtseingriff gegenüber Herrn Müller im Interesse der Strafverfolgung zurücktritt.

Die Datenverarbeitung war angemessen.

6.4 Ergebnis

Die Weiterleitung der Strafanzeige mit den personenbezogenen Daten des Herrn Müller an das Fachkommissariat war rechtmäßig, da die formellen und materiellen Rechtmäßigkeitsvoraussetzungen erfüllt sind.

Fall 4: Trunkenheitsfahrt und Führerscheinbeschlagnahme

Schwerpunkt

Durchsetzung einer Blutprobenentnahme mit Zwang, gefahrenabwehrende Personendurchsuchung und Sicherstellung, Führerscheinbeschlagnahme

LPD Christoph Keller M.A., HSPV NRW

Sachverhalt

Die Polizeibeamten PK A und POK B befinden sich in den Abendstunden auf Streifenfahrt in A-Stadt. Es herrscht kaum Fahrzeugverkehr. Gegen 19.30 Uhr bemerken sie einen roten VW Golf älterer Bauart, der sich mit angepasster Geschwindigkeit einer größeren Kreuzung nähert. Im Innern dieses Pkw befindet sich augenscheinlich eine männliche Person. Als die für diesen Pkw maßgebende LZA von Grün auf Gelb wechselt, beschleunigt der Fahrzeugführer seine Geschwindigkeit und überquert den Kreuzungsbereich unter Missachtung des Rotlichts. Der Abstand des VW Golf zur Haltlinie beträgt beim Phasenwechsel von Gelb auf Rot ca. 10 Meter. Nach Passieren der Kreuzung wird die Geschwindigkeit wieder reduziert. Zu Gefährdungen oder Behinderungen anderer Verkehrsteilnehmer kam es hierbei nicht.

Aufgrund dieser Beobachtung beabsichtigen PK A und POK B, das Fahrzeug anzuhalten. Zu diesem Zweck überholen sie den Pkw an einer geeigneten Stelle und geben Anhaltezeichen. Die Haltezeichen werden befolgt. Im Rahmen der anschließenden Überprüfung werden PK A die dem Pkw zugehörige Zulassungsbescheinigung sowie der Führerschein des Fahrzeugführers ausgehändigt. Es handelt sich beim Fahrzeugführer um den 30-jährigen Manfred N., wohnhaft in A-Stadt. Während der Überprüfung stellt POK B Atemalkoholgeruch bei N fest. Ein daraufhin angebotener und von N durchgeführter Test mit einem Alco-Test ergibt einen Wert von 1,2 Promille.

Aufgrund dieses Ergebnisses wird die Entnahme einer Blutprobe angeordnet. N ist hierüber äußerst empört und redet wild gestikulierend auf die Beamten ein, schließlich habe er nur zwei oder drei Biere getrunken. Er ist nicht bereit, der Maßnahme Folge zu leisten. Vielmehr beschimpft er die Beamten lautstark, bezeichnet sie als „Sternchenjäger“ und weigert sich vehement, sich in den Streifenwagen zu begeben, um zwecks Blutprobenentnahme mit den Beamten ins Krankenhaus zu fahren. N wird daraufhin von den Beamten kräftig an den Armen gepackt und in den Streifenwagen gezerrt. Zuvor wurde er durchsucht. Ein bei der Durchsuchung aufgefundener Schraubendreher wurde durch die Beamten in Verwahrung genommen.

Im Streifenwagen erkennt er jedoch die Aussichtslosigkeit seiner Aktionen und „fügt sich seinem Schicksal“.

Anschließend fahren PK A und POK B mit N zum nächsten Krankenhaus und lassen dort durch den Arzt T eine Blutprobe entnehmen.

Der Führerschein wird gegen den ausdrücklichen Willen des N beschlagnahmt.

Aufgaben

Beurteilen Sie rechtsgutachterlich die polizeilichen Maßnahmen:
- Anhalten des Pkw
- Anbieten Alcotest, Anordnung der Blutprobenentnahme, Zwangsweises Verbringen des N in den Streifenwagen
- Durchsuchung des Manfred N
- Verwahrung des Schraubenziehers
- Beschlagnahme des Führerscheins

Hinweis
Auf die örtliche Zuständigkeit ist nicht einzugehen.

Anmerkung

Der Fall enthält Standardmaßnahmen, die von Studierenden sicher beherrscht werden müssen. Es wird darauf verzichtet, ein bestimmtes Schema (sklavisch) anzuwenden. Die Lösung erfolgt vielmehr problemorientiert. Hinzuweisen ist ansonsten auf die an der HSPV NRW üblicherweise verwendeten, bewährten Lösungsschemata.[1]

Lösung

1. Anhalten des Pkw

1.1 Ermächtigungsgrundlage

Das Anhalten des Pkw stellt einen Eingriff in die allgemeine Handlungsfreiheit (Art. 2 Abs. 1 GG) dar. Die Maßnahme bedarf der gesetzlichen Legitimation. Ihre Zielrichtung ist repressiver Natur (Verfolgung einer Ordnungswidrigkeit).[2]

1.2 Formelle Rechtmäßigkeit

Die Frage der sachlichen Zuständigkeit ist abhängig von der Intention der Beamten. Die Fahrweise des N könnte auf mangelnde persönliche Eignung des Fahrzeugführers hindeuten.

Demnach könnte es um die Abwehr von Gefahren für andere Verkehrsteilnehmer gehen (Gefahrenabwehr). Laut Sachverhalt sollte der Pkw jedoch aufgrund der Beobachtungen der Beamten (Rotlichtfahrt) angehalten werden. Primär ging es offensichtlich um die Verfolgung der Verkehrsordnungswidrigkeit (§§ 37 i. V. m. 49 StVO i. V. m. § 24 StVG), sodass sich die sachliche Zuständigkeit aus § 1

---

1 Mit Erläuterungen zu diesem Schema und weiteren Fällen *Keller*, Fälle und Lösungen zum Eingriffsrecht in Nordrhein-Westfalen, Band 1: Aufbauschemata, Standardmaßnahmen, 4. Aufl. 2021, passim; ders., POLIZEI info-report (PIR) 6/2022 S. 15 ff.

2 Die Zielrichtung ist eindeutig, wenn dem Sachverhalt zu entnehmen ist, dass sich die handelnden Beamtinnen und Beamten ausdrücklich für ein präventives oder repressives Handeln entscheiden, wenn die Maßnahme so bezeichnet ist, dass sie zwangsläufig einem der beiden Zielrichtungen zuzuordnen ist (z. B. kann eine „vorläufige Festnahme" nur repressiver Natur sein), oder wenn sich aus den geschilderten Umständen eine klare Zuordnung zur Strafverfolgung oder Gefahrenabwehr ergibt. Ist eine Zuordnung nicht möglich, liegt sog. Doppelfunktionalität vor. Dann soll nach h. M. der Schwerpunkt der Maßnahme darüber entscheiden, ob sich der doppelfunktionale Eingriff allein auf eine gefahrenabwehrrechtliche oder strafprozessuale Befugnisnorm stützt („Schwerpunkttheorie"); hierzu *Schoch*, JURA 2013 S. 1115 ff.

Abs. 4 PolG NRW[3] i. V. m. § 11 Abs. 1 Nr. 2 POG NRW i. V. m. § 53 Abs. 1 OWiG ergibt.[4]

1.3 Materielle Rechtmäßigkeit

Die Befugnis zum Anhalten des Pkw könnte sich aus § 36 StVO ergeben. Gemäß § 36 Abs. 5 StVO dürfen Polizeibeamte Verkehrsteilnehmer zur Verkehrskontrolle einschließlich der Kontrolle der Verkehrstüchtigkeit und zu Verkehrserhebungen anhalten. Allgemeine Verkehrskontrollen in diesem Sinne sind präventive verkehrsbezogene Maßnahmen, die ergriffen werden, um vorbeugend die Ordnung und Sicherheit des Straßenverkehrs zu gewährleisten, ohne dass ein augenblickliches Bedürfnis zur Regelung des Straßenverkehrs bzw. zum Erhalten seiner Ordnung und Sicherheit vorliegt oder eine Veranlassung zum repressiven Einschreiten zum Verfolgen einer Straftat oder einer Ordnungswidrigkeit besteht.[5] Für eine allgemeine Verkehrskontrolle auf der Grundlage von § 36 Abs. 5 StVO ist demzufolge kein Raum, wenn das Anhalten eines Verkehrsteilnehmers wegen des konkreten Verdachts einer Verkehrsstraftat oder Verkehrsordnungswidrigkeit erfolgt.[6]

---

3 Gemäß § 1 Abs. 4 PolG NRW hat die Polizei ferner die Aufgaben zu erfüllen, die ihr durch andere Rechtsvorschriften übertragen sind. Inwieweit § 1 Abs. 4 PolG NRW noch genannt werden muss, ist strittig. Die Norm stellt letztlich nur deklaratorisch klar, dass die Polizei auch die Aufgaben wahrnimmt, die ihr in anderen Gesetzen übertragen wurden. Die originäre Zuständigkeit zur Verfolgung von Straftaten ergibt sich bereits unmittelbar aus § 163 StPO. Für die Anwendbarkeit von § 1 Abs. 4 PolG NRW z. B. *Kay*, PSP 4/2012 S. 3 ff.; *Tetsch/Baldarelli*, Polizeigesetz des Landes Nordrhein-Westfalen, 2012, § 1 Ziff. 4 („Da das Polizeigesetz nicht nur das Recht der polizeilichen Gefahrenabwehr, sondern auch das Handeln der Polizei selbst erfasst, ist § 1 Abs. 4 PolG NRW auch im Sinne einer vollständigen Darstellung der Polizeiaufgaben zu verstehen"). Die Nennung von § 1 Abs. 4 PolG NRW ist letztlich umstritten; gelegentlich wird vorgebracht, im repressiven Bereich sei das PolG NRW nicht anwendbar, sodass auch § 1 Abs. 4 PolG NRW bereits nicht zur Anwendung kommen könne. Beide Zitiervarianten sind jedoch gut vertretbar; *Thiel*, PSP 4/2015 S. 37.

4 Zur sachlichen Zuständigkeit instruktiv *Kay/Keller*, Bußgeldverfahren – Eingriffsbefugnisse der Verfolgungsbehörden und der Polizei im Ermittlungsverfahren, 2016, S. 27 ff.

5 Zur polizeilichen Verkehrskontrolle als Maßnahme der Gefahrenabwehr *Rebler/Müller*, Die Polizei 2017 S. 176 ff.; zu den Rechtsgrundlagen *Müller*, NZV 2016 S. 254 ff.

6 BGH, NJW 1984 S. 1568. Bußgeldbewehrte Weisungen eines Polizeibeamten; vgl. auch *Maibach*, PIR 4/2022 S. 31 ff. § 36 StVO regelt zwei Situationen: Zum einen Zeichen und Weisungen zum Zwecke der Verkehrsregelung, zum anderen Zeichen und Weisungen zum Zwecke der Durchführung einer Verkehrskontrolle oder Verkehrserhebung. Nicht einschlägig ist § 36 StVO bei der Verfolgung von Straftaten und Ordnungswidrigkeiten.

Vorliegend handelt es sich nicht um eine allgemeine Verkehrskontrolle (§ 36 Abs. 5 StVO), sondern es ging primär um die Verfolgung einer Verkehrsordnungswidrigkeit.[7] Zu diesem Zweck muss die Identität des Fahrzeugführers festgestellt werden. Die Befugnis zur Identitätsfeststellung könnte sich daher aus § 163b Abs. 1 StPO ergeben.

1.3.1 Tatbestandvoraussetzungen der Ermächtigungsgrundlage

Gemäß § 163b Abs. 1 StPO kann die Identität einer Person festgestellt werden, wenn jemand einer Straftat verdächtig ist. Da zum Zeitpunkt des Anhaltens jedoch der Verdacht einer Straftat nicht vorlag, sondern der Identitätsfeststellung „lediglich" eine Ordnungswidrigkeit zugrunde lag, ist § 163b StPO i. V. m. § 46 Abs. 1 OWiG (Transformationsklausel) zu sehen.[8] Hiernach gelten für das Bußgeldverfahren sinngemäß u. a. die Vorschriften der StPO. Mithin ist § 163b Abs. 1 StPO in Bezug auf Ordnungswidrigkeiten anwendbar. § 163b Abs. 1 StPO spricht von erforderlichen Maßnahmen, die zur Feststellung der Identität getroffen werden dürfen. Das Anhalten ist als erforderliche Maßnahme in diesem Sinne zu qualifizieren. Aufgrund der Beobachtung der Beamten – Missachtung des Rotlichts einer LZA – durfte die Identität des Fahrzeugführers festgestellt werden.

1.3.2 Verfahrensvorschriften

Als zwingend zu beachtende Verfahrensvorschrift ist die Belehrung gem. §§ 163a Abs. 4 Satz 1, 163b Abs. 1 Hs. 2 StPO i. V. m. § 46 Abs. 1 OWiG zu nennen.[9] Dem Betroffenen ist der Grund der Maßnahme mitzuteilen. Die Verletzung dieser Belehrungspflicht führt zur Rechtswidrigkeit der Maßnahme, da es sich nicht lediglich um eine Ordnungsvorschrift handelt. Die Belehrung kann allerdings unterbleiben, wenn der Grund der Maßnahme dem Betroffenen bekannt ist. Wurde N entsprechend belehrt, d. h. ist ihm der Grund der Maßnahme mitgeteilt worden, sind keine Verstöße erkennbar.

1.3.3 Adressat

Adressat der Maßnahme ist der Betroffene (N).

---

7 Auch § 36 Abs. 1 StVO scheidet vorliegend aus, da diese Vorschrift nur für unmittelbar verkehrslenkende Maßnahmen gilt, OLG Düsseldorf, NZV 1994 S. 408.

8 Zu den aus polizeilicher Praxis relevanten Normen aus dem Recht der Ordnungswidrigkeiten instruktiv *Braun/Schmidt*, Einführung in das Recht der Ordnungswidrigkeitenverfolgung, PSP 1/2023 S. 3 ff.

9 Zu den Folgen einer fehlerhaften Belehrung über eine allgemeine Verkehrskontrolle bei Vorliegen des Verdachts einer Trunkenheitsfahrt instruktiv *Keller/Stienkemeier*, PSP 2/2013 S. 37 ff.

1.3.4 Übermaßverbot

Die Maßnahme ist geeignet und erforderlich, geringere (mildere) Maßnahmen sind nicht denkbar. Die Identitätsfeststellung entspricht fraglos auch dem Prinzip der Verhältnismäßigkeit i. e. S. Ein Missverhältnis zwischen den tangierten Grundrechten des N und dem Zweck der Maßnahme (Verfolgung der Ordnungswidrigkeit) ist nicht erkennbar. Zwar wird der Polizei bei der Verfolgung von Ordnungswidrigkeiten gem. § 53 Abs. 1 OWiG ein Ermessen eingeräumt (Opportunitätsprinzip), welches durch Missachtung von Ermessensschranken pflichtwidrig ausgeübt wird, jedoch ist gerade dem Bußgeldkatalog als sog. ermessenskanalisierende Bestimmung zu entnehmen, dass es sich bei einem derartigen Verhalten im Straßenverkehr nicht mehr um eine geringfügige Ordnungswidrigkeit handelt.

Die Maßnahme ist im Ergebnis als rechtmäßig zu beurteilen.

2. Anbieten Alcotest, Anordnung der Blutprobenentnahme, zwangsweises Verbringen des N in den Streifenwagen

2.1 Ermächtigungsgrundlage

Durch die Entnahme der Blutprobe wird in das Grundrecht auf körperliche Unversehrtheit eingegriffen (Art. 2 Abs. 2 Satz 1 GG), der Eingriffscharaker dieser Maßnahme liegt ohne Zweifel vor. Gleiches gilt für die Zwangsanwendung gegenüber N. Das Verbringen zur Wache bzw. in ein Krankenhaus zum Zwecke der Durchführung einer Blutentnahme (§ 81a StPO) ist (noch) als bloße Freiheitsbeschränkung zu qualifizieren; die Zeitspanne, die die Durchführung dieser Maßnahme in Anspruch nimmt, hält sich regelmäßig in einem überschaubaren Rahmen.[10]

Das Anbieten des Alcotestes ist hingegen anders rechtlich zu würdigen.

Ein aktives Tun (Mitwirkung) kann nicht verlangt werden; es besteht keine (gesetzliche) Verpflichtung zur Durchführung eines solches Testes. Die Durchführung eines Alcotestes kann demnach nur auf freiwilliger Basis geschehen. Laut Sachverhalt wurde N ein Alcotest angeboten, der sodann auch durchgeführt wurde. Die Durchführung eines solches Testes setzt also eine wirksame Einwilligung[11] vo-

---

10 *Braun*, Staatsrecht für Polizeibeamte, 2. Aufl. 2022, S. 89.

11 Voraussetzung für eine (wirksame) Einwilligung ist, dass der Beschuldigte die Verstandesreife besitzt, die erforderlich ist, um die Bedeutung und Tragweite des „Eingriffs" und der Einverständniserklärung zu begreifen. Die freiwillige Mitwirkung setzt überdies voraus, dass der Beschuldigte sein Weigerungsrecht kennt.

raus, sodass diesbezüglich von einem Grundrechtseingriff nicht auszugehen ist.

> Am Anfang der Ermittlungen in einem Straf- oder Ordnungswidrigkeitenverfahren wegen einer Trunkenheitsfahrt steht regelmäßig die Messung der Atemalkoholkonzentration. Dabei kann ein sog. Alkotest mittels eines Teströhrchens oder eines Atemalkohol-Gerätes nur auf freiwilliger Basis erfolgen und darf nicht erzwungen werden.[12] Zur exakten Feststellung der Blutalkoholkonzentration ist die Entnahme einer Blutprobe erforderlich.

Insgesamt ist festzustellen, dass bezüglich der Anordnung der Blutprobenentnahme sowie der Zwangsanwendung zwecks Durchführung der Maßnahme eine Ermächtigungsgrundlage (Befugnisnorm) erforderlich ist.

2.2 Formelle Rechtmäßigkeit

Die Zweckbestimmung dieser Maßnahme dürfte eindeutig sein. Die Maßnahme dient der Strafverfolgung (Trunkenheit im Verkehr gem. § 316 StGB).[13] Die sachliche Zuständigkeit ergibt sich aus § 1 Abs. 4 PolG NRW i. V. m. § 11 Abs. 1 Nr. 2 POG NRW i. V. m. § 163 Abs. 1 Satz 1 StPO.

2.3 Materielle Rechtmäßigkeit

Als Rechtsgrundlage für die Anordnung der Blutprobe kommt § 81a StPO in Betracht. Hiernach darf (auch ohne Einwilligung des Beschuldigten) die Entnahme einer Blutprobe angeordnet werden, wenn die Feststellung des Blutalkoholwertes für ein Verfahren von Bedeutung ist.

Aufgrund des Ergebnisses der Alcotestes (1,2 ‰) lagen zureichende tatsächliche Anhaltspunkte dafür vor, dass N eine Straftat nach

---

Die Beamten waren demnach verpflichtet, N deutlich zu machen, dass er zum Alco-Test nicht verpflichtet war, grundlegend *Cierniak/Herb*, NZV 2012 S. 409 ff.; instruktiv auch *Mosbacher*, JuS 2015 S. 129 (131 f.).

12 Vgl. *Kerkmann* in Haus/Krumm/Quarch, Gesamtes Verkehrsrecht, 3. Aufl. 2021, § 81a Rn. 21 StPO. Die mobilen Messgeräte der Polizei, mit denen der Alkoholgehalt in der Atemluft ermittelt werden kann, sind häufig ungenau. Zuverlässige Schlüsse auf eine bestimmte Blutalkoholkonzentration sind nach dem gegenwärtigen Stand der Wissenschaft nicht möglich. Die mit diesen Geräten ermittelten Werte weichen bisweilen erheblich von den Ergebnissen der Blutuntersuchungen ab. Die Testgeräte sind nur als Vortestgeräte konzipiert und sollen lediglich der Polizei die Entscheidung ermöglichen oder erleichtern, ob ein die Anordnung einer Blutprobe rechtfertigender Verdacht gegeben ist.

13 Für die Annahme einer Straftat gem. § 315 c StGB (Gefährdung des Straßenverkehrs) gibt der Sachverhalt keine Anhaltspunkte her.

§ 316 StGB begangen hat. Die Anordnung der Blutprobe sollte deshalb der Durchführung eines Strafverfahrens gegen N dienen. Anhand der Blutalkoholkonzentration (BAK) kann festgestellt werden, ob N den Grenzwert von 1,1 ‰ (absolute Fahruntüchtigkeit) zur Tatzeit erreicht hat. Darauf stützt sich eine Verurteilung.

Da sich die Maßnahme gegen N richtete, ist er Beschuldigter i. S. d. § 81a StPO.

Die Voraussetzungen für die Anordnung der Blutprobe sind mithin gegeben.

2.3.1 Formvorschriften/Allgemeine Anforderungen

Durch die Maßnahme darf kein Nachteil für die Gesundheit des Beschuldigten zu befürchten sein. Darüber hinaus ist dieser körperliche Eingriff von einem Arzt nach den Regeln der ärztlichen Kunst vorzunehmen (§ 81a Abs. 1 Satz 2 StPO). Von einem Gesundheitsnachteil für N kann vorliegend nicht ausgegangen werden. Auch war die Blutprobe zur Feststellung der verfahrenserheblichen Tatsache (Alkoholkonzentration) erforderlich. Eine geringere Maßnahme ist nicht denkbar, insbesondere ist das Ergebnis des Alco-Testes keine beweiskräftige Tatsache.

Die Maßnahme entspricht insbesondere dem Grundsatz der Verhältnismäßigkeit i. e. S. Adressat der Maßnahme ist der Beschuldigte (N).

Gemäß § 81a Abs. 2 StPO steht die Anordnung dem Richter, bei Gefährdung des Untersuchungserfolges durch Verzögerung auch der Staatsanwaltschaft und ihren Ermittlungspersonen (§ 152 des GVG) zu. Seit dem 24.8.2017 stehen nicht mehr alle Maßnahmen nach § 81a StPO unter dem Vorbehalt richterlicher Entscheidung.[14] Nach § 81a Abs. 2 Satz 2 StPO dürfen nun Blutentnahmen keiner richterlichen Anordnung, wenn bestimmte Tatsachen den Verdacht begründen, dass eine Straftat nach § 315a Abs. 1 Nr. 1, Abs. 2 und 3, § 315c Abs. 1 Nr. 1a, Abs. 2 und 3 oder § 316 des Strafgesetzbuchs begangen worden ist.[15]

§ 81a Abs. 2 Satz 2 StPO setzt keinen besonderen Verdachtsgrad voraus. Es reicht der einfache Anfangsverdacht einer Straftat/Ordnungswidrigkeit nach den §§ 315a Abs. 1 Nr. 1, 315c Abs. 1 Nr. 1a, 316 StGB bzw. nach den §§ 24a, 24c StVG aus. Erforderlich und ausrei-

---

14 Gesetz zur effektiveren und praxistauglicheren Ausgestaltung des Strafverfahrens vom 23.8.2017 BGBl I S. 3202; dazu *Singelnstein/Derin*, NJW 2017 S. 2646 ff.; *Basar*, KriPoz 2017 S. 95 ff.

15 Zur Änderung der Anordnungskompetenz bei körperlichen Eingriffen nach § 81a StPO auch *Kreuz*, KriPoZ 2017 S. 184 ff.

chend ist, dass die „bestimmten Tatsachen" es als möglich erscheinen lassen, dass eine entsprechende Straftat/Ordnungswidrigkeit vorliegt.

Bewusst verzichtet hat der Gesetzgeber auf einen „Staatsanwaltsvorbehalt", sodass die Anordnungskompetenz nach § 81a Abs. 2 StPO grundsätzlich gleichrangig Staatsanwaltschaft und Polizei zusteht. Die Sachleitungsbefugnis der Staatsanwaltschaft steht dem nicht entgegen und bleibt davon unberührt. Parallel dazu wurde auch in § 46 Abs. 4 Satz 2 OWiG geregelt, dass bei Ordnungswidrigkeiten nach §§ 24a, 24c StVG die Entnahme einer Blutprobe ebenfalls keiner richterlichen Anordnung bedarf.[16]

2.3.2 Zwangsanwendung zwecks Durchführung der Blutprobenentnahme

Aus dem Sachverhalt geht hervor, dass N in den Streifenwagen gezerrt wurde, da er nicht bereit war, der Maßnahme freiwillig Folge zu leisten. Die Grundmaßnahme – Einsteigen in den Streifenwagen, Fahrt zum Krankenhaus zwecks Blutprobenentnahme – konnte also nicht zwangsfrei durchgeführt werden. Das Verbringen des N (zum Krankenhaus) stellt eine vorübergehende Festnahme und damit eine Freiheitsbeschränkung dar, die nach Art. 104 Abs. 1 Satz 1 GG nur aufgrund eines förmlichen Gesetzes zulässig ist.

Diese Freiheitsbeschränkung ist die unerlässliche Voraussetzung für die Untersuchung (Blutprobe) des Beschuldigten gegen seinen Willen. Aus dem Sinn und Zweck des § 81a StPO folgt daher, dass die Bestimmung nicht nur die Rechtsgrundlage für die Blutprobe des Beschuldigten bildet, sondern auch für Freiheitsbeschränkungen, die unter Beachtung des Übermaßverbots für die Durchführung der Untersuchung erforderlich sind.[17]

§ 81a StPO ist das förmliche Gesetz i. S. v. Art. 104 Abs. 1 Satz 1 GG, aufgrund dessen die Freiheit des Beschuldigten beschränkt werden darf.

Da der N laut Sachverhalt kräftig an den Armen gepackt und in den Streifenwagen gezerrt wurde, haben die Beamten Zwang angewendet. Bei solchen Handlungen kann nicht mehr von einer sog. Durchführungshandlung[18] gesprochen werden. § 136a Abs. 1 Satz 2 StPO ist zu entnehmen, dass Zwang nur angewendet werden darf, soweit das Strafprozessrecht dies zulässt. Über die Art und Weise der Anwendung des Zwanges enthält die StPO jedoch keine einschlägi-

16 *Krause*, Kriminalistik 2017 S. 532 (534).

17 *Meyer-Goßner/Schmitt*, StPO, 65. Aufl. 2022, § 81 a Rn. 29.

18 Das Abtasten einer Person zwecks Durchsuchung wäre beispielsweise als Durchführungshandlung und nicht als (unmittelbarer) Zwang zu qualifizieren.

gen Regelungen. Für die Verfolgung von Straftaten folgt die Befugnis zur Anwendung des Zwanges vielmehr aus den Befugnisnormen der StPO selbst, hier also aus § 81a StPO.[19]

Im Übrigen gelten für die Art und Weise der Zwangsanwendung die Bestimmungen der Landespolizeigesetze (s. z. B. § 57 PolG NRW).

Als Zwangsmittel kommt ernsthaft nur der unmittelbare Zwang (§ 58 Abs. 1 PolG NRW) in Betracht. Ersatzvornahme, die eine Handlungspflicht voraussetzt, scheidet schon deshalb aus, weil niemand an seiner eigenen Strafverfolgung mitzuwirken braucht. Aber allein schon aus gesetzessystematischen Gründen kommt eine Ersatzvornahme (§ 52 PolG NW) respektive Zwangsgeld (§ 53 PolG NW) nicht in Betracht, wie sich (indirekt) aus § 57 Abs. 1 PolG NW ergibt („... gelten für die Art und Weise der Anwendung die §§ 58–66 ...“).

Die (körperliche) Einwirkung der Beamten gegen N stellt sich rechtlich als unmittelbarer Zwang gegen Personen dar (§ 58 Abs. 1 PolG NRW). Es wurde körperliche Gewalt (§ 58 Abs. 2 PolG NRW) ausgeübt. Über § 57 Abs. 1 PolG NRW gelten für die Art und Weise der Anwendung des unmittelbaren Zwanges die §§ 58 ff. PolG NW.

Als (zwingend) zu beachtende Vorschrift ist in diesem Zusammenhang § 61 Abs. 1 Satz 1 PolG NRW anzuführen. Danach ist die Anwendung unmittelbaren Zwanges anzudrohen. Fehlt die Androhung, ohne dass die Voraussetzungen der Ausnahme nach § 61 Abs. 1 Satz 2 PolG NRW gegeben sind, wird die Anwendung des Zwanges rechtswidrig. Unterstellt, die Beamten haben diese Vorschrift beachtet, ist die Zwangsanwendung als rechtmäßig anzusehen, da sie fraglos auch verhältnismäßig war, insbesondere verstieß sie nicht gegen das Übermaßverbot, denn die (relativ) geringe körperliche Einwirkung – dem Sachverhalt ist nicht zu entnehmen, dass N über die erforderliche Zwangseinwirkung hinaus körperlich misshandelt wurde – auf N steht in einem angemessenen Verhältnis zum Zweck der polizeilichen Maßnahme.

Bei einer Güterabwägung müssen die Grundrechte des N gegenüber dem Strafverfolgungsinteresse des Staates (vorliegend) „zurücktreten“.[20]

---

19 Zur Durchsetzung strafprozessualer Maßnahmen durch die Polizei *Brenneisen/Busck-Nielsen*, Kriminalistik 2015 S. 444 ff. Der Beitrag befasst sich mit der Problematik der nicht ausdrücklich vorhandenen Vollzugsermächtigung für die Durchsetzung strafprozessualer Maßnahmen, hierzu auch *Brenneisen/Blauhut*, Die Polizei 2015 S. 185 ff. und 215 ff.; grundlegend bereits *Benfer*, NJW 2002 S. 2688 ff.

20 Mitunter ist von einem Strafverfolgungsanspruch die Rede. Die Rede vom „Strafanspruch des Staates“ ist eine lyrische Annäherung an den Zivilprozess, die in die

Auch war die Zwangsanwendung erforderlich. Eine Verfügung als geringere Maßnahme war nicht geeignet; N weigerte sich vehement, sich in den Streifenwagen zu begeben.

Abschließend bleibt festzustellen, dass hinsichtlich der Anordnung, der Durchführung und der zwangsweisen Durchsetzung der Blutprobenentnahme keine rechtlichen Bedenken bestehen.[21]

3. Durchsuchung des Manfred N

3.1 Ermächtigungsgrundlage

Unter der Durchsuchung von Personen ist die Suche nach Gegenständen am Körper oder in den Kleidern des Betroffenen zu verstehen. Sie umfasst die Suche an der Körperoberfläche, aber auch in den Körperhöhlen wie Mund, Nase, Ohren, soweit sie ohne weiteres zugänglich sind. Durch diese Maßnahme wird in grundrechtlich geschützte Rechtspositionen des N eingegriffen. Die Verpflichtung, für die Dauer einer Maßnahme an einem bestimmten Ort zu verweilen, z. B. zum Zwecke einer Durchsuchung, stellt sich regelmäßig als Freiheitsbeschränkung dar.[22]

Durch die Durchsuchung wird auch das Grundrecht Art. 2 Abs. 1 i. V. m. Art. 1 Abs. 1 GG (Allgemeines Persönlichkeitsrecht) tangiert.[23] Das allgemeine Persönlichkeitsrecht sichert sachlich jedem Einzelnen einen autonomen Bereich privater Lebensgestaltung, in dem er seine Individualität entwickeln und wahren kann (Recht auf Selbstgestaltung und Selbstdarstellung). Geschützt sind insbesondere die Bereiche der Privat- und Intimsphäre. Dieser Ansicht folgend wird durch die Durchsuchung die Privatsphäre des N beeinträchtigt. Da im Rahmen der Durchsuchung Informationen über die durchsuchte Person gewonnen werden, liegt ferner ein Eingriff in das Recht auf informationelle Selbstbestimmung gem. Art. 2 Abs. 1 GG i. V. m. Art. 1 Abs. 1 GG vor.[24]

Für die Durchsuchung des N ist in jedem Fall eine Ermächtigungsgrundlage erforderlich.

Irre führt. Gäbe es nämlich einen solchen „Strafanspruch", so müsste es auch eine „Strafschuld" des Schuldigen geben, also eine Art Pflicht, sich bestrafen zu lassen. Eine solche Pflicht existiert hingegen nicht. Daher ist das Entfliehen aus der Strafhaft auch nicht strafbar, sofern dabei nicht andere Taten (wie Sachbeschädigungen, Bestechung, Körperverletzung) begangen werden.

21 Grundlegend zum Zwang *Braun*, PSP3/2013 S. 8 ff.; 4/2013 S. 9 ff.; 2/2014 S. 3 ff.

22 *Braun*, Staatsrecht für Polizeibeamte, 2. Aufl. 2022, S. 89.

23 *Bialon/Springer*, Eingriffsrecht, 5. Aufl. 2019, 30. Kap., Rn. 1.

24 *Thiel* in Möstl/Kugelmann, BeckOK Polizei- und Ordnungsrecht Nordrhein-Westfalen, 23. Ed. (1. 9. 2022), § 39 Rn. 3.

Das Einschreiten erfolgt hier zur Gefahrenabwehr (Eigensicherung). Dieser Zweck bleibt auch bei Maßnahmen nach der StPO ein Ziel der Durchsuchung von Personen.

Die Anordnung einer Durchsuchung, mit welcher der Betroffene zur Duldung der Durchführungshandlung verpflichtet wird, ist ein Verwaltungsakt (§ 35 VwVfG NRW), die Durchführung der Durchsuchung dagegen Realakt.[25] Diese stellt das tatsächliche Element der Standardmaßnahme dar, die nicht mit einer Maßnahme der Verwaltungsvollstreckung gleichgesetzt werden darf. Begleitverfügungen indes (z. B. die Aufforderung, eine bestimmte Haltung einzunehmen) können als Verwaltungsakte zwangsweise durchgesetzt werden.

3.2 Formelle Rechtmäßigkeit

Die körperliche Durchsuchung des N dient der Eigensicherung der Beamten. Es geht um die Suche nach Gegenständen, die im Hinblick auf die Person des Besitzers oder seiner Absichten zu einer Gefahr werden könnten.[26] Die sachliche Zuständigkeit ergibt sich aus § 1 Abs. 1 Satz 1, 2 PolG NRW i. V. m. § 11 Abs. 1 Nr. 1 POG NRW (originäre Zuständigkeit).

Gemäß § 1 Abs. 1 Satz 1 PolG NRW hat die Polizei die Aufgabe, Gefahren für die öffentliche Sicherheit oder Ordnung abzuwehren (Gefahrenabwehr). Gefahr ist eine Sachlage, die einen Schaden für die öffentliche Sicherheit erwarten lässt. Das ist insbesondere gegeben, wenn ein tatsächliches Geschehen den Schluss rechtfertigt, dass möglicherweise individuelle Rechte wie Leib, Leben, Gesundheit usw. einer Person oder das Sicherheitsgut „Rechtsordnung“ zu Schaden kommen könnte.[27] Vorliegend geht es um Abwehr von Gefahren für die körperliche Integrität der Polizeibeamten und die Rechtsordnung (Körperverletzungsdelikte).

Soweit Polizeibeamte Verwaltungsakte erlassen, sind die allgemeinen Regeln des VwVfG NRW zu berücksichtigen, insbesondere die §§ 28, 37 Abs. 2 VwVfG NRW. Wenn ein Verwaltungsakt erlassen wird, bedarf es grundsätzlich einer Anhörung (§ 28 Abs. 1 VwVfG

---

25 *Kugelmann*, Polizei- und Ordnungsrecht, 2. Aufl. 2012, 6. Kap. Rn. 7.

26 Dabei muss es sich nicht um Waffen im technischen Sinne handeln, in Betracht kommen Gegenstände aller Art. Ein Schraubenzieher verursacht generell keine Gefahr, kann aber durch einen gesetzwidrigen Gebrauch eine Gefahr bedingen.

27 Vertiefend: *Voßkuhle*, Grundwissen – Öffentliches Recht: Der Gefahrenbegriff im Polizei- und Ordnungsrecht, JuS 2007 S. 908.

NRW). Gemäß § 37 Abs. 2 Satz 1 VwVfG NRW kann ein Verwaltungsakt u. a. mündlich erlassen werden.[28]

3.3 Materielle Rechtmäßigkeit

Als Befugnisnorm kommt § 39 Abs. 1 Nr. 1 PolG NRW in Betracht. Diese Vorschrift setzt voraus, dass die Durchsuchung nicht zur Identitätsfeststellung erfolgt[29] und die Person nach dem PolG NRW oder anderen Rechtsvorschriften festgehalten werden darf. Die Vorschrift wird so gedeutet werden müssen, dass die Person, die durchsucht wird, nicht bereits tatsächlich festgehalten werden, also etwa festgenommen worden sein muss. Die Norm knüpft tatbestandlich allein an das „Festhalten-Können" an. Allerdings liegt die Einschränkung nahe, dass die Person jedenfalls festgehalten werden soll; ansonsten wäre das Durchsuchen nicht der Eigen- und Fremdsicherung dienende Ergänzung des bloßen Festhaltens, sondern dessen Ersatz.[30] Zum Teil wird diesbezüglich auch auf den Beginn der Durchführung der Freiheitsentziehung abgestellt.[31]

> Ein Festhalten geht über das bloße Anhalten, etwa zum Zwecke der Befragung, hinaus. Während das Anhalten als Eingriff lediglich in die allgemeine Handlungsfreiheit (Art. 2 Abs. 1 GG) qualifiziert werden kann, ist mit „Festhalten" ein gezielter Eingriff in die Freiheit der Person (Art. 2 Abs. 2 Satz 2 GG, Art. 104 Abs. 1 GG) in Gestalt (mindestens) der Freiheitsbeschränkung gemeint. Eine Freiheitsentziehung i. S. v. Art. 104 Abs. 2 GG ist für das Festhalten allein dagegen nicht erforderlich.[32]

Nach a. A. verwendet das PolG NRW den Begriff des Festhaltens immer, wenn es Freiheitsentziehungen meint.[33] Als andere Rechtsvorschrift i. S. v. § 39 Abs. 1 Nr. 1 PolG NRW kommt auch die StPO in

---

28 Der Grundsatz der Formfreiheit von Verwaltungsakten ergibt sich aus § 37 Abs. 2 Satz 1 VwVfG NRW und nicht aus § 10 VwVfG NRW (Grundsatz des nicht-förmlichen Verfahrens).

29 § 39 Abs. 1 Nr. 1 PolG NRW: „Die Polizei kann außer in den Fällen des § 12 Absatz 2 Satz 4 eine Person durchsuchen, wenn ...".

30 *Thiel* in Möstl/Kugelmann, BeckOK Polizei- und Ordnungsrecht Nordrhein-Westfalen, 23. Ed., § 39 Rn. 19.

31 In diese Richtung auch *Bachetzky-Knust* in Schönenbroicher/Heusch, Gefahrenabwehrrecht Nordrhein-Westfalen, Kommentar, 2023, Rn. 18.

32 *Rachor/Graulich* in Lisken/Denninger, Handbuch des Polizeirechts, 7. Aufl. 2021, Kap. E, Rn. 488.

33 *Tegtmeyer/Vahle*, Polizeigesetz Nordrhein-Westfalen, 13. Aufl. 2022, § 39 Rn. 4. Zu einzelnen Rechtsfragen zur polizeilichen Durchsuchungspraxis zur Gefahrenabwehr *Beier/Baldarelli*, PIR 4/2016.

Betracht (§ 81a StPO). Es muss sich aber auch hier um freiheitsentziehende Maßnahmen handeln. Bei der Durchführung der Maßnahme nach § 81a StPO handelt es sich aber um eine freiheitsbeschränkende Maßnahme, sodass § 39 Abs. 1 Nr. 1 PolG NRW als Befugnisnorm ausscheidet. In Betracht kommt dann § 39 Abs. 2 Satz 2 PolG NRW. Hiernach kann eine Person u. a. auch dann durchsucht werden, wenn dies nach den Umständen zum Schutz von Polizeibeamten (oder Dritten) zur Abwehr einer Gefahr für Leib oder Leben erforderlich ist und die Person zur Durchführung einer Maßnahme an einen anderen Ort gebracht werden soll. Genau das ist hier der Fall. Auch diese Durchsuchung dient der Eigensicherung. Während § 39 Abs. 1 Nr. 1 PolG NRW allein an das Festhalten-Können anknüpft (also auch „vor Ort" eine Durchsuchung erlaubt), erfasst Absatz 2 Satz 2 den Fall, dass eine Person vor der Vorführung oder Verbringung an einen anderen Ort zur Gewährleistung eines sicheren Transports durchsucht wird.[34]

N sollte zwecks Blutprobenentnahme dem Krankenhaus zugeführt werden. Bei der im Gesetz geforderten Gefahrenlage muss es sich nicht um eine konkrete Leibes- oder Lebensgefahr handeln.[35] Gefordert wird eine bestimmte Gefahrenlage nach den Umständen des Einzelfalls, aus diesen Umständen muss sich eine Gefahrenprognose ergeben, aus der sich die Zulässigkeit der Durchsuchung ergibt. Das Verhalten des N nach Anordnung der Blutprobenentnahme – er weigerte sich vehement, sich in den Streifenwagen zu begeben (es musste sogar unmittelbarer Zwang angewendet werden) – lässt die Prognose zu, dass er während der Fahrt zum Krankenhaus zu (weiteren) Widerstandshandlungen bereit ist.

Aufgrund des zu diesem Zeitpunkt gezeigten Verhaltens des N sind des Weiteren Kurzschlusshandlungen nicht auszuschließen. Mithin liegen die Voraussetzungen des § 39 Abs. 2 Satz 2 PolG NRW vor.

3.4 Formvorschriften/Allgemeine Anforderungen

Die (zwingende) Formvorschrift gem. § 39 Abs. 3 PolG NRW wurde beachtet. Personen dürfen nur von Personen gleichen Geschlechts oder Ärzten durchsucht werden; das gilt nicht, wenn die sofortige Durchsuchung zum Schutz gegen eine Gefahr für Leib oder Leben erforderlich ist (§ 39 Abs. 3 PolG NRW). Die Vorschrift „dient der

---

34 *Thiel* in Möstl/Kugelmann, BeckOK Polizei- und Ordnungsrecht Nordrhein-Westfalen, 23. Ed. (1. 9. 2022), § 39 Rn. 18.

35 *Keller* in Schütte/Braun/Keller, Polizeigesetz Nordrhein-Westfalen, 2012, § 39 Rn. 17. A. A. *Arzt*, Die Polizei 2003 S. 129 (132).

Wahrung des Persönlichkeitsrechts und der sexuellen Selbstbestimmung“[36]. Nicht einheitlich beantwortet wird die Frage, ob die Vorschrift eine Konkretisierung der objektiven Schutzpflicht des Staates für die Menschenwürde ist oder ob die Vorschrift als Verfahrensvorschrift ausschließlich die formelle Rechtmäßigkeit der Durchsuchungsmaßnahme betrifft. Im erstgenannten Fall würden Verstöße wegen Verletzung von Art. 1 Abs. 1 GG zur materiellen Rechtswidrigkeit der Maßnahme führen. Ist der Schutzbereich der Menschenwürde eröffnet und greift eine Maßnahme in den Schutzbereich ein, dann steht wegen der Unantastbarkeit der Menschenwürde die Grundrechtsverletzung fest.[37] Dies überzeugt indes nicht. Vielmehr ist daran festzuhalten, dass die Regelung Vorschrift keine zwingende Konsequenz des Gebots in Art. 1 Abs. 1 GG ist. Das zeigt sich auch daran, dass eine Ausnahme für den Fall gemacht wird, dass eine sofortige Durchsuchung zum Schutz gegen eine Gefahr für Leib oder Leben erforderlich ist; als Eingriff in die Menschenwürde wäre eine Durchsuchung durch eine Person anderen Geschlechts dem Staat ausnahmslos verboten.[38]

Mitunter kann auch die Durchsuchung einer Frau (F) durch einen (männlichen) Polizeibeamten (M) rechtmäßig sein. In concreto wurde in dem Fall des VG Gelsenkirchen eine nicht als Frau erkennbare Person (F) durchsucht, die an einer Sitzblockade beteiligt war. F ist der Auffassung, die gegen sie ergriffenen Polizeimaßnahmen seien Freiheitsentziehungen ohne Rechtsgrundlage gewesen. Außerdem sei sie von einem männlichen Polizeibeamten durchsucht worden, obwohl sie ausdrücklich darauf hingewiesen habe, dass sie sich dem weiblichen Geschlecht zugehörig fühle und nur von einer Beamtin durchsucht werden wolle. Die Polizei hält dem entgegen, dass die Beamten aufgrund des äußeren Erscheinungsbildes, der Stimme und des Verhaltens der Klägerin davon ausgehen mussten, dass es sich bei der Klägerin um eine männliche Person handelt. Die Klage der Person (F) blieb erfolglos.[39]

Die Adressatenregelung ist vorliegend abhängig von der Grundmaßnahme, hier also von § 81a StPO (§ 4 Abs. 4 PolG NRW).

---

36 *Wolf/Stephan/Deger*, Polizeigesetz für Baden-Württemberg, 6. Aufl. 2009, § 29 Rn. 13.
37 *Keller* in Schütte/Braun/Keller, Polizeigesetz Nordrhein-Westfalen, 2012, § 39 Rn. 21.
38 *Kingreen/Poscher*, Polizei- und Ordnungsrecht, 12. Aufl. 2022, § 17 Rn. 5.
39 VG Gelsenkirchen, Urt. vom 5. 12.2022 – 17 K 4953/20.

§ 37 VwVfG NRW enthält mit dem Bestimmtheitserfordernis in Absatz 1 ein materiell-rechtliches Erfordernis. Mit dem rechtsstaatlichen Bestimmtheitsgebot in § 37 Abs. 1 VwVfG NRW erfährt der Grundsatz der Gesetzmäßigkeit der Verwaltung eine einfachgesetzliche Konkretisierung. Die Bestimmung trägt damit insbesondere der Individualisierungs- und Klarstellungsfunktion des VA Rechnung. Die Behörde wird gezwungen, sich eindeutig und unmissverständlich gegenüber dem Adressaten zu äußern. Darüber hinaus wird durch die Forderung nach der Bestimmtheit auch deren Akzeptanz durch den Adressaten erhöht. Verstöße sind hier nicht ersichtlich. Es ist von einer Beachtung des § 37 Abs. 1 VwVfG NRW auszugehen.[40]

Entsprechend § 3 Abs. 1 PolG NRW hat die Polizei ihre Maßnahmen nach pflichtgemäßem Ermessen zu treffen. Rechtsfehler hinsichtlich der pflichtgemäßen Ermessensausübung sind nicht ersichtlich.

Die Maßnahme entspricht ohne Frage auch den übrigen Rechtmäßigkeitsvoraussetzungen.

Der Grundsatz der Verhältnismäßigkeit wurde beachtet (§ 2 PolG NRW). Die Maßnahme ist geeignet, da sie objektiv zwecktauglich ist, das polizeiliche Ziel zu erreichen. Zwar kann allein durch eine Durchsuchung die Gefahr für die Beamten nicht abgewehrt werden, da die unmittelbare Gefahrenabwehr erst durch anschließende Maßnahmen erfolgt (Sicherstellung von möglicherweise aufgefundenen „gefährlichen“ Gegenständen), jedoch ist es nicht erforderlich, dass die Maßnahme den gewünschten Erfolg sicher herbeiführt, es genügt vielmehr, dass sie zur Zweckerreichung förderlich ist. Die Gefahr wird demnach durch die Durchsuchung mittelbar abgewehrt. Auch ist eine mildere Maßnahme nicht denkbar. Es muss zwar dem Betroffenen freigestellt werden, dass er z. B. selbst seine Taschen vor den Augen des Durchsuchenden leert. Dies wäre aber wenig geeignet. Eine entsprechende polizeiliche Verfügung („Aushändigung von Gegenständen, die durch gesetzwidrigen Gebrauch für die Beamten zur Gefahr werden können“) kann schwerlich als geeignet betrachtet werden.

Auch im Rahmen der Prüfung der Verhältnismäßigkeit i. e. S. (Güterabwägung) sind keine Probleme ersichtlich. Die Durchsuchung führt nicht zu einem Nachteil für N, der zu dem beabsichtigten Erfolg (Eigensicherung; Abwehr von Gefahren für die Beamten) außer Ver-

40 Zu Fehlerfolgen und Heilung *Stelkens* in Stelkens/Bonk/Sachs, Verwaltungsverfahrensgesetz, 10. Aufl. 2022, § 37 Rn. 40 ff.

hältnis steht. Die Folgen der Maßnahme (Grundrechtseingriff; Art. 2 Abs. 1 GG) sind nicht schwerwiegender als die (möglichen) Folgen, die entstehen, wenn die Polizei auf diese Maßnahme verzichten würde. Die Zielrichtung polizeilichen Handelns ist höher einzustufen als der (relativ) geringe Grundrechtseingriff gegenüber N.[41]

Die Durchsuchung des N ist im Ergebnis als rechtmäßig zu beurteilen.

4. Inverwahrungnahme (Sicherstellung) des Schraubenziehers

4.1 Ermächtigungsgrundlage

Zielrichtung der Sicherstellung ist mangels Anfangsverdacht die Gefahrenabwehr. Es geht ersichtlich um die Eigensicherung der eingesetzten Polizeikräfte. Eine präventiv-polizeiliche Sicherstellung zielt darauf ab, eine Sache in ein öffentlich-rechtliches Verwahrungsverhältnis zu nehmen. Von einer Sicherstellung wird demnach gesprochen, wenn es der Polizei vom Zweck der Maßnahme her darauf ankommt, die Sache in Verwahrung zu haben und andere von der Besitzmöglichkeit auszuschließen. Durch die Sicherstellung wird das Sachnutzungsrecht des Eigentümers bzw. des rechtmäßigen Besitzers beeinträchtigt. Die §§ 43 ff. PolG sind Inhalts- und Schrankenbestimmungen i. S. d. Art. 14 Abs. 1 Satz 2 GG und Ausfluss der Sozialpflichtigkeit des Privateigentums, Art. 14 Abs. 2 GG.[42]

Die Maßnahme bedarf der gesetzlichen Legitimation.

Fraglich ist, ob hierin ebenfalls ein Verwaltungsakt zu sehen ist. Die Merkmale des § 35 Satz 1 VwVfG treffen hier zu mit Ausnahme der Regelung. Mit ihrem Handeln wollen die Beamten keine neue Rechtsfolge setzen, sondern einen tatsächlichen Erfolg herbeiführen. Das Handeln stellt sich damit als Realakt dar, der von einem VA begleitet werden kann.

4.2 Formelle Rechtmäßigkeit

Die sachliche Zuständigkeit ergibt sich § 1 Abs. 1 Satz 1, 2 PolG NRW i. V. m. § 11 Abs. 1 Nr. 1 POG NRW (Vorbeugende Bekämpfung von Straftaten).

41 In diesem Zusammenhang wird auch von einer „Mittel-Zweck-Relation" gesprochen, d. h. Abwägung der kollidierenden Interessen oder Rechtsgüter; *Braun/Keller*, PSP 3/2012 S. 26 (31).

42 *Schütte/Braun/Keller*, Eingriffsrecht Nordrhein-Westfalen, 2016, Rn. 252.

Adressat des Sicherstellungsverwaltungsakts ist die Person, die aktuell die tatsächliche Gewalt über die Sache ausübt, unabhängig von ihrer privatrechtlichen Berechtigung. Sie wird durch den Verwaltungsakt verpflichtet, die Sache an die Polizei herauszugeben. Leistet die Person dem Gebot Folge, wird die Sicherstellung durch den Gewahrsamswechsel realisiert. Dieser faktische Vorgang (Herausgabe/Entgegennahme) stellt die Vollziehung des Verwaltungsakts dar.[43]

Die Beachtung der §§ 28 Abs. 1, 37 Abs. 2 VwVfG NRW wird unterstellt.

Eine Zuständigkeit unter dem Gesichtspunkt der Strafverfolgung ist nicht erkennbar.

4.3 Materielle Rechtmäßigkeit

Als Ermächtigungsgrundlage kommt § 43 Nr. 1 PolG NRW in Betracht. Danach ist die Sicherstellung zulässig, um eine gegenwärtige Gefahr (hier: Abwehr von Gefahren für Leib oder Leben der eingesetzten Beamten) abzuwehren. Hierbei handelt es sich um eine konkrete Gefahr mit zeitlicher Steigerung. Die Einwirkung des schädigenden Ereignisses muss bereits begonnen haben oder in allernächster Zeit mit an Sicherheit grenzender Wahrscheinlichkeit bevorstehen. Ein solcher Gefahrengrad ist bei der im Sachverhalt geschilderten Gefahrenlage allerdings nicht gegeben, sodass § 43 Nr. 1 PolG NRW als Ermächtigungsgrundlage nicht einschlägig ist.

Zu prüfen ist vorliegend § 43 Nr. 3 PolG NRW. Dann muss die Sache von einer Person mitgeführt werden, die festgehalten wird. Weiterhin muss die Sache verwendet werden können, um eine der beschriebenen Voraussetzungen (a–d) zu erfüllen. Wie dargelegt, verwendet das PolG NRW den Begriff des Festhaltens immer, wenn es Freiheitsentziehungen meint.[44]

Problematisch ist die Frage der Sicherstellung, wenn sich die Rechtmäßigkeit der (vorher durchgeführten) Durchsuchung aus § 39 Abs. 2 PolG NRW ergibt, da hier eine Person durchsucht wird, die nicht festgehalten, sondern angehalten wird, die also keiner freiheitsentziehenden, sondern (nur) einer freiheitsbeschränkenden Maßnahme unterworfen ist. Genau das ist hier aber der Fall. N wird durch die Blutprobe (lediglich) einer freiheitsbeschränkenden Maßnahme unterworfen.

43 Grundlegend zur präventiv-polizeilichen Sicherstellung *Michl*, NJW 2022 S. 1426 ff.

44 *Tegtmeyer/Vahle*, Polizeigesetz Nordrhein-Westfalen, 13. Aufl. 2022, § 39 Rn. 4.

Streng orientiert am Wortlaut des § 43 Nr. 3 PolG NW scheidet eine Sicherstellung des Schraubenziehers demnach aus.

Unter Zugrundelegung der (neu eingefügten[45]) §§ 39 Abs. 2 Satz 2 und 62 Satz 2 PolG NRW ist unverständlich, dass der Gesetzgeber lediglich Durchsuchungs- bzw. Fesselungsmöglichkeiten, nicht aber Sicherstellungsmöglichkeiten zur Eigensicherung erweitern wollte. Offensichtlich handelt es sich bezüglich der fehlenden Ergänzung in § 43 Nr. 3 PolG NRW – als korrespondierende Vorschrift zur Eigensicherung – um ein Versäumnis des Gesetzgebers, sodass die entsprechende Befugnisnorm des § 43 Nr. 3 PolG NW analog anzuwenden ist.[46]

Gegen diese Auffassung werden indes Bedenken erhoben Der Vorbehalt des Gesetzes aus Art. 20 Abs. 3 GG erfordert, dass Grundrechtseingriffe nur bei ausdrücklicher gesetzlicher Ermächtigung und Vorliegen der Voraussetzungen vorgenommen werden dürfen. Eine Analogie zugunsten der Polizeibehörde, durch die die Befugnisse erweitert würden, lässt sich schon deswegen nicht rechtfertigen. Außerdem fordert die in diesem Zusammenhang relevante Wesentlichkeitstheorie, dass bedeutende Eingriffe auch durch den Gesetzgeber geregelt werden und nur diesem vorbehalten sind. Aus diesem Grund ist eine Analogie ebenfalls nicht möglich. Und schließlich wird mit einer analogen Ausweitung auch der Zweck des Zitiergebotes des Art. 19 Abs. 1 Satz 2 GG nicht beachtet bzw. in Frage gestellt. Der Gesetzgeber muss sich nämlich darüber im Klaren sein, dass er einen Grundrechtseingriff vornimmt und muss sich auch der Auswirkungen bewusst sein. Diese Gedanken werden mit einer Analogie umgekehrt. Wegen verfassungsrechtlicher Bedenken kann eine analoge Anwendung daher nicht in Betracht kommen. Eine Betrachtung der gesetzlichen Regelungen der anderen Bundesländer und des Bundes ergibt, dass dort lediglich in Berlin und Brandenburg eine Erweiterung auf nicht festgehaltene Personen durch den Gesetzgeber ausdrücklich geregelt wurde. Es ist daher anzunehmen, dass die übrigen Gesetzgeber bewusst eine Ausdehnung auf den in Rede stehenden Personenkreis nicht wollten. Auf § 43 Nr. 3 PolG NRW kann daher nicht zurückgegriffen werden.[47]

---

45 PolG NW vom 24. 2. 1990 (GV. NW S. 70), geändert durch Gesetz vom 24. 11. 1992 (GV. NW S. 446).

46 *Keller* in Schütte/Braun/Keller, Polizeigesetz Nordrhein-Westfalen, 2012, § 43 Rn. 17; *Tegtmeyer/Vahle*, Polizeigesetz Nordrhein-Westfalen, 13. Aufl. 2022, § 43 Rn. 9.

47 *Baldarelli/Berning*, Kriminalistik 2007, 201 (205 f.).

Hinsichtlich der weiteren Voraussetzungen des § 43 Nr. 3 PolG NRW sind keine Probleme erkennbar. Der Schraubenzieher ist eine Sache, mit der die beschriebenen Handlungen (a–d) begangen werden können.

4.4 Formvorschriften/Allgemeine Anforderungen

In verfahrensmäßiger Hinsicht kommt grundsätzlich die nach § 44 Abs. 2 PolG NRW bestehende Bescheinigungspflicht in Betracht. Inwieweit hier die Ausnahme nach § 44 Abs. 2 Satz 2 PolG NRW Anwendung findet, kann vorliegend nicht genau beurteilt werden. Der Sachverhalt macht diesbezüglich keinerlei Angaben. Allerdings macht die Verletzung dieser Pflicht die Maßnahme nicht rechtswidrig, weil es sich um eine bloße Ordnungsvorschrift handelt. Ausgehend von der beschriebenen (unklaren) Rechtslage sollte der sichergestellte Schraubenzieher nach Beendigung der polizeilichen Maßnahmen unverzüglich ausgehändigt werden.[48]

Der Adressat ergibt sich aus der Grundmaßnahme. Die Person, die festgehalten, d. h. hier angehalten (Freiheitsbeschränkung) wird, kann als Adressat in Anspruch genommen werden.

Die Maßnahme entspricht insbesondere dem Grundsatz der Verhältnismäßigkeit.

Die Sicherstellung des Schraubenziehers ist nach alledem rechtmäßig.

5. Beschlagnahme des Führerscheins

5.1 Ermächtigungsgrundlage

Laut Sachverhalt wurde der Führerschein gegen den ausdrücklichen Willen des N in Verwahrung genommen. Der Eingiffscharakter liegt vor, eine Ermächtigungsgrundlage ist somit erforderlich. Die Sicherstellung/Beschlagnahme des Führerscheins tangiert allerdings nicht Art. 14 Abs. 1 GG, weil ein amtliches Dokument kein Eigentum begründet. Bei dem Führerschein handelt es sich um eine amtliche Bescheinigung (§ 2 Abs. 1 StVG) zum Nachweis des Besitzes einer gültigen Fahrerlaubnis, die beim Führen eines Kraftfahrzeugs unbedingt mitzuführen ist. Durch die Beschlagnahme des Führerscheins wird das Grundrecht auf freie Entfaltung der Persönlichkeit (Art. 2 Abs. 1 GG) eingeschränkt.

---

48 *Tegtmeyer/Vahle*, Polizeigesetz Nordrhein-Westfalen, 13. Aufl. 2022, § 39, Rn. 4.

5.2 Formelle Rechtmäßigkeit

Die Maßnahme ist dem Bereich der Strafverfolgung zuzuordnen. Die sachliche Zuständigkeit ergibt sich aus § 1 Abs. 4 PolG NRW i. V. m. § 11 Abs. 1 Nr. 1 PolG NRW i. V. m. § 163 Abs. 1 Satz 1 StPO.

5.3 Materielle Rechtmäßigkeit

Als Eingriffsermächtigung ist § 94 Abs. 3 StPO heranzuziehen. Die Absätze 1 und 2 gelten auch für Führerscheine, die der Einziehung unterliegen. Da von einer freiwilligen Herausgabe des Führerscheins (Sachverhalt) nicht auszugehen ist, bedarf es der Beschlagnahme nach § 94 Abs. 3 i. V. m. Abs. 2 StPO.

Grundvoraussetzung ist, dass eine Straftat zugrunde liegt. Entsprechend § 11 Abs. 1 Nr. 5 StGB muss es sich um eine Rechtsverletzung handeln, die den Tatbestand eines Strafgesetzes verwirklicht. § 94 Abs. 3 StPO greift die Bedingungen des § 111a StPO auf. Wann ein Führerschein der Einziehung unterliegt, folgt im ersten Zugriff aus § 111a StPO i. V. m. § 69 StGB.

§ 111a StPO fordert dringende Gründe für die Annahme, dass die Fahrerlaubnis entzogen wird. Neben dem dringenden Tatverdacht muss ein „**hoher Wahrscheinlichkeitsgrad**" dafür sprechen, dass das Gericht den Beschuldigten für ungeeignet zum Führen von Kraftfahrzeugen halten und ihm daher die Fahrerlaubnis entziehen werde.[49] Orientierungsmaßstab kann § 69 Abs. 2 StGB sein. Ansonsten kommt es primär darauf an, ob sonstige Gründe vorliegen, die den Täter als ungeeignet zum Führen von Kraftfahrzeugen erscheinen lassen. Im Übrigen stellt § 111a StPO auf § 69 StGB ab. Bedingung für den Entzug der Fahrerlaubnis ist, dass der Betroffene die rechtswidrige Tat im Rahmen einer der in § 69 StGB genannten Handlungsalternativen begangen hat.[50]

Nach § 69 Abs. 1 Satz 1 StGB wird die Fahrerlaubnis entzogen, wenn sich aus der Tat ergibt, dass der Beschuldigte zum Führen von Kraftfahrzeugen ungeeignet ist. Stellt sich die Tat als Vergehen nach § 316 StGB dar, so ist der Täter nach § 69 Abs. 2 Nr. 2 StGB i. d. R. als ungeeignet zum Führen von Kraftfahrzeugen anzusehen. Genau das hier der Fall. Aufgrund des Testergebnisses (1,2 ‰) besteht der Verdacht, dass N eine Straftat gem. § 316 StGB begangen hat. Demnach sind also vorliegend dringende Gründe für die Annahme vorhanden,

49 *Meyer-Goßner/Schmitt*, StPO, 65. Aufl. 2022, § 111a, Rn. 2.
50 Zur Führerscheinbeschlagnahme nach Drogenfahrten *Laub*, SVR 2016 S. 127 ff.

dass N die Fahrerlaubnis entzogen und sein Führerschein nach § 69 Abs. 3 Satz 2 StGB eingezogen wird.

Eine formlose Sicherstellung nach § 94 Abs. 1 StPO scheidet vorliegend aus. Es kommt eine Beschlagnahme in Betracht (§ 94 Abs. 2 StPO). Das Recht zur Anordnung der Beschlagnahme folgt aus § 98 Abs. 1 StPO. Die Anordnung obliegt grundsätzlich dem Richter. Nur bei Gefahr im Verzug sind die Staatsanwaltschaft und die Ermittlungspersonen der Staatsanwaltschaft anordnungsbefugt. Gefahr im Verzug liegt nicht nur dann vor, wenn die Gefahr droht, der Betroffene würde seinen Führerschein vernichten oder beiseiteschaffen (Einziehungsvereitelung), sondern auch dann, wenn die Gefahr besteht, der Betroffene werde weiterhin Verkehrsvorschriften in so schwerwiegender Weise verletzen, dass zur Sicherung der Allgemeinheit die Abnahme des Führerscheins erforderlich ist. Hier allerdings bedeutet Gefahr im Verzug also weiter, der Beschuldigte werde bis zur Einholung der richterlichen Anordnung weitere Trunkenheitsfahrten begehen, sonstige Verkehrsvorschriften in schwerwiegender Weise verletzten[51] oder erneut Straftaten der von § 69 Abs. 1 StGB erfassten Art begehen.[52] Gefahr im Verzug kann mithin mit präventiv-polizeilichen Erwägungen begründet werden, wenn nämlich die Teilnahme des zur Führung von Kraftfahrzeugen vermutlich ungeeigneten Beschuldigten am Straßenverkehr droht und dieser zum Nachweis seiner Berechtigung hierzu den Führerschein vorzeigen könnte. Da dies meist naheliegt, besteht Gefahr im Verzug.

5.4 Allgemeine Anforderungen

Als formelle Voraussetzungen für das Verlangen der Polizei auf Herausgabe des Führerscheins gelten grundsätzlich die gleichen Regeln wie bei der Sicherstellung oder Beschlagnahme von Beweismitteln. Dazu gehören Hinweise, dass

- der Betroffene im Fall der Beschlagnahme über seine Rechte zu belehren ist, § 98 Abs. 2 Satz 7 StPO,
- der Betroffene jederzeit die richterliche Entscheidung beantragen kann (§ 98 Abs. 2 Satz 2 StPO) und
- das Amtsgericht, in dessen Bezirk die Beschlagnahme stattgefunden hat, zuständig ist,
- er auf Verlangen ein Verzeichnis über die in Beschlag genommenen Sachen erhält (§ 107 Satz 2 StPO).

51 *Meyer-Goßner/Schmitt*, StPO, 65. Aufl. 2022, § 111a Rn. 15.
52 *Kramer*, Grundlagen des Strafverfahrensrechts, 8. Aufl. 2014, Rn. 196.

Hat die Polizei eine Beschlagnahme angeordnet, soll entsprechend § 98 Abs. 2 Satz 1 StPO binnen drei Tagen die richterliche Bestätigung beantragt werden, wenn

- bei der Beschlagnahme weder der davon Betroffene noch ein erwachsener Angehöriger anwesend war oder
- der Betroffene und im Falle seiner Abwesenheit ein erwachsener Angehöriger des Betroffenen gegen die Beschlagnahme ausdrücklich Widerspruch erhoben hat.

Die Maßnahme entspricht insbesondere dem Übermaßverbot.[53]

53 Vgl. auch zur Sicherstellung von EU-Führerscheinen *Pfeiffer*, Die Polizei 2022 S. 317 ff.

Fall 5: Objektschutz am Militärflughafen

Schwerpunkte

Befragung, Identitätsfeststellung, ED-Behandlung, Datenabgleich, Platzverweis, Gewahrsamnahme

Dirk Weingarten, Ass. jur., Erster Polizeihauptkommissar, Hessische Hochschule für öffentliches Management und Sicherheit

1. Sachverhalt

Es ist Dienstag, 9:30 Uhr. Sie sind Angehöriger eines Polizeireviers in Wiesbaden. Ihr Kollege und Sie sind u. a. als Objektschutzstreife rund um das Gelände der Airbase (Militärflughafen US-Streitkräfte) Wiesbaden-Erbenheim eingesetzt. Es handelt sich dabei um ein Schutzobjekt. Die aktuelle Sicherheitslage für die Airbase ist extrem hoch, da das amerikanische Militär Luftangriffe im Jemen fliegt. ISIS und weitere islamistische Vereinigungen haben bereits zu Anschlägen auf amerikanische Einrichtungen in Europa aufgerufen.

Sie bekommen von der Einsatzzentrale die Meldung, dass sich im Bereich des Süd-Tors eine männliche Person „auffällig" verhalte. Diese habe bereits sämtliche Eingangsbereiche der Airbase sowie sicherheitsrelevante Kamerastellungen filmt. Tatsächlich treffen sie auf den beschriebenen Mann, welcher gerade am Zaun steht und sich Notizen macht.

Sie sprechen den Mann an und befragen ihn, was er dort mache. Er antwortet ihnen, dass er der Polizei gar nichts sagen müsse und man ihn in Ruhe lassen solle. Sie klären ihn auf, dass nach derzeitiger Gesetzeslage Angaben bezüglich der gestellten Fragen gemacht werden müssen.

Nun wird der Mann zusehend aggressiver. Sie entschließen sich, die Identität des Mannes festzustellen und fordern ihn auf, sich auszuweisen. Er weigert sich, der Aufforderung nachzukommen. Daraufhin durchsuchen Sie ihn, finden jedoch keinerlei Ausweispapiere oder Dokumente, welche auf die Personalien schließen lassen.

Sie nehmen den Mann mit auf die Dienststelle, um dort einen Fast-ID-Abgleich mittels Fingerabdrücken durchzuführen. Nach diesem Abgleich stellt sich heraus, dass es sich um Yusuf Fahid handelt. Herr Fahid wird wegen Zugehörigkeit zu einer terroristischen Vereinigung gesucht. Sie übergeben Herrn Fahid an die weiter sachbearbeitende Dienststelle.

Noch auf der Dienststelle bekommen Sie den Auftrag, erneut zur Airbase zu fahren, dort würde eine verwirrt wirkende Person das Sicherheitspersonal massiv anpöbeln. Sie treffen vor Ort auf den stadtbekannten Herrn Meier, welcher wohl mal wieder seine Tabletten nicht richtig eingenommen hat. Sie halten kurz Rücksprache mit dem Sicherheitspersonal der Airbase und werden darüber aufgeklärt, dass es vor Ihrem Eintreffen fast zu einer handfesten Auseinandersetzung gekommen sei, da Herr Meier die aus der Airbase herausfahrenden Personen belästigen und anpöbeln würde.

Sie fackeln nicht lange und erteilen Herrn Meier einen Platzverweis für den Bereich aller Eingänge der Airbase bis 20.00 Uhr; um 20.00 Uhr ist der Schichtwechsel auf der Airbase beendet.

Herr Meier beginnt sofort zu schreien, dass er auf keinen Fall gehen würde. Auch gutes Zureden bringt nichts. Sie entschließen sich, Herrn Meier bis zum Ende des Schichtwechsels der Airbase in Gewahrsam zu nehmen.

Um 19.00 Uhr auf der Wache angekommen, geben Sie Herrn Meier die Möglichkeit, seine Tochter anzurufen. Meier wird für eine Stunde allein in die Gewahrsamszelle des Reviers gesperrt. Um 20.00 Uhr entlassen Sie Herrn Meier.

2. Aufgabe

Prüfen sie folgende Maßnahmen unter **präventiven** Gesichtspunkten:

1. Ansprechen, Anhalten der Person zur Informationsgewinnung
2. Identitätsfeststellung und erkennungsdienstliche Behandlung (ED-Behandlung)
3. Datenabgleich
4. Platzverweis
5. Gewahrsamnahme

3. Unverbindliche Lösungshinweise

Diese Hinweise erheben keinen Anspruch auf Vollständigkeit. Sie sollen lediglich auf die Probleme des Falles hinweisen, orientieren sich an einem denkbaren Prüfungsschema und stellen eine mögliche Lösung dar. Die erste Maßnahme wird sehr umfangreich dargestellt, bei den weiteren Maßnahmen wird an möglichen Stellen auf die erste Maßnahme verwiesen; dies ist auch eine Möglichkeit der Darstellung. Orientieren Sie sich jedoch zwingend an den Vorgaben Ihrer Dozentin oder Ihres Dozenten.

3.1 Ansprechen, Anhalten der Person zur Informationsgewinnung

3.1.1 Vorüberlegungen

3.1.1.1 Welche Maßnahme?

Zuerst einmal wurde die Person, die sich an dem Schutzobjekt „auffällig verhalten“ hat, angesprochen, um Informationen zu gewinnen. Da bis zu dem Zeitpunkt noch keine Straftaten begangen oder bekannt waren und aufgeklärt werden sollen, ist die Maßnahmen präventiver Natur (Gefahrenabwehr).

3.1.1.2 Eingriffscharakter der Maßnahme?

Das Anhalten und Ansprechen könnte einen Verwaltungsakt darstellen. Ein Verwaltungsakt, § 35 Hessisches Verwaltungsverfahrensgesetz (HVwVfG), ist eine hoheitliche Maßnahme einer Behörde auf dem Gebiet des öffentlichen Rechts zur Regelung eines Einzelfalls mit unmittelbarer Außenwirkung. Hier hat die Polizeibehörde im Über-/Unterordnungsverhältnis (hoheitlich) als Maßnahme (Tun, Dulden oder Unterlassen) eine Person (Einzelfall) angehalten und angesprochen, gestützt auf öffentlich-rechtliche Vorschriften des Polizeirechts. Dabei verlangte die Polizei ein Tun: Auskunft geben. Die Maßnahme betraf den Unbekannten in seiner Rechtsposition, sodass sie auch Außenwirkung hatte.

3.1.1.3 Grundrechtsbetroffenheit?

Indem die Polizei die Person anspricht und kurzfristig anhält, greift sie zumindest in die allgemeine Handlungsfreiheit, Art. 2 Abs. 1 Grundgesetz (GG), ein. Wegen des Vorbehalts des Gesetzes, Art. 20 Abs. 3 GG, benötigt die Polizei, wenn sie in Grundrechte des Bürgers eingreift, eine Ermächtigungsgrundlage, welche sich aus Tatbestandsvoraussetzung(-en) und Rechtsfolge zusammensetzt.

3.1.1.4 Mögliche Ermächtigungsgrundlage?

Eine denkbare Ermächtigungsgrundlage könnte § 12 Hessisches Gesetz über die öffentliche Sicherheit und Ordnung (HSOG), Befragung und Auskunftspflicht, sein.

3.1.2 Formelle Rechtmäßigkeit der Maßnahme

Jegliche behördliche Maßnahme muss formell rechtmäßig sein. Dazu muss die handelnde Behörde für diese Maßnahme zuständig sein. Wenn die polizeiliche Maßnahme ein Verwaltungsakt ist, müssen außerdem die allgemeinen Form- und Verfahrensvorschriften eines Verwaltungsakts eingehalten worden sein.

3.1.2.1 Zuständigkeiten

Innerhalb der Zuständigkeit unterscheidet man zwischen der örtlichen, sachlichen und instanziellen Zuständigkeit.

3.1.2.1.1 Örtliche Zuständigkeit

Die örtliche Zuständigkeit, der räumliche Tätigkeitsbereich also, ergibt sich hier aus § 101 Abs. 1 Satz 1 HSOG. Danach können die Polizeibehörden in ganz Hessen tätig werden.

3.1.2.1.2 Sachliche Zuständigkeit

Die sachliche Zuständigkeit legt den Umfang der zu erledigenden Aufgaben einer Behörde fest. Es wird geprüft, wer die Kompetenz für ein bestimmtes Sachgebiet innehat, mithin die Verpflichtung, eine bestimmte Aufgabe zu erledigen. Im HSOG sind die Aufgaben in § 1 HSOG geregelt. Auch dort gilt der verwaltungsrechtliche Grundsatz „speziell vor allgemein", sodass die Absätze 2–6 vor der Aufgabengeneralklausel, § 1 Abs. 1 Satz 1 HSOG, zu betrachten sind.

Vorliegend ergibt sich die sachliche Zuständigkeit aus § 1 Abs. 4 HSOG, wonach die Polizei auch zu erwartende Straftaten zu verhüten sowie für die Verfolgung künftiger Straftaten vorzusorgen hat (vorbeugende Bekämpfung von Straftaten). Laut Sachverhalt wurde zu Anschlägen auf amerikanische Einrichtungen in Europa aufgerufen; dies gilt es zu verhindern.

3.1.2.1.3 Instanzielle Zuständigkeit

Hierbei handelt es sich um einen Spezialfall der sachlichen Zuständigkeit. Die Frage der instanziellen Zuständigkeit bezieht sich darauf, welche Ebene innerhalb einer Behördenhierarchie für die konkrete Maßnahme zuständig ist. Die polizeilichen Aufgaben werden von den Polizeibehörden des Landes Hessens wahrgenommen. Diese sind auch die Polizeipräsidien, §§ 91 Abs. 1, 2a, 94 HSOG, die polizeiliche Aufgaben in ihrem Dienstgebiet erfüllen, i. V. m. §§ 2, 3 und 5 Verordnung zur Durchführung des Hessischen Gesetzes über die öffentliche Sicherheit und Ordnung und des Hessischen Freiwilligen-Polizeidienst-Gesetzes (HSOG-DVO). Die Beamten und Angehörigen des Polizeireviers in Wiesbaden (Hessen) waren hier in Ansehung aller drei Kriterien zuständig.

3.1.2.2 Allgemeine Form- und Verfahrensvorschriften

Der Verwaltungsakt müsste formell rechtmäßig sein. Er ist formell rechtmäßig, wenn die formellen Tatbestandsvoraussetzungen der Ermächtigungsgrundlage erfüllt sind. Die allgemeinen Form- und Verfahrensvorschriften des Verwaltungsakts sollen die Gleichförmigkeit im staatlichen Handeln sicherstellen und dabei gleichzeitig Rechtspositionen der Beteiligten sichern. Gemäß § 28 HVwVfG ist die Person anzuhören. Die Person hatte Gelegenheit, sich zum belastenden Verwaltungsakt zu äußern. Laut § 37 Abs. 1 HVwVfG ist dem Grundsatz der formellen Bestimmtheit Rechnung zu tragen; die Person muss wissen, dass sie gemeint ist und was sie zu machen hat. Davon ist auszugehen. § 37 Abs. 2 HVwVfG weist auf die mögliche Form hin; mündlich, schriftlich, elektronisch oder in anderer Weise; hier erging der Verwaltungsakt mündlich. Folglich besteht keine Begründungspflicht wie bei schriftlichen Verwaltungsakten, § 39 HVwVfG; empfehlenswert ist eine Begründung jedoch trotzdem. Die Erkennbarkeit, § 37 Abs. 3 HVwVfG, ist durch die Uniform gewährleistet. Eine Bekanntgabe, § 41 HVwVfG, ist erfolgt; es ist davon auszugehen, dass die Anrede so laut und deutlich erfolgte, dass die Person sie vernehmen konnte. Der Verwaltungsakt wird zu dem Zeitpunkt wirksam, in dem er dem Adressaten bekannt gegeben wird; § 43 HVwVfG. Rechtliche Gegeninstrumente, wie z. B. der Widerspruch, haben bei polizeilichen Maßnahmen keine aufschiebende Wirkung, § 80 Abs. 2 Satz 1 Nr. 2 Verwaltungsgerichtsordnung (VwGO). Nichtigkeitsgründe, wie beispielsweise eine rechtliche oder tatsächliche Unmöglichkeit, sind nicht ersichtlich (§ 44 HVwVfG).

3.1.2.3 Abschlusssatz

Die Maßnahme ist formell rechtmäßig.

3.1.3 Materielle Rechtmäßigkeit der Maßnahme

Des Weiteren muss die Maßnahme materiell rechtmäßig sein. Sie ist materiell rechtmäßig, wenn die materiellen Tatbestandsvoraussetzungen der Ermächtigungsgrundlage erfüllt sind. Zudem muss die

Maßnahme verhältnismäßig sein. Schließlich muss das der Behörde zustehende Ermessen fehlerfrei ausgeübt worden sein.

3.1.3.1 Prüfung der Eingriffsermächtigung

Die Ermächtigungsgrundlage könnte § 12 HSOG sein. Gemäß § 12 Abs. 1 HSOG kann die Polizeibehörde eine Person befragen, wenn tatsächliche Anhaltspunkte die Annahme rechtfertigen, dass die Person sachdienliche Angaben zur Aufklärung des Sachverhalts in einer bestimmten gefahrenabwehrbehördlichen oder polizeilichen Angelegenheit machen kann. Im Fall der Abwehr einer Gefahr kann sie zum Zwecke der Befragung angehalten werden.

Augenscheinlich kann die auffällige Person Angaben zur Sache machen. Sie befindet sich vor Ort und ist zudem Anlassgeber der Maßnahme. Hierbei reicht sogar eine abstrakte Gefahr aus. Diese ist gegeben, wenn nach allgemeiner Lebenserfahrung bei generell-abstrakter Bewertung von Verhaltensweisen oder Zuständen anzunehmen ist, dass ein Schaden im Einzelfall einzutreten pflegt. Die Person verhält sich auffällig, filmt und macht sich Notizen. Eine Person darf sogar festgehalten werden, wenn die Maßnahme zur Abwehr einer konkreten Gefahr erfolgt. Unter einer konkreten Gefahr (für die öffentliche Sicherheit oder Ordnung) versteht man einen Einzelfall, also konkrete Sachlage, die bei ungehindertem Ablauf des objektiv zu erwartenden Geschehens in überschaubarer Zukunft mit hinreichender Wahrscheinlichkeit zu einem Schaden führt. An die Wahrscheinlichkeit des Schadenseintritts sind nach dem aus dem Rechtsstaatsprinzip abgeleiteten Grundsatz der Verhältnismäßigkeit umso geringere Anforderungen zu stellen, je größer und folgenschwerer der möglicherweise eintretende Schaden ist. Diese konkrete Gefahr muss für die öffentliche Sicherheit oder Ordnung bestehen. Unter der öffentlichen Sicherheit ist die Gesamtheit der insbesondere vom öffentlichen Recht geschützten Güter zu verstehen. Dazu gehören der Bestand und die Funktionsfähigkeit des Staates und seiner Einrichtungen (Gemeinschaftsschutzgüter), alle öffentlich-rechtlich geschriebenen Ge- und Verbotsnormen sowie Leben, Gesundheit, Freiheit, Eigentum und andere Schutzgüter des Einzelnen (Individualschutzgüter). Die öffentliche Ordnung ist die Gesamtheit der ungeschriebenen Regeln, deren Beachtung nach den jeweils herrschenden moralischen und sozialen Anschauungen als unentbehrliche Voraussetzung für ein gedeihliches Miteinanderleben der Menschen angesehen wird.

Ein Unterfall der konkreten Gefahr ist die Anscheinsgefahr. Darunter versteht man eine Sachlage, bei der die Behörde zum Zeitpunkt des Einschreitens (ex ante-Betrachtung) bei verständiger Würdigung objektive Anhaltspunkte für eine Gefahr erkennen konnte, bei der sich jedoch später (ex post-Betrachtung) erweist, dass eine Gefahr in Wirklichkeit nicht bestand.

Laut Sachverhalt besteht die Gefahr eines Anschlages, sodass eine konkrete Gefahr für Leib, Leben oder Sachwerte durch die Person zumindest in Form der Anscheinsgefahr zu bejahen ist.

3.1.3.1.1 Besondere Form- und Verfahrensvorschriften

Als besondere Form- und Verfahrensvorschrift ist gem. § 12 Abs. 3 und 4 HSOG zu beachten, dass bei der Erhebung personenbezogener Daten die §§ 13 ff. HSOG zu beachten sind (Abs. 3) und § 136a der Strafprozessordnung entsprechend gilt (Abs. 4).

3.1.3.2 Adressat der Maßnahme

Der Adressat der Maßnahme ist Verhaltensstörer gem. § 6 Abs. 1 HSOG, denn er stört unmittelbar durch sein Verhalten.

3.1.3.3 Verhältnismäßigkeit

Der Verhältnismäßigkeitsgrundsatz findet in § 4 HSOG seinen Niederschlag. In Ansehung der klassischen Dreiteilung werden hier die Punkte Geeignetheit, Erforderlichkeit und Angemessenheit, d. h. Verhältnismäßigkeit im engeren Sinne, betrachtet. Das Anhalten und Befragen der Person nach Sachinformationen war geeignet, um zu erfahren, was die Person am Schutzobjekt zu suchen hat. Weiterhin war die Maßnahme erforderlich, da sie sich als mildestes Mittel darstellt. Es gab keine andere Möglichkeit, bei der weniger Grundrechte des Polizeipflichtigen tangiert werden. Letztlich war die Maßnahme auch angemessen. Es hat eine Güterabwägung zu erfolgen: Was wird durch die polizeiliche Maßnahme geschützt? Und was wird tangiert? Dies darf nicht in krassem Missverhältnis stehen. Wie oben dargestellt, wird in die allgemeine Handlungsfreiheit der Person eingegriffen; sie kann in dem Augenblick des Anhaltens und Befragens nicht machen, was sie möchte. Demgegenüber wird durch die polizeiliche Aufklärung die Anschlagsgefahr aufgeklärt; es wird vor Gefahren für Leib, Leben, Gesundheit anderer und der Polizisten und Sachwerten geschützt. Die Maßnahme ist folglich verhältnismäßig im engeren Sinne.

3.1.3.4 Ermessen

Auf das Ermessen weist § 5 HSOG hin. § 12 HSOG eröffnet durch das Wort „kann" das Ermessen. Es wurde im Rahmen des Entschließungsermessens („ob") und des Auswahlermessens („wie") gehandelt. Das Entschließungsermessen war auf Null reduziert, da die Gefahr eines Anschlags gegeben war, und im Hinblick auf die zu kontrollierende Person und der anzuwendenden Maßnahme sind keine Auswahlermessensfehler ersichtlich. Die Beamten haben sich nicht von sachfremden Erwägungen leiten lassen; sie haben nicht willkürlich gehandelt.

3.1.3.5 Abschlusssatz

Das Anhalten und Befragen der Person ist formell und materiell rechtmäßig.

3.2 Identitätsfeststellung; Anhalten, Aushändigenlassen von Ausweispapieren, Festhalten, Durchsuchen, Mitnehmen zur Dienststelle und ED-Behandlung zur Identitätsfeststellung

3.2.1 Vorüberlegungen

3.2.1.1 Welche Maßnahme?

Auch diese Maßnahme ist präventiver Natur, da bis zum Identitätsfeststellungszeitpunkt noch keine Straftaten begangen oder bekannt waren. Dass sich die Person weigert, die Personalien anzugeben und dadurch eine Ordnungswidrigkeit gem. § 111 Ordnungswidrigkeitengesetz (OWiG) begeht, sodass diese Identitätsfeststellung ab dann auch auf § 163b Abs. 1 StPO, §§ 53, 46 OWiG gestützt werden könnte, kann an dieser Stelle vernachlässigt werden; der Kernpunkt der Maßnahme liegt hier im Präventiven. So wurde die Maßnahme präventiv veranlasst begonnen und darin liegt auch der Schwerpunkt.

3.2.1.2 Eingriffscharakter der Maßnahme?

Die Maßnahmen Anhalten, Aushändigenlassen von Ausweispapieren, Festhalten, Durchsuchen, Mitnehmen zur Dienststelle und ED-Behandeln sind je für sich Verwaltungsakte. Alle Merkmale gem. § 35 HVwVfG sind gegeben. Insbesondere der Regelungscharakter erstreckt sich auf ein Tun („Bleiben Sie stehen!", „Händigen Sie aus!") bzw. auf ein Dulden („Dulden Sie, dass ich Sie nach Ausweispapieren durchsuche!" und „Dulden Sie, dass wir Sie erkennungsdienstlich behandeln!").

3.2.1.3 Grundrechtsbetroffenheit?

Durch die zuvor aufgezählten Maßnahmen greift die Polizei in folgende Grundrechte ein: Allgemeines Persönlichkeitsrecht (hier: Recht auf informationelle Selbstbestimmung, Art. 2 Abs. 1 i. V. m. § 1 Abs. 1 GG), persönliche (körperliche) Integrität, Art. 2 Abs. 1 GG, gegebenenfalls Freiheit der Person; Art. 2 Abs. 2 Satz 2, 104 GG und die allgemeine Handlungsfreiheit, Art. 2 Abs. 1 GG.

3.2.1.4 Mögliche Ermächtigungsgrundlage?

Die wegen des Gesetzesvorbehalts nötigen Ermächtigungsgrundlagen könnten sich aus § 18 Abs. 2 Nr. 3; Abs. 3, 4, 5, § 19 Abs. 2 Nr. 1 HSOG; Identitätsfeststellung; ED-Behandlung zur Identitätsfeststellung, ergeben.

3.2.2 Formelle Rechtmäßigkeit der Maßnahme

3.2.2.1 Zuständigkeiten

Innerhalb der Zuständigkeit kann auf das oben Gesagte im Hinblick auf die örtliche, sachliche und instanzielle Zuständigkeit verwiesen werden.

3.2.2.2 Allgemeine Form- und Verfahrensvorschriften

Auf das Gesagte zu den allgemeinen Form- und Verfahrensvorschriften der ersten Maßnahme kann hinsichtlich der hier zu prüfenden Verwaltungsakte ebenfalls vollumfänglich verwiesen werden.

3.2.2.3 Abschlusssatz

Auch diese Maßnahmen sind formell rechtmäßig.

3.2.3 Materielle Rechtmäßigkeit der Maßnahme

3.2.3.1 Prüfung der Eingriffsermächtigung

Wie herausgearbeitet, kommt als denkbare Ermächtigungsgrundlage für die Identitätsfeststellung § 18 Abs. 2 Nr. 3; Abs. 3, 4, 5 HSOG in Betracht. Nach § 18 Abs. 2 Nr. 3 HSOG kann die Polizei die Identität einer Person feststellen, wenn sich die Person in einem anderen besonders gefährdeten Objekt oder in dessen unmittelbarer Nähe aufhält und tatsächliche Anhaltspunkte die Annahme rechtfertigen, dass in oder an diesen Objekten Straftaten begangen werden sollen, durch die in oder an diesen Objekten befindliche Personen oder diese Objekte selbst unmittelbar gefährdet sind, und dies aufgrund der Gefährdungslage oder auf die Person bezogener Anhaltspunkte erforderlich ist. Gemäß Absatz 3 Satz 2 kann die Polizei die Person insbesondere anhalten, den Ort der Kontrolle absperren, die Person nach ihren Personalien befragen, verlangen, dass die Person mitgeführte Ausweispapiere aushändigt, und erkennungsdienstliche Maßnahmen anordnen. Nach Absatz 4 kann die Polizei die Person festhalten, sie und die von ihr mitgeführten Sachen nach Gegenständen durchsuchen, die zur Identitätsfeststellung dienen, sowie die Person zur Dienststelle bringen. Laut Sachverhalt handelt es sich um ein gefährdetes Objekt, sodass diese Voraussetzungen erfüllt sind; denn die zu kontrollierende Person hält sich in unmittelbarer Nähe auf; verhält sich auffällig, filmt und macht sich Notizen. Auch die genannten Rechtsfolgen bilden alles ab, was die Polizei zur Durchsetzung der Maßnahme unternahm.

Weiterhin können die Polizeibehörden erkennungsdienstliche Maßnahmen vornehmen, wenn dies nach § 18 Abs. 3 HSOG zur Feststellung der Identität angeordnet ist, sog. ED-Behandlung zur Identitätsfeststellung, § 19 Abs. 2 Nr. 1 HSOG. Dies ist hier der Fall; Fast-ID-Abgleich mittels Fingerabdrücken. Es wurden keine Papiere gefunden und es gab keine andere Möglichkeit, die Personalien des Probanden ausfindig zu machen und ihn aus der Anonymität zu holen.

3.2.3.1.1 Besondere Form- und Verfahrensvorschriften

Als besondere Form- und Verfahrensvorschrift ist bei der Identitätsfeststellung gem. § 18 Abs. 6 HSOG die Eröffnungspflicht zu beachten. Bei der Durchsuchung (auch) nach Ausweispapieren dürfen gem. § 36 Abs. 4 HSOG Personen nur von Personen gleichen Geschlechts, von Ärztinnen oder Ärzten durchsucht werden; dies gilt nicht, wenn die sofortige Durchsuchung zum Schutz gegen eine Gefahr für Leib oder Leben erforderlich ist. Wird die Person nicht nur angehalten (hierunter versteht man gemeinhin die Unterbrechung der Fortbewegung durch verbale oder nonverbale Aufforderung; das kurzzeitige Anhalten ist keine Freiheitsentziehung, sondern eine Freiheitsbeschränkung), sondern festgehalten (eine über das bloße Anhalten hinausgehende Beeinträchtigung der Fortbewegungsfreiheit, es handelt sich um eine freiheitsentziehende Maßnahme; häufig wird dies ab einer Zeitdauer von mehr als 15 Minuten angenommen), ist an die §§ 33–35 HSOG zu denken. Wird nämlich eine Person aufgrund des § 18 Abs. 4 HSOG festgehalten, haben die Polizeibehörden unverzüglich eine richterliche Entscheidung über Zulässigkeit und Fortdauer der Freiheitsentziehung herbeizuführen. Der Herbeiführung der richterlichen Entscheidung bedarf es nicht, wenn anzunehmen ist, dass die richterliche Entscheidung erst nach Wegfall des

Grundes der polizeilichen Maßnahme ergehen würde. Es kann hier davon ausgegangen werden, dass die übernehmenden Sachbearbeiter diese Vorschriften beachtet und umgesetzt haben.

Auf die Pflicht, die Unterlagen im Anschluss an die ED-Behandlung zu vernichten, § 19 Abs. 4 HSOG, wird hingewiesen.

3.2.3.2 Adressat der Maßnahme

Die Person, die sich am Schutzobjekt aufhält, ist in erster Linie Normadressat. Sie wird hinreichend in der Ermächtigungsgrundlage § 18 Abs. 2 Nr. 3 HSOG beschrieben („an diesen Objekten befindliche Personen"). Zudem ist der Adressat der Maßnahme auch Verhaltensstörer, § 6 Abs. 1 HSOG, denn sie stört durch ihr Verhalten unmittelbar. Gegebenenfalls kann die Person auch in diesem Fall als Anscheinsstörer klassifiziert werden.

3.2.3.3 Verhältnismäßigkeit

Geeignet waren die Maßnahmen, um das Ziel zu erreichen, die Person aus der Anonymität zu holen. Die Maßnahme war auch erforderlich, da sie sich als mildestes Mittel darstellt. Es wurde auf der Rechtsfolgenseite im Rahmen der Stufenfolge gehandelt; nur das jeweils notwendige Mittel wurde angewendet. Somit beachteten die Beamten auch § 18 Abs. 5 HSOG. Erkennungsdienstliche Maßnahmen können nur angeordnet und Maßnahmen nach Absatz 4 können nur durchgeführt werden, wenn die Identität auf andere Weise nicht oder nur unter erheblichen Schwierigkeiten festgestellt werden kann. Gegen eine Person, die nicht nach den §§ 6 oder 7 HSOG verantwortlich ist, können erkennungsdienstliche Maßnahmen gegen ihren Willen nicht durchgeführt werden, es sei denn, dass sie Angaben über die Identität verweigert oder bestimmte Tatsachen den Verdacht einer Täuschung über die Identität begründen. Letztlich war die Maßnahme auch angemessen. Durch die Maßnahmen sollte die Anschlagsgefahr aufgeklärt werden; es wird vor Gefahren für Leib, Leben, Gesundheit anderer und der Polizisten und Sachwerten geschützt. Tangiert wurden die in der Vorüberlegung dargestellten Grundrechte: Recht auf informationelle Selbstbestimmung, Persönliche (körperliche) Integrität, ggf. Freiheit der Person und die Allgemeine Handlungsfreiheit. Die Maßnahmen waren insgesamt verhältnismäßig.

3.2.3.4 Ermessen

Auch hier war das Ermessen eröffnet und das Entschließungsermessen auf Null reduziert, da die Gefahr eines Anschlags gegeben war.

Im Hinblick auf die zu kontrollierende Person und der anzuwendenden Maßnahme sind keine Auswahlermessensfehler ersichtlich. Die Beamten haben sich nicht von sachfremden Erwägungen leiten lassen; sie haben nicht willkürlich gehandelt.

3.2.3.5 Abschlusssatz

Die Identitätsfeststellung und die sich anschließende ED-Behandlung der Person sind formell und materiell rechtmäßig.

3.3 Datenabgleich

3.3.1 Vorüberlegungen

3.3.1.1 Welche Maßnahme?

Die Datenabfrage ist genauso wie die bisherigen Maßnahmen aus den gleichen Gründen präventiv.

3.3.1.2 Eingriffscharakter der Maßnahme?

Der Datenabgleich ist im Gegensatz zu den bisherigen Maßnahmen kein Verwaltungsakt, sondern ein Realakt mit Eingriffscharakter. Es ist die Handlungen der Verwaltung, die nicht auf einen rechtlichen, wie etwa beim Verwaltungsakt, sondern nur auf einen tatsächlichen Erfolg gerichtet sind; mithin fehlt der Regelungscharakter.

3.3.1.3 Grundrechtsbetroffenheit?

Die als Realakt mit Eingriffscharakter klassifizierte Maßnahme tangiert die Person in seinem Grundrecht auf informationelle Selbstbestimmung, Art. 2 Abs. 1 GG i. V. m. Art. 1 Abs. 1 GG, gegebenenfalls Freiheit der Person; Art. 2 Abs. 2 Satz 2, 104 GG und die Allgemeine Handlungsfreiheit, Art. 2 Abs. 1 GG.

3.3.1.4 Mögliche Ermächtigungsgrundlage?

Auch hier ist eine Ermächtigungsgrundlage wegen Art. 20 Abs. 3 GG notwendig. Diese könnte § 25 Abs. 1 HSOG (Datenabgleich) sein.

3.3.2 Formelle Rechtmäßigkeit der Maßnahme

3.3.2.1 Zuständigkeiten

Innerhalb der Zuständigkeit kann auf das oben Gesagte im Hinblick auf die örtliche, sachliche und instanzielle Zuständigkeit verwiesen werden.

3.3.2.2 Allgemeine Form- und Verfahrensvorschriften

Allgemeinen Form- und Verfahrensvorschriften sind bei einem Realakt mit Eingriffscharakter nicht zu prüfen.

3.3.2.3 Abschlusssatz

Der Datenabgleich ist formell rechtmäßig.

3.3.3 Materielle Rechtmäßigkeit der Maßnahme

3.3.3.1 Prüfung der Eingriffsermächtigung

Für den Datenabgleich kommen § 25 Abs. 1 Satz 1 oder 2 HSOG in Betracht. Nach Satz 1 können die Polizeibehörden personenbezogene Daten unter anderen der Verhaltensstörer, § 6 HSOG, mit automatisiert gespeicherten Daten der Polizeibehörden und Polizeidienststellen des Bundes und der anderen Länder abgleichen. Gemäß Satz 2 darf die Polizei personenbezogene Daten anderer Personen nur abgleichen, wenn dies aufgrund tatsächlicher Anhaltspunkte zur Erfüllung einer bestimmten polizeilichen Aufgabe erforderlich erscheint. Beide Abfragemöglichkeiten beziehen sich auf den erweiterten Bestand. Eine Vollauskunft ist also zulässig, egal also, ob im Folgenden der Verhaltensstörer oder Normadressat bejaht wird, denn auch hier sind zumindest tatsächliche Anhaltspunkte die zur Erfüllung einer bestimmten polizeilichen Aufgabe erforderlich sind, zu bejahen (auffälliges Verhalten, Fertigen von Bildern, keine Angaben, unkooperatives Verhalten, Aufzeichnungen). Es liegen somit bestimmte konkrete Umstände vor, die nach kriminalistischem Erfahrungswissen die Beteiligung des Betroffenen an einer verfolgbaren Straftat als möglich erscheinen lassen.

Laut Absatz 1 Satz 4 kann die Polizei als Rechtsfolge die betroffene Person anhalten und für die Dauer des Datenabgleichs sogar festhalten.

3.3.3.1.1 Besondere Form- und Verfahrensvorschriften

Als besondere Form- und Verfahrensvorschrift ist bei einem Festhalten nach § 25 HSOG auch an die Besonderheiten zu den Festhaltevorschriften §§ 33 ff. HSOG (unverzügliche richterliche Entscheidung, etc.) zu denken.

3.3.3.2 Adressat der Maßnahme

Die Person ist wie bereits dargestellt in erster Linie Normadressat, sodass der Datenabgleich nach § 25 Abs. 1 Satz 2 HSOG erfolgt. Je nach Sichtweise kann die Person durchaus auch als Verhaltensstörer,

§ 6 Abs. 1 HSOG, gesehen werden, sodass dann der Datenabgleich nach Satz 1 erfolgen würde.

3.3.3.3 Verhältnismäßigkeit

Die Datenabfrage war geeignet, das Ziel, weitere Erkenntnisse über die Person zu erlangen, zu erreichen. Die Maßnahme war auch erforderlich, da es kein mildestes Mittel gab. Daneben war die Maßnahme auch angemessen. Durch die Maßnahmen sollte die Anschlagsgefahr aufgeklärt werden. Eingegriffen wurde in die Grundrechte: Recht auf informationelle Selbstbestimmung, gegebenenfalls Freiheit der Person und die Allgemeine Handlungsfreiheit. Dies steht nicht in krassem Missverhältnis; die Zweck-Mittel-Relation ist gewahrt. Die Datenabfrage ist insgesamt verhältnismäßig.

3.3.3.4 Ermessen

Auch hier haben sich die Beamten nicht von sachfremden Erwägungen leiten lassen; sie haben nicht willkürlich gehandelt.

3.3.3.5 Abschlusssatz

Der automatisierte Datenabgleich ist formell und materiell rechtmäßig.

3.4 Platzverweis samt nachfolgendem Durchsetzungsgewahrsam

3.4.1 Vorüberlegungen

3.4.1.1 Welche Maßnahme?

Der Platzverweis und der sich anschließende Gewahrsam sind gefahrenabwehrrechtlich veranlasst. Zwar hat Herr Meier die Beschäftigten der Airbase angepöbelt und belästigt, wie auch immer dies strafrechtlich zu werten ist, ist der sich dann anschließende Platzverweis/Gewahrsam präventiv, da vorbeugend erreicht werden soll, dass keine (weiteren) Straftaten durch Herrn Meier begangen werden können.

3.4.1.2 Eingriffscharakter der Maßnahme?

Der Platzverweis und die Anordnung der Gewahrsamnahme sind Verwaltungsakte. Alle Merkmale gem. § 35 HVwVfG sind gegeben. Insbesondere der Regelungscharakter erstreckt sich auf ein Tun („bleiben sie von den Eingängen weg“) bzw. auf ein Unterlassen („unterlassen sie, Personen, die die Airbase verlassen, anzusprechen und die Ausgänge aufzusuchen"). Weiterhin: „Dulden sie, dass wir sie ins Gewahrsam nehmen."

3.4.1.3 Grundrechtsbetroffenheit?

Durch den Platzverweis greift die Polizei in das Grundrecht auf Freizügigkeit, Art. 11 GG; zudem in die Allgemeine Handlungsfreiheit, Art. 2 Abs. 1 GG, ein.

Durch die Gewahrsamnahme ist die Freiheit der Person Art. 2 Abs. 2, 104 GG beeinträchtigt, die Allgemeine Handlungsfreiheit (Art. 2 Abs. 1 GG) auch.

3.4.1.4 Mögliche Ermächtigungsgrundlage?

Die nötige Ermächtigungsgrundlage könnte sich hier aus § 31 Abs. 1 HSOG, Platzverweis, ergeben. Für die Gewahrsamnahme ist dies § 32 Abs. 1 Nr. 3 HSOG, sog. Durchsetzungsgewahrsam.

3.4.2 Formelle Rechtmäßigkeit der Maßnahme

3.4.2.1 Zuständigkeiten

Innerhalb der Zuständigkeit kann auch hier auf das oben Gesagte zur örtlichen und instanziellen Zuständigkeit verwiesen werden und liegt vor. Hinsichtlich der sachlichen Zuständigkeit geht es auch bei diesem Sachverhalt darum, dass durch den Platzverweis mit sich anschließender Gewahrsamnahme vorbeugende Bekämpfung von Straftaten betrieben wird, § 1 Abs. 4 HSOG; gegebenenfalls kann auch die Aufgabengeneralklausel, § 1 Abs. 1 Satz 1 HSOG; allgemeine Gefahrenabwehraufgabe, zurückgegriffen werden.

3.4.2.2 Allgemeine Form- und Verfahrensvorschriften

Auf das Gesagte zu den allgemeinen Form- und Verfahrensvorschriften der ersten Maßnahme kann hinsichtlich der hier zu prüfenden Verwaltungsakte vollumfänglich verwiesen werden. Ergänzend ist zu erwähnen, dass der Platzverweis räumlich und zeitlich bestimmt war. Ihm wurde gesagt, welchen konkreten Bereich er für wie lange nicht betreten darf.

3.4.2.3 Abschlusssatz

Der Platzverweis mit sich anschließender Gewahrsamnahme ist formell rechtmäßig.

3.4.3 Materielle Rechtmäßigkeit der Maßnahme

3.4.3.1 Prüfung der Eingriffsermächtigung

Der Platzverweis ist nach § 31 Abs. 1 Satz 1 HSOG möglich, denn die Polizeibehörden können zur Abwehr einer Gefahr eine Person vorübergehend von einem Ort verweisen oder ihr vorübergehend das Betreten eines Ortes verbieten. Die hier geforderte konkrete Gefahr ist zu bejahen. Herr Meier (Einzelfall) wird sehr wahrscheinlich in sehr naher Zukunft auf die Werksangehörigen einwirken wollen; dies machte er durch sein bisheriges Verhalten deutlich.

Die Gewahrsamnahme zur Durchsetzung des Platzverweises, § 32 Abs. 1 Nr. 3 HSOG, verlangt von den Polizeibehörden schlicht, dass dies „unerlässlich" sein muss, um Maßnahmen nach § 31 HSOG durchzusetzen. Die Voraussetzungen der Platzverweisung wurden bejaht und auf die „Unerlässlichkeit" wird im Rahmen der Verhältnismäßigkeit gesondert einzugehen sein.

3.4.3.1.1 Besondere Form- und Verfahrensvorschriften

Besondere Form- und Verfahrensvorschriften gibt es zur Platzverweisung keine zu beachten.

Bei der Gewahrsamnahme sind die §§ 33–35 HSOG zwingend zu beachten; gem. § 33 HSOG, die Anordnungskompetenz und das zuständige Gericht; gem. § 34 HSOG die Rechte der festgehaltenen Person; gem. § 35 HSOG, Dauer der Freiheitsentziehung. Insbesondere § 33 Abs. 1 HSOG ist hier von Bedeutung: „Wird eine Person aufgrund des § 32 Abs. 1 oder 2 festgehalten, haben die Polizeibehörden unverzüglich eine richterliche Entscheidung über Zulässigkeit und Fortdauer der Freiheitsentziehung herbeizuführen. Der Herbeiführung der richterlichen Entscheidung bedarf es nicht, wenn anzunehmen ist, dass die richterliche Entscheidung erst nach Wegfall des Grundes der polizeilichen Maßnahme ergehen würde." Gerade hier greift Satz 2, denn Herr Meier sollte bereits eine Stunde nach Ingewahrsamnahme entlassen werden. Prognostisch wird eine richterliche Anordnung innerhalb dieser Zeit nicht zu erwirken sein, sodass die Herbeiführung nicht zwingend notwendig erscheint. Ist den Polizisten jedoch positiv bekannt, dass in dem jeweiligen Gerichtsbezirk ein Bereitschaftsdienst schnell eine Anordnung erlässt, ist von dieser Möglichkeit sehr wohl Gebrauch zu machen und eine richterliche Entscheidung herbeizuführen.

Abschließend ist auch die Gewahrsamsordnung zu beachten; eine mögliche Gewahrsamsfähigkeit gilt es abzuklären.

3.4.3.2 Adressat der Maßnahme

Herr Meier ist Verhaltensstörer, § 6 Abs. 1 HSOG, denn er stört durch sein Benehmen unmittelbar.

3.4.3.3 Verhältnismäßigkeit

Der Platzverweis und die Gewahrsamnahme waren geeignet, dass Herr Meier keine weiteren Unannehmlichkeiten in unmittelbarer Nähe der Airbase bereitete; erforderlich war es auch; gutes Zureden schien nicht den Erfolg herbeizuführen und somit musste er des Platzes verwiesen werden. Die sich anschließende Gewahrsamnahme war unerlässlich. Herr Meier begann sofort zu schreien, dass er auf keinen Fall gehen würde. Auch gutes Zureden brachte nichts. Sein Vorverhalten war auch eindeutig. Es gab kein milderes Mittel; die Maßnahme war zudem auf nur eine Stunde beschränkt. Gerade ein Verbringungsgewahrsam scheidet hier aus, da Herr Meier verwirrt wirkte und möglicherweise nicht zurechnungsfähig war. Der Platzverweis und die Gewahrsamnahme waren schließlich auch verhältnismäßig im engeren Sinne. Geschützt wurden durch die polizeiliche Maßnahme die Mitarbeiter, deren Grundrechte, die Rechtsordnung und auch Herr Meier vor sich selbst und seinem Handeln. Beeinträchtigt wurde Herr Meier hinsichtlich seiner Freizügigkeit, (kurzfristiger) Freiheit der Person und der Allgemeinen Handlungsfreiheit.

3.4.3.4 Ermessen

Auch hier war das Ermessen eröffnet („kann"). Die Beamten haben sich nicht von sachfremden Erwägungen leiten lassen; sie haben nicht willkürlich gehandelt.

3.4.3.5 Abschlusssatz

Der Platzverweis mit sich anschließendem Durchsetzungsgewahrsam ist formell und materiell rechtmäßig.

3.5 Endergebnis

Alle getroffenen Maßnahmen sind formell und materiell rechtmäßig.

Fall 6: Der Wildunfall

Schwerpunkte

Formelle Rechtmäßigkeit polizeilicher Maßnahmen, insbesondere mit Bezug auf die sachliche Zuständigkeit; Schusswaffengebrauch gegen Tiere.

Thomas Miethe (M. A.), Polizeihauptkommissar, HSPV NRW

Die beiden Polizeibeamten PHK P und PK Q erhalten im Frühdienst von der Leitstelle einen Einsatz „Wildunfall". Nach dem Eintreffen am Einsatzort stellen sie fest, dass der Autofahrer A, der sich auf dem Weg zur Arbeit befand, auf der Landstraße ein Reh, welches die Straße aus Sicht des A von links nach rechts überquerte, frontal mit seinem Pkw erfasst hat. Am Pkw des A ist durch die Kollision augenscheinlich erheblicher Sachschaden entstanden. Das Reh liegt noch lebend am Fahrbahnrand, ist aber offenkundig so schwer verletzt, dass eine Genesung ausgeschlossen ist. PHK P fordert seinen Kollegen, den PK Q auf, dass verletzte Tier zu erschießen, um es von seinem Leid zu erlösen. PK Q ist aber der Meinung, dass das Erschießen des Rehs in den Aufgabenbereich des zuständigen Jagdausübungsberechtigten fällt und weigert sich, das Tier zu töten. Daraufhin entschließt sich P, das Tier selbst mit seiner Dienstwaffe zu erlegen. Um eine Gefährdung für Unbeteiligte auszuschließen, zieht P das Reh vor der Schussabgabe in den nahegelegenen Straßengraben und feuert kurz darauf aus geringer Entfernung mehrfach auf den Kopf und den Brustraum des Tieres, was zu einem sofortigen Ableben des Rehs führt.

Anschließend nehmen P und Q den Verkehrsunfall auf. Im Rahmen der Befragung gibt der A an, dass er eine Kollision mit dem Reh trotz ständiger Aufmerksamkeit und angemessener Fahrgeschwindigkeit nicht habe vermeiden können, weil das Reh kurz vor ihm plötzlich die Fahrbahn überquert habe. PK Q füllt eine Unfallmitteilung aus, in die er auch die Personalien des zuständigen Jagdausübungsberechtigten in das Feld für den Unfallbeteiligten (UB) 02 einträgt. Danach händigt er die Unfallmitteilung an A aus.

Hinweis
Sofern erforderlich, kann von der Rechtmäßigkeit inzident zu prüfender Maßnahmen ausgegangen werden.

Aufgaben

1. Prüfen Sie, ob die Schussabgabe auf das Reh rechtmäßig war.
2. Prüfen Sie, ob die Datenübermittlung rechtmäßig war.

1. Rechtmäßigkeit der Schussabgabe auf das Reh

1.1 Ermächtigung

Es ist zunächst zu prüfen, ob das polizeiliche Handeln einer Ermächtigungsgrundlage bedarf. Nach dem Grundsatz des Vorbehalts des Gesetzes ist eine Ermächtigungsgrundlage, die auf ein verfassungsmäßiges Gesetz zurückzuführen ist, erforderlich, wenn das polizeiliche Handeln in Grundrechte eingreift.

Vorliegend könnte der Jagdausübungsberechtigte A in seinem Grundrecht aus Art. 14 GG beeinträchtigt worden sein. Gemäß Art. 14 Abs. 1 Satz 2 GG werden sowohl der Inhalt als auch die Schranken des Eigentums durch die Gesetze bestimmt. Dies hat zur Folge, dass sich Inhalt und Wesen des „Eigentums" i. S. d. Art. 14 GG und die sich daraus ergebenden Befugnisse des Berechtigten nur aus einer Zusammenschau aller zum jeweiligen Zeitpunkt geltenden, die Eigentümerstellung regelnden gesetzlichen Vorschriften ergeben.[1] Ein solches Recht zugunsten des Jagdausübungsberechtigten könnte sich aus § 1 BJagdG ergeben. Nach § 1 Abs. 1 BJagdG beinhaltet das Jagdrecht die ausschließliche Befugnis zur Jagd und Aneignung von Wild in einem bestimmten Gebiet. Das sich hieraus ergebende Aneignungsrecht erstreckt sich nach der ausdrücklichen Regelung aus § 1 Abs. 5 BJagdG ebenfalls auf krankes oder verendetes Wild. Nach wohl h. M.[2] werden auch verunfallte Tiere dem Krankheitsbegriff unterstellt, sodass ein gesetzliches Aneignungsrecht zu bejahen ist. Demnach steht dem Jagdausübungsberechtigten ein Eigentumsrecht i. S. d. Art. 14 GG zu.

1 BVerfGE 58, 300 (336).
2 *Metzger* in Erbs/Kohlhaas, Strafrechtliche Nebengesetze, Werkstand 245. EL Februar 2023 § 1 BJagdG Rn. 22.

Weiterhin ist zu prüfen, ob die polizeiliche Schussabgabe in dieses Grundrecht eingreift. Nach der klassischen Definition sind Grundrechtseingriffe alle hoheitlichen Maßnahmen, die final und unmittelbar in verfassungsrechtlich geschützte Rechtspositionen eingreifen.[3] Dagegen erfasst der erweiterte Eingriffsbegriff jede Beeinträchtigung des Schutzbereichs eines Grundrechts durch die öffentliche Gewalt und damit unabhängig von der Handlungsform (beispielsweise Verwaltungsakt oder Realakt) und unabhängig davon, ob dieser final und unmittelbar erfolgt oder eben nicht.[4]

Ein Eingriff in den Schutzbereich ist hier wie folgt zu begründen: Gemäß § 3 Abs. 1 Nr. 5 Tier-LMHV darf lediglich „erlegtes Wild" unter bestimmten Voraussetzungen an Verbraucher abgegeben werden. Der Begriff des „Erlegens" wird dabei § 2 Abs. 1 Nr. 2 Tier-LMHV als das Töten nach jagdrechtlichen Vorschriften definiert. Sofern das verunfallte Wild gerade nicht nach jagdrechtlichen Vorschriften durch PHK P getötet wird, kommt eine Abgabe des Fleisches an Verbraucher nicht mehr in Betracht, sondern kann allenfalls im häuslichen Bereich des Jagdausübungsberechtigten verzehrt werden (vgl. §§ 2b, c Tier-LMHV). Aufgrund der dargestellten Einschränkungen zulasten des Jagdausübungsberechtigten ist die Tötung des Rehs durch PHK P als Eingriff in den Schutzbereich des Art. 14 GG zu bewerten.

Die Schussabgabe ist ein Realakt und erfolgt mit präventiver Zielrichtung. Ausweislich des Sachverhalts erfolgt die Tötung des Rehs, um dieses von seinem offenkundigen Leiden zu befreien.

Als Ermächtigungsgrundlage für den polizeilichen Schusswaffengebrauch kommt lediglich § 50 Abs. 2 PolG NRW in Betracht.

1.2 Formelle Rechtmäßigkeit

Zu prüfen ist, ob die handelnden Beamten sachlich und örtlich zuständig sind. Generell ergibt sich die sachliche Zuständigkeit aus der Aufgabenbeschreibung (u. a. § 1 PolG NRW) und der sog. organisationellen Zuständigkeit (beispielsweise §§ 10 ff. POG NRW). Vorliegend könnte sich die sachliche Zuständigkeit aus §§ 1 Abs. 1 Satz 1 und 3 PolG NRW i. V. m. 11 Abs. 1 Nr. 1 POG NRW ergeben. Demnach hat die Polizei Gefahren für die öffentliche Sicherheit abzuwehren. Die öffentliche Sicherheit umfasst die Unverletzlichkeit der Rechtsordnung, die Funktionsfähigkeit des Staates und seiner Organe, so-

---

3 BVerfGE 105, 279 (299 f.).
4 *Herdegen* in Dürig/Herzog/Scholz, GG, 99. EL September 2022, GG Art. 1 Abs. 3 Rn. 40.

wie alle Individualrechtsgüter.[5] Demgegenüber stellt sich die öffentliche Ordnung als die Summe aller ungeschriebenen Regeln dar, deren Befolgung als unentbehrliche Voraussetzung für ein geordnetes menschliches Zusammenleben angesehen wird.[6] Vorliegend kommt eine Gefahr für die öffentliche Sicherheit in Ausprägung der Unverletzlichkeit der Rechtsordnung in Betracht. Gemäß Art. 20a GG sind Umwelt- und Tierschutz als Staatszielbestimmungen für alle staatlichen Organe verpflichtend zu beachten. Bezogen auf das Staatsziel Tierschutz bedeutet dies, dass das Leiden von Tieren auf ein unbedingtes Minimum zu reduzieren ist.[7] Indes muss der öffentlichen Sicherheit zumindest eine abstrakte Gefahr drohen. Diese ist gegeben, wenn bei ungehindertem Geschehensablauf infolge eines Zustands oder eines Verhaltens nach der Lebenserfahrung mit hinreichender Wahrscheinlichkeit eine Störung der öffentlichen Sicherheit oder Ordnung zu erwarten ist.[8] Bezogen auf den Sachverhalt ist eine Gefahr für die öffentliche Sicherheit zu bejahen. Das anhaltende und offenkundige Leiden des Tieres gefährdet die Rechtsordnung in Ausprägung der Staatszielbestimmung Tierschutz. Zu beachten ist, dass die Polizei gem. § 1 Abs. 1 Satz 3 PolG NRW im Rahmen ihrer subsidiären Zuständigkeit nur dann tätig werden darf, wenn andere Behörden (vgl. § 1 OBG NRW) nicht oder nicht rechtzeitig tätig werden können, was im vorliegenden Sachverhalt unproblematisch unterstellt werden darf. Unstreitig handelt die Polizei im Rahmen des Amtswalterprinzips durch ihre Amtswalter PHK P und PK Q. Beide sind Angehörige der zuständigen Kreispolizeibehörde i. S. d. §§ 10, 11 Abs. 1 Nr. 1 POG NRW. Im Ergebnis ist die sachliche Zuständigkeit gegeben.

Die örtliche Zuständigkeit ergibt sich unproblematisch aus § 7 Abs. 1 POG NRW.

Da es sich bei dem Schusswaffengebrauch um einen Realakt handelt, sind die Form- und Verfahrensvorschriften[9] nicht zu erörtern.

Der Schusswaffengebrauch ist formell rechtmäßig.

---

5 *Schmidt,* Fälle zum Polizei- und Ordnungsrecht, 8. Aufl. 2018, S. 3; *Scheu/Jochem,* JuS 2022 S. 330 (333).

6 *Gusy,* Polizei- und Ordnungsrecht, 10. Aufl. 2018, Rn. 79 ff.

7 *Rux* in BeckOK Grundgesetz, 54. Ed. Stand: 15.6.2024, Art. 20a Rn. 26 f.; aus polizeilicher Sicht ist der Straftatbestand des § 17 TierSchG zu beachten. Vgl. dazu *Pfohl* in MünchKomm StGB, 4. Aufl. 2022, TierSchG § 17.

8 *Schütte/Braun/Keller,* Eingriffsrecht Nordrhein-Westfalen, S. 10 Rn. 14.

9 Vgl. dazu *Schmidt,* Polizei- und Ordnungsrecht, 22. Aufl. 2022, Rn. 618 ff.

1.3 Materielle Rechtmäßigkeit

Die Ermächtigungsgrundlage für die Schussabgabe auf das Reh könnte sich aus § 50 Abs. 2 PolG NRW ergeben. In Abgrenzung zu § 50 Abs. 1 PolG NRW ist diese Norm einschlägig, wenn vor der Anwendung von Verwaltungszwang kein Verwaltungsakt erlassen werden konnte. Voraussetzung ist indes, dass die Zulässigkeitsvoraussetzungen der Ermächtigungsgrundlage beachtet worden sind. Dazu müsse zunächst eine gegenwärtige Gefahr vorliegen.

Eine gegenwärtige Gefahr ist eine Sachlage, bei der die Einwirkung des schädigenden Ereignisses bereits begonnen hat oder bei der diese unmittelbar oder in allernächster Zeit mit einer an Sicherheit grenzender Wahrscheinlichkeit bevorsteht.[10] Bezugnehmend auf die Ausführungen zur formellen Rechtmäßigkeit ist das Vorliegen einer gegenwärtigen Gefahr aufgrund der Tatsache, dass das Leiden des angefahrenen Tieres anhält, unproblematisch zu bejahen.

Darüber hinaus muss das Handeln der Polizeibeamten notwendig gewesen sein. Notwendigkeit in diesem Kontext ist gegeben, wenn der polizeiliche Erfolg gefährdet oder vereitelt würde, wenn die Polizei im gestreckten Verfahren (d. h. im Verfahren nach § 50 Abs. 1 PolG NRW) vorginge.[11] Auch diese Tatbestandsvoraussetzung ist vorliegend erfüllt. So ist der zuständige Jagdausübungsberechtigte als Adressat einer polizeilichen Verfügung ausweislich des Sachverhalts nicht vor Ort. Auf dessen Eintreffen kann aufgrund des erheblichen Leids des Rehs nicht gewartet werden.

Schließlich müsste die Polizei innerhalb ihrer Befugnisse handeln. Diese Voraussetzung ist gegeben, wenn die Polizei zum Erlass eines hypothetischen Verwaltungsakts gegenüber dem Adressaten berechtigt gewesen wäre. Das ist dann der Fall, wenn die handelnden Beamten zuständig gewesen und die materiell-rechtlichen Voraussetzungen für deren Erlass vorgelegen hätten.[12] Laut Bearbeitungshinweis kann die Rechtmäßigkeit des fiktiven Verwaltungsakts, der beispielsweise auf Grundlage des § 8 Abs. 1 PolG NRW gegenüber dem zuständigen Jagdausübungsberechtigten hätte erlassen werden können, ausgegangen werden. Damit liegen die Tatbestandsvoraussetzungen der Ermächtigungsgrundlage aus § 50 Abs. 2 PolG NRW vor.

---

10 *Graulich* in Lisken/Denninger, Handbuch des Polizeirechts, 7. Aufl. 2021, Rn. 149.
11 *Ogorek* in BeckOK PolR NRW, 25. Ed. 15. 4. 2023, PolG NRW § 50 Rn. 17.
12 Vgl. *Bialon/Springer*, Fälle zum Eingriffsrecht, 3. Aufl. 2020, S. 169.

In der Rechtsfolge[13] ist die Polizei zur Anwendung von Verwaltungszwang ohne vorangegangenen Verwaltungsakt berechtigt, wobei sich die zulässigen Zwangsmittel abschließend aus § 51 Abs. 1 PolG NRW ergeben. Vorliegend ist zu prüfen, ob das Handeln der Polizeibeamten eine Ersatzvornahme i. S. d. § 52 PolG NRW oder eine Form des unmittelbaren Zwanges (gegen Sachen) i. S. d. § 55 PolG NRW ist.

Die Differenzierung ist auch deshalb von praktischer Bedeutung, weil das PolG NRW nur für die Fälle einer Ersatzvornahme, nicht aber für Maßnahmen des unmittelbaren Zwanges, eine Kostenerstattungspflicht vorsieht.[14] Dabei kommt eine Ersatzvornahme generell nur bei vertretbaren Handlungen in Betracht. Diese kennzeichnen sich dadurch, dass sie sowohl durch den Pflichtigen selbst als auch durch Dritte vorgenommen werden kann. Handelt die Polizei anstelle des Pflichtigen, so liegt eine Ersatzvornahme im Sinne einer Selbstvornahme vor. Die notwendige Abgrenzung zwischen Ersatzvornahme (§ 52 PolG NRW) und unmittelbarem Zwang (§ 55 PolG NRW) erfolgt nach h. L. im Falle einer Einwirkung auf Sachen[15] danach, ob sowohl die Art und Weise der Einwirkung als auch der Erfolg der Maßnahme identisch mit dem Handeln des Pflichtigen wäre.[16] Bezogen auf den vorliegenden Sachverhalt verhält es sich so, dass der Erfolg zwar identisch wäre (schließlich würden sowohl der zuständige Jagdausübungsberechtigte als auch die handelnden Beamten das Tier töten), gleichwohl dürfte die Art und Weise der Tötung regelmäßig schon deshalb differieren, weil Polizeibeamten regelmäßig (aber nicht notwendigerweise) eine entsprechende jagdrechtliche Ausbildung fehlt.

Nach dem zuvor Gesagten kommt sowohl eine Ersatzvornahme als auch ein Handeln in Form des unmittelbaren Zwanges in Betracht. Im Folgenden soll dennoch davon ausgegangen werden, dass ein Fall des unmittelbaren Zwanges gegeben ist, weil PHK P mehrfach mit seiner Pistole auf Kopf und Brustraum des Rehs schießt.

Die Verwendung der Schusswaffe stellt sich als Form des unmittelbaren Zwanges i. S. d. § 51 Abs. 1 Nr. 3 PolG NRW dar. Gemäß § 55 Abs. 1 PolG NRW ist die Anwendung unmittelbaren Zwanges nur zu-

---

13 Teilweise werden die folgenden Inhalte auch als „Art und Weise der Zwangsanwendung" bezeichnet, ohne dass sich indes eine inhaltliche Änderung ergäbe.

14 *Kingreen/Poscher*, Polizei- und Ordnungsrecht, 12. Aufl. 2022, § 25 Rn. 9 ff.

15 Die Einwirkung auf Menschen stellt sich immer als unmittelbarer Zwang dar; vgl. *Schütte/Braun/Keller*, Polizeigesetz Nordrhein-Westfalen, § 52 Rn. 9.

16 Übersicht bei *Ogorek* in BeckOK PolR NRW, 25. Ed. 15.4.2023, PolG NRW § 52 Rn. 8.

lässig, wenn andere Zwangsmittel nicht in Betracht kommen, keinen Erfolg versprechen oder unzweckmäßig sind. Als andere Zwangsmittel kämen ausschließlich die Ersatzvornahme und das Zwangsgeld in Betracht, wobei deren Anwendbarkeit schon aufgrund der zeitlichen Dringlichkeit ausscheiden. Damit liegen die Voraussetzungen des § 55 Abs. 1 PolG NRW vor.

Nach der Legaldefinition aus § 58 Abs. 1 PolG NRW ist unmittelbarer Zwang die Einwirkung auf Personen oder Sachen mit einfacher körperlicher Gewalt, Hilfsmitteln oder Waffen, wobei die zulässigen Waffen in § 58 Abs. 4 PolG NRW abschließend aufgezählt sind. Demnach handelt es sich bei der Tötung des Rehs um die Anwendung unmittelbaren Zwanges gegen Sachen (vgl. § 90a BGB)[17] mit Schusswaffen.

Gemäß § 57 Abs. 1 PolG NRW gelten für die Art und Weise der Anwendung unmittelbaren Zwanges die §§ 58–66 PolG NRW. Da es sich vorliegend gerade nicht um einen Schusswaffengebrauch gegen Personen handelt, ist lediglich § 63 Abs. 1 Satz 1, Abs. 4 PolG NRW zu erörtern. Demnach dürfen Schusswaffen nur gebraucht werden, wenn andere Maßnahmen des unmittelbaren Zwanges keinen Erfolg versprechen oder unzweckmäßig sind. Dabei liegt auf der Hand, dass eine möglichst humane Tötung des Rehs den Einsatz einer Schusswaffe erfordert. Auch die Regelung des § 63 Abs. 4 PolG NRW wurde durch PHK P beachtet, da dieser vor dem Schusswaffeneinsatz das verletzte Tier in einen Straßengraben zog, um die Gefahr für Unbeteiligte durch abprallende Geschosse auszuschließen. Im Ergebnis ist damit festzustellen, dass sich die handelnden Beamten innerhalb der gesetzlichen Rechtsfolge bewegen.

Die besonderen Verfahrensvorschriften beziehen sich regelmäßig auf die Androhung (vgl. §§ 51 Abs. 2, 56 Abs. 1 und 61 Abs. 1 PolG NRW), beziehungsweise auf die Hilfeleistungspflicht für Verletzte (§ 60 PolG NRW). Da der Schusswaffengebrauch vorliegend als Maßnahme des unmittelbaren Zwanges qualifiziert wurde, scheidet ebenfalls die Anwendung des § 56 Abs. 4 PolG NRW aus. Im Ergebnis sind damit keine besonderen Verfahrensvorschriften zu beachten. Der Schusswaffengebrauch gegen Sachen darf durch jeden Polizeibeamten angeordnet werden und somit auch durch die einschreitenden Polizisten.

Als Adressat wird diejenige Person bezeichnet, in deren verfassungsrechtlich verbrieften Rechtskreis eingriffen wird. Im Rahmen der bisherigen Ausführungen konnte dargelegt werden, dass es sich hierbei um den zuständigen Jagdausübungsberechtigten handelt. Die

17 Siehe auch OVG Münster NVwZ 2001 S. 227.

polizeiliche Adressatenregelung ergibt sich nach hier vertretener Auffassung aus § 5 Abs. 2 Satz 1 PolG NRW.[18]

Ferner ist zu prüfen, ob PHK P ermessensfehlerfrei gehandelt hat, wobei zu beachten ist, dass der Polizei im Rahmen präventiver Maßnahmen sowohl Entschließungs-, als auch Auswahlermessen eingeräumt wird. Eine sog. „Ermessensreduzierung auf Null" kommt nach der Rechtsprechung sowohl in Bezug auf das Auswahl- als auch des Entschließungsermessens insbesondere dann in Betracht, wenn Rechtsgütern von bedeutendem Wert erhebliche Schäden drohen und anderweitige Maßnahmen zur Gefahrenabwehr ausscheiden.[19] Bezogen auf den vorliegenden Sachverhalt dürfte eine „Ermessensreduzierung auf Null" einerseits mit der Aufnahme des Tierschutzes in den Staatszielkanon des Art. 20a GG und darüber hinaus mit dem akuten Leiden des schwer verletzten Tieres im konkreten Einzelfall zu begründen sein. Ermessenfehler sind damit (zumindest bezogen auf das Handeln des PHK P) nicht festzustellen.

Letztlich müsste der Schusswaffengebrauch gegen das Reh dem Übermaßverbot entsprechen, d. h. geeignet, erforderlich und ver hältnismäßig im engeren Sinne sein. Nach den bisherigen Ausführungen dürfte die Tötung des Rehs unproblematisch dem Übermaßverbot entsprechen.

1.4 Ergebnis

Die Schussabgabe auf das Reh ist somit als rechtmäßig zu qualifizieren.

2. Prüfung der Rechtmäßigkeit der Datenübermittlung an den A

2.1 Vorüberlegung

Indem PK Q die Personalien des Jagdausübungsberechtigten in die polizeiliche Unfallmitteilung eintrug und diese anschließend an den Fahrzeugführer A aushändigte, könnte in das Recht auf informationelle Selbstbestimmung aus Art. 2 Abs. 1 i. V. m. Art. 1 Abs. 1 GG eingegriffen worden sein. Schon mit dem Volkszählungsurteil[20] hat das BVerfG den Schutzbereich des Grundrechts auf informationelle Selbstbestimmung entwickelt und erstmalig festgestellt, dass jede Verwendung und Verarbeitung personenbezogener Daten auf be-

18 Teils wird bei Wildtieren auch auf § 6 PolG NRW Bezug genommen, vgl. *Wittreck/Barczak* in BeckOK PolR NRW, 25. Ed. 15.4.2023, PolG NRW § 5 Rn. 12.
19 Vgl. BVerwG NJW 1961 S. 793.
20 BVerfGE 65, 1 ff.

stimmte, gesetzlich zu bestimmende Zwecke beschränkt sein muss und daher einer bereichsspezifischen Befugnisnorm bedarf. Dieses Grundrecht soll den Einzelnen in die Lage versetzen, selbst darüber zu entscheiden, ob und ggfs. unter welchen Umständen die persönlichen Daten verwendet werden sollen.[21] Ein Eingriff in das Grundrecht auf informationelle Selbstbestimmung liegt regelmäßig[22] vor, wenn staatliche Stellen personenbezogene Daten erheben oder verarbeiten.[23]

Dabei mag ein Eingriff immer dann vorliegen, wenn dem Einzelnen ein Verhalten, welches in den Schutzbereich eines Grundrechts fällt, durch die staatlichen Organe ganz oder teilweise unmöglich gemacht wird,[24] wobei nach der Rechtsprechung des BVerfG ein (mittelbarer) Eingriff bereits bejaht wird, wenn das staatliche Handeln in Zielrichtung und Wirkung einem solchen Tun gleichkommt.[25]

Durch die Weitergabe seiner Personalien an den Autofahrer A wurde im Ergebnis unstreitig in das Recht auf informationelle Selbstbestimmung des Jagdausübungsberechtigten eingegriffen.

Die Weitergabe der Personalien erfolgt zum Schutz privater Rechte und hat demnach eine präventive Zielrichtung.

Als Ermächtigungsgrundlage kommt § 27 Abs. 3 PolG NRW in Betracht.

2.2 Formelle Rechtmäßigkeit

Zu prüfen ist, ob die handelnden Beamten sachlich und örtlich zuständig sind. Vorliegend könnte sich die sachliche Zuständigkeit aus § 1 Abs. 1 Satz 1, Abs. 2 PolG NRW i. V. m. § 11 Abs. 1 Nr. 1 POG NRW ergeben. Demnach hat die Polizei Gefahren für die öffentliche Sicherheit abzuwehren. Die öffentliche Sicherheit umfasst dabei die Unverletzlichkeit der Rechtsordnung, die Funktionsfähigkeit des Staates und seiner Organe sowie alle Individualrechtsgüter.[26] Im vorliegenden Sachverhalt kommt eine Gefahr für das polizeiliche Schutzgut „öffentliche Sicherheit" in Ausprägung des Individualrechtsguts „Ei-

21 *Di Fabio* in Dürig/Herzog/Scholz, 99. EL München September 2022, GG Art. 2 Abs. 1 Rn. 175.
22 Eine Ausnahme von diesem Grundsatz kommt bspw. dann in Betracht, wenn eine Aufzeichnung anonym erfolgt und unverzüglich spurenlos gelöscht wird, BVerfGE 120, 378.
23 BVerfGE 65, 1.
24 Vgl. dazu *Hobusch*, JA 2019 S. 278 (280).
25 BVerfGE 105, 252 (273).
26 *Schmidt*, Fälle zum Polizei- und Ordnungsrecht, 8. Aufl. 2018, S. 3; *Scheu/Jochem*, JuS 2022 S. 330 (333).

gentum" in Betracht. Durch die Kollision mit dem Reh entstand ausweichlich des Sachverhalts erheblicher Sachschaden am Pkw des A. Die Gefahr für das Individualrechtsgut Eigentum lässt sich indes nicht mit dem (bereits eingetretenen) Schaden am Fahrzeug des A begründen. Das Ziel der polizeilichen Maßnahmen besteht vielmehr darin, dass etwaige Verursacher ermittelt und deren Personalien an den Geschädigten übermittelt werden. Auf diese Weise sollen Geschädigte in die Lage versetzt werden, ihre zivilrechtlichen Ansprüche (zur Legaldefinition vgl. § 194 Abs. 1 BGB) vor den Zivilgerichten geltend zu machen. Zu beachten ist, dass die Geltendmachung und Durchsetzung dieser zivilrechtlichen Ansprüche gem. Art. 92 GG den Gerichten übertragen und damit der polizeilichen Zuständigkeit entzogen wurden.[27] Folgerichtig ergibt sich aus § 1 Abs. 1 Satz 1 i. V. m. § 1 Abs. 2 PolG NRW die polizeiliche Aufgabe zum Schutz, nicht aber zur Durchsetzung privater Rechtsansprüche. Im Folgenden ist daher festzustellen, ob die (teils ungeschriebenen) Voraussetzungen des § 1 Abs. 2 PolG NRW gegeben sind. Insbesondere muss ein (mutmaßlicher) Antrag des Berechtigten vorliegen, das Vorhandensein eines zivilrechtlichen Anspruchs muss offenkundig sein, bzw. glaubhaft gemacht werden und darüber hinaus muss ohne polizeiliches Einschreiten die Gefahr bestehen, dass die Verwirklichung des Anspruchs vereitelt oder wesentlich erschwert werde.[28] Von einem ausdrücklichen Antrag des A ist zwar keine Rede, wobei zumindest ein mutmaßlicher Antrag angenommen werden könnte. Allerdings ist festzustellen, dass ein zivilrechtlicher Anspruch des Autofahrers A gegen den Jagdausübungsberechtigten weder offenkundig ist noch glaubhaft gemacht werden kann. Vielmehr verhält es sich so, dass eine Haftung des Jagdausübungsberechtigten im Falle eines Verkehrsunfalls, der durch Wildwechsel verursacht worden ist, ausscheidet.[29]

Im Ergebnis ist festzustellen, dass die Voraussetzungen der sachlichen Zuständigkeit zum Schutz privater Rechte gem. § 1 Abs. 1 Satz 1 i. V. m. § 1 Abs. 2 PolG NRW i. V. m. § 11 Abs. 1 Nr. 1 POG NRW nicht gegeben sind. Die Maßnahme ist formell rechtswidrig.

2.3 Ergebnis

Die Weitergabe der personenbezogenen Daten des Jagdausübungsberechtigten an den Autofahrer A ist rechtswidrig.

27 *Gusy/Worms* in BeckOK PolR NRW, 25. Ed. 15.4.2023, PolG NRW § 1 Rn. 221.
28 Zu alledem: *Gusy/Worms* in BeckOK PolR NRW, 25. Ed. 15.4.2023, PolG NRW § 1 Rn. 223.
29 OLG Hamm vom 7.11.1956 – 3 W 181/56.

Staatsrecht

Fall 7: Aufregung im Hotel

Schwerpunkte

Betreten eines Hotelzimmers, Art. 13 GG, Personenmitnahme zu einer Polizeiwache, Art. 2 Abs. 2 GG, Festnahme einer Person, Art. 2 Abs. 2 GG

Prof. Dr. Frank Braun, HSPV NRW

Sachverhalt

Die Polizeibeamten PK Weller und PK Baum werden um ca. 20.30 Uhr zu einem Düsseldorfer Hotel gehobener Klasse gerufen. Dort beklagt eine ältere Dame namens Hannelore den Verlust ihrer Handtasche. Sie gibt an, vor etwa einer Stunde an der Hotelbar gestanden zu haben. Als sie zahlen wollte, habe sie ihre haselnussbraune Luis-Vuitton-Tasche auf den nebenstehenden freien Barhocker gelegt. Danach sei die Tasche verschwunden gewesen. Man müsse sie ihr gestohlen haben. Die Tasche sei ein extrem teures Modell und habe selbst im gebrauchten Zustand noch einen Wert von ca. 1500,– Euro. Im Innenfutter befände sich eine unverwechselbare Stickerei („Von Heino für Hannelore in Liebe").

Während die Beamten den Diebstahl aufnehmen, stürzt ein aufgeregter Mann aus dem Fahrstuhl. Er ruft, die Beamten sollten sofort in den ersten Stock zu Zimmer 6 eilen. Dort werde eine Frau gegen ihren Willen festgehalten. Aus dem Zimmer drängen Hilferufe und Schreie. Als die Beamten zu dem Zimmer gehen, nehmen sie Schreie und lautes Klopfen wahr. Immer wieder wird gerufen: „Lass mich raus, du Sau! Lass mich gehen!" Als die Beamten an der Zimmertür klopfen und sich als Polizeibeamte zu erkennen geben, öffnet ein nur mit einem weißen Bademantel bekleideter Mann, Dr. Otte, die Tür einen Spalt weit. Er meint, es sei alles in Ordnung, er habe nur einen kleinen Streit mit seiner Freundin, und bittet die Beamten zu gehen. Diese hören ein

Poltern aus dem Badezimmer und betreten sodann gegen den Willen von Dr. Otte das Hotelzimmer. Sie bitten ihn, das versperrte Badezimmer zu öffnen und staunen danach nicht schlecht. Im Badezimmer befindet sich eine attraktive junge Dame, nur mit Reizwäsche bekleidet, einen leichten Sommermantel in der einen und eine haselnussbraunen Luis-Vuitton-Tasche in der anderen Hand.

Als die Beamten das Geschehen aufzuklären versuchen, stoßen sie bei der Dame auf heftigen Widerstand. Sie schweigt beharrlich. Der nervöse Dr. Otte hingegen ist sehr redselig; er besteht lediglich darauf, dass seine Ehefrau nichts von den Geschehnissen erfahre. Glaubwürdig berichtet Dr. Otte, er sei Messebesucher und wollte sich heute Abend etwas gönnen. Er habe sich eine Prostituierte über ein einschlägiges Internetportal ins Hotel bestellt; diese sei die besagte Dame, die sich bei ihm als „Jane" vorgestellt habe. Dabei habe er das „volle Programm" gebucht, wie es im Internet explizit angeboten worden sei, und ihr in Vorkasse 1000,– Euro ausgehändigt. Als es dann „losging", habe die Dame für sexuelle Praktiken, die vom „Vollprogramm" erfasst sind, einen Extra-Zuschlag verlangt. Daraufhin sei es zum Streit gekommen, der so geendet habe, dass die Prostituierte aus dem Bett gesprungen, ihr auf dem Nachttisch liegendes Handy gegriffen habe und ins Bad gestürmt sei, um Mantel und Tasche zu holen und das Hotel zu verlassen. Daraufhin habe O geistesgegenwärtig die Badezimmertür abgesperrt. Er hätte „Jane" erst rausgelassen, wenn sie die vereinbarten Leistungen erbracht oder ihm die 1000,– Euro zurückerstattet hätte. Beides habe sie nicht gewollt.

Die Beamten schätzen die Angaben von Dr. Otte als sehr glaubwürdig ein. Als „Jane" damit konfrontiert wird, schweigt sie weiter. Danach werfen die Beamten einen Blick in die Handtasche. Das Innenfutter ist mit einem Monogramm „Von Heino für Hannelore in Liebe" bestickt und in einem Seitenfach findet sich eine Herrenuhr Marke Rolex, Modell Daytona. Dr. Otte staunt nicht schlecht. Das sei seine Uhr. Diese habe er vorhin auf das Nachttischchen gelegt und ihren Verlust erst jetzt bemerkt. Auf der Rückseite der Nobel-Uhr ist der Name von Dr. Otte eingraviert.

Währenddessen fällt PK Weller auf, dass sich auf dem Schreibtisch des Hotelzimmers neben zwei leeren Sektgläsern und einer Pikkoloflasche weiße, linienartige Rückstände eines weißen Pulvers abzeichnen. Auf Vorhalt gibt Otte zu, es handele sich um Kokain. Er sei Gelegenheitskokser und habe bei der Anreise ca. 2 Gramm der Substanz in Bahnhofsnähe erworben. Es sei noch etwa 1 Gramm übrig, das er den Beamten auf Verlangen aushändigt.

„Jane“, die zu keinerlei Auskunft bereit ist, wird schließlich von den Beamten zur nahegelegenen Wache mitgenommen. Dort soll die erforderliche Feststellung der Personalien mittels erkennungsdienstlicher Maßnahmen erfolgen. Auf die Verständigung eines Richters verzichten die Beamten. Sie meinen, dass die Identität der Frau rasch festgestellt werden könne. Das abgebrühte Vorgehen von „Jane“ deute auf „einschlägige“ Erfahrungen hin und man gehe davon aus, dass die Dame bereits polizeilich in Erscheinung getreten ist. Tatsächlich kann nach Durchführung erkennungsdienstlicher Maßnahmen und einem Abgleich mit polizeilichen Datenbanken innerhalb von 30 Minuten die Identität von „Jane“ festgestellt werden. „Jane“ heißt mit bürgerlichem Namen Svetlana Supanova. Sie ist ukrainische Staatbürgerin und hat in Deutschland keinen festen Wohnsitz. Sie ist mit Dimitri Supanov verheiratet, der mit Haftbefehl gesucht wird und sich derzeit vermutlich in der Ukraine aufhält. Aufgrund dieser Informationen wird Svetlana vorläufig festgenommen. Es ist mittlerweile 22 Uhr. Einem Haftrichter wird sie erst am nächsten Tag um 14 Uhr vorgeführt. Es war „so viel Stress mit anderen Sachen“, dass kein Beamter mehr daran gedacht hatte, den Fall „Jane“ weiter zu bearbeiten. So wurde z. B. keine Festnahmeanzeige geschrieben, die Kriminalpolizei nicht miteinbezogen oder die Staatsanwaltschaft verständigt.

Aufgaben

Erster Teil: Prüfen Sie die Verfassungsmäßigkeit folgender polizeilicher Maßnahmen:

1. Das Eindringen in das Hotelzimmer, das dortige Umsehen und Sich-Aufhalten
2. Die Mitnahme von „Jane“ zur Wache
3. Die vorläufige Festnahme von „Jane“

Hinweis

Von der Verfassungsmäßigkeit der gesetzlichen Ermächtigungsgrundlagen darf ausgegangen werden. Soweit die Prüfung der Anwendung einer Ermächtigungsgrundlage erforderlich ist, ist nur auf besondere verfassungsrechtliche Verfahrensvorschriften und die Verhältnismäßigkeit einzugehen.

Zweiter Teil: In welche Grundrechte wird eingegriffen …

1. … durch die Durchsuchung der Tasche?
2. … durch die Wegnahme des Kokains?
3. … durch die Befragung von Dr. Otte, was das für ein weißes Pulver sei und ob er Drogen konsumiert habe?

Lösungsvorschlag

Erster Teil

1. Verfassungsmäßigkeit des Eindringens in das Hotelzimmer

In Betracht kommt eine Verletzung des Wohnungsgrundrechts aus Art. 13 Abs. 1 GG.

1.1 Schutzbereich

Art. 13 Abs. 1 GG schützt die *räumliche Privatsphäre* und damit das grundlegende Bedürfnis, einen von der Öffentlichkeit abgeschirmten, individuell geprägten Lebensraum zu haben, in dem der Einzelne das Recht hat, „in Ruhe gelassen zu werden"[1]. Vor diesem Hintergrund ist der verfassungsrechtliche Wohnungsbegriff weit zu verstehen. „Wohnung" sind alle Räume, die der allgemeinen Zugänglichkeit durch eine räumliche Abschottung entzogen sind und zur Stätte privaten Lebens und Wirkens gemacht wurden[2]. Eine solche abgeschirmte Stätte privaten Lebens und Wirkens ist auch das Hotelzimmer[3] des Dr. Otte (O).

Art. 13 Abs. 1 GG enthält keine Einschränkung in persönlicher Hinsicht. Jedermann wird als Inhaber oder Bewohner einer Wohnung geschützt, gleich auf welchem Rechtsverhältnis sein Wohnen beruht. Deshalb ist vorliegend auch O als Hotelgast vom Schutzbereich erfasst und kann sich auf das Wohnungsgrundrecht berufen.

1.2 Eingriff

Indem die Beamten das Hotelzimmer des O gegen dessen Willen betreten und sich dort umsehen, wird in dessen räumliche Privatsphäre eingegriffen.

---

1 Zu Art. 13 GG vgl. *Braun*, Staatsrecht für Polizeibeamte, 2. Aufl. 2022, S. 103 ff.
2 BVerfGE 32, 54.
3 Vgl. *Papier* in Dürig/Herzog/Scholz, GG Kommentar, Art. 13 Rn. 10.

1.3 Verfassungsrechtliche Rechtfertigung

1.3.1 Schranken

Vorliegend kommen nur die qualifizierten Gesetzesvorbehalte aus Art. 13 Abs. 2 GG (Durchsuchung) und Art. 13 Abs. 7 GG (sonstige Eingriffe und Beschränkungen) als Schranke in Betracht.

1.3.1.1 Durchsuchung, Art. 13 Abs. 2 GG

Unter einer Durchsuchung i. S. d. Art. 13 Abs. 2 GG versteht man das ziel- und zweckgerichtete Suchen staatlicher Organe nach Personen oder Sachen oder zur Ermittlung eines Sachverhalts, um etwas aufzuspüren, was der Inhaber der Wohnung nicht von sich aus offenlegen oder herausgeben will[4]. Derartige Handlungen haben die Polizeibeamten nicht vorgenommen. Das Hotelzimmer wurde lediglich zum Zwecke der Gefahrenaufklärung betreten. Eine ziel- und zweckgerichtete Suche hat nicht stattgefunden, sondern eine bloße „Um- und Nachschau" im Zimmer[5]. Die Schrankenregelung des Art. 13 Abs. 2 GG ist demnach nicht einschlägig.

1.3.1.2 Sonstige Eingriffe und Beschränkungen, Art. 13 Abs. 7 GG

Das Betreten des Hotelzimmers könnte aber als „sonstiger Eingriff" i. S. d. Art. 13 Abs. 7 GG zu bewerten sein. Damit sind Beeinträchtigungen des Schutzbereichs gemeint, die weder eine Durchsuchung nach Art. 13 Abs. 2 GG noch einen Einsatz technischer Mittel i. S. d. Art. 13 Abs. Abs. 3, 4 und 5 GG darstellen. Dabei handelt es sich um jedes körperliche Eindringen, Betreten (inkl. „Um- und Nachschau" bzw. „Besichtigen") oder Verweilen staatlicher Organe in von Art. 13 GG geschützten Bereichen, wie hier.

Vorliegend könnte Art. 13 Abs. 7 Alt. 2 GG einschlägig sein. Danach dürfen Einschränkungen *aufgrund eines Gesetzes* zur *Verhütung* dringender Gefahren für die öffentliche Sicherheit und Ordnung vorgenommen werden. Beeinträchtigungen des Grundrechts sind also bereits dann zulässig, wenn sie den Zweck verfolgen, einen Zustand nicht eintreten zu lassen, der seinerseits eine dringende Gefahr für die öffentliche Sicherheit und Ordnung darstellen würde[6]. Das Erfordernis der dringenden Gefahr besteht, „wenn ohne das Einschreiten der Polizei mit hinreichender Wahrscheinlichkeit ein *wichtiges*

---

4 BVerfGE 51, 97 (106).

5 Zu dieser Problematik vgl. *Braun*, Staatsrecht für Polizeibeamte, 2. Aufl. 2022, S. 108 ff.

6 BVerfGE 17, 232 (251 f.); BVerwG NJW 2006 S. 2504 (2505).

Rechtsgut geschädigt würde"[7]. Eine zeitliche Qualifizierung enthält die „dringende Gefahr" – entgegen ihres diesbezüglich missverständlichen Wortlauts – nicht. Die Polizei soll vielmehr in die Lage versetzt werden, Gefahrenlagen zu erforschen.

Gesetzliche Grundlage i. S. d. Art. 13 Abs. 7 Alt. 2 GG ist vorliegend § 41 Abs. 1 Nr. 4 PolG NRW. Diese Regelung geht inhaltlich sogar über die verfassungsrechtlichen Mindestvoraussetzungen hinaus, wenn dort eine *gegenwärtige* Gefahr für bedeutende Rechtsgüter wie Leib, Leben oder Freiheit einer Person gefordert wird. Damit stellt § 41 Abs. 1 Nr. 4 PolG NRW vorliegend eine taugliche Schranke i. S. d. Art. 13 Abs. 7 Alt. 2 GG dar.

1.3.2 Schranken-Schranken

1.3.2.1 Verfassungsmäßigkeit des einschränkenden Gesetzes (§ 41 Abs. 1 Nr. 4 PolG NRW)

Darauf ist laut dem Bearbeitervermerk nicht einzugehen.

1.3.2.2 Verhältnismäßigkeit des Einzelakts

Das Betreten der Wohnung verfolgt einen legitimen Zweck. Es sollen Gefahren für Leib, Leben und Freiheit einer möglicherweise widerrechtlich festgehaltenen Person abgewehrt werden. Hierzu ist die Maßnahme auch zweckförderlich und geeignet. Ebenso war die Maßnahme erforderlich. Ein milderes, gleich wirksames Mittel stand den Beamten nicht zur Verfügung. Zudem war die Maßnahme angemessen. Eine Disproportionalität der auf dem Spiel stehenden Rechtsgüter ist nicht auszumachen. Zwar war der mit dem Eindringen in das Hotelzimmer verbundene Grundrechtseingriff in die räumliche Privatsphäre erheblich. Demgegenüber verfolgte die Maßnahme aber den Schutz überragend wichtiger Rechtsgüter, für deren Verletzung aus Sicht eines objektiven Betrachters eine hohe Wahrscheinlichkeit bestand. Die Beamten mussten zwingend davon ausgehen, dass in dem Hotelzimmer eine Person gegen ihren Willen festgehalten wird.

2. Verfassungsmäßigkeit der Mitnahme von „Jane" zur Wache

In Betracht kommt ein Verstoß gegen das Grundrecht auf Freiheit der Person, Art. 2 Abs. 2 Satz 2 GG.

7 BVerwG NJW 1975 S. 130 (132); *Braun* NVwZ 2000 S. 375 (376).

2.1 Schutzbereich und Eingriff

Art. 2 Abs. 2 Satz 2 GG ist ein Menschenrecht. Alle natürlichen Personen können sich darauf berufen, also auch die J.

Sachlich schützt Art. 2 Abs. 2 Satz 2 GG, anders als sein weitgefasster Wortlaut vermuten ließe, allein die *körperliche Bewegungsfreiheit*[8]. Dies ergibt sich aus dem systematischen Zusammenhang mit Art. 104 GG. Das Grundrecht auf Freiheit der Person garantiert ausschließlich die Freiheit, sich wegzubewegen (*Wegbewegungsfreiheit*)[9].

Vorliegend wird auch in diese Freiheitsgewährleistung eingegriffen. Indem die Beamten die J mit zur Wache nehmen, kann diese sich nicht mehr frei wegbewegen.

Beim Grundrechtseingriff ist nach Art der Beschränkung weiter zu differenzieren. Denn Freiheits*beschränkungen* sind aufgrund eines Gesetzes (Art. 2 Abs. 2 Satz 3 GG) unter den Voraussetzungen von Art. 104 Abs. 1 GG zulässig, Freiheits*entziehungen* unterliegen darüber hinaus den besonderen verfahrensrechtlichen Anforderungen aus Art. 104 Abs. 2–4 GG.

Die Abgrenzung zwischen Freiheitsbeschränkung und Freiheitsentziehung ist dabei stark umstritten Zur Unterscheidung werden vornehmlich die Kriterien der *Zweckrichtung* der Maßnahme und ihrer *Intensität* herangezogen[10]; letztere wird maßgeblich von der Dauer der Beschränkung der körperlichen Bewegungsfreiheit geprägt[11]. Steht also entweder die Einschränkung der Bewegungsfreiheit im Vordergrund einer Maßnahme oder geht sie, wenn auch nicht primär intendiert, über einen nur kurzen Zeitraum hinaus, liegt eine *Freiheitsentziehung* vor[12], für die wegen Art. 104 Abs. 2 Satz 1 GG der Vorbehalt richterlicher Entscheidung gilt. Eine Freiheitsentziehung ist anzunehmen, *wenn jemand ziel- und zweckgerichtet für nicht unerhebliche Zeit an einem eng umgrenzten Ort*[13] *festgehalten werden soll.*

---

8 BVerfGE 94, 166 (198); OVG Münster DVBl. 1982 S. 658 (659); BayVGH NVwZ 2000 S. 454 (455).

9 Sehr strittig. Wie hier *Hildebrandt* in Sensburg, Staats- und Europarecht, 3. Aufl. 2023, S. 567 f. Die Rechtsprechung des BVerfG ist diesbezüglich inkonsequent, vgl. einerseits BVerfGE 94, 166 (198), andererseits dagegen BVerfGE 96, 10 (21); im Übrigen siehe zum Streitstand *Braun*, Staatsrecht für Polizeibeamte, 2. Aufl. 2022, S. 86 f.

10 Dazu zusammenfassend *Lambiris*, Klassische Standardbefugnisse im Polizeirecht, 2002, S. 71 m. w. N.

11 *Stoermer*, Der polizeirechtliche Gewahrsam, 1998, S. 26 ff.

12 *Braun*, Staatsrecht für Polizeibeamte, 2. Aufl. 2022, S. 87 ff.

13 Zu diesem Aspekt BayVGH NVwZ 2000 S. 454 (456).

Unproblematisch liegt eine Freiheitsentziehung vor, wenn gerade durch die Beschränkung der Bewegungsfreiheit das (polizeiliche) Maßnahmeziel unmittelbar erreicht wird, wie z. B. bei einer Ingewahrsamnahme nach § 35 PolG NRW oder einer vorläufigen Festnahme, § 127 StPO. Dies ist hier jedoch nicht der Fall. Übergeordnetes Ziel ist die Feststellung der Identität der J; durch die hierzu erforderliche Beschränkung der Wegbewegungsfreiheit wird dieses Ziel nicht unmittelbar erreicht.

Ist, wie hier, die Einschränkung der Bewegungsfreiheit nur Nebenzweck bzw. unvermeidliche Begleiterscheinung des polizeilichen Handelns, steht als Differenzierungskriterium allein die Intensität der Maßnahme zur Verfügung, sodass die (beabsichtigte) Dauer der Beschränkung der körperlichen Bewegungsfreiheit für die Einordnung des Eingriffs entscheidend ist. Vorliegend soll die Bewegungsfreiheit der J nur für einen geringen Zeitraum erfolgen. Man geht davon aus, dass J nicht länger festgehalten werden muss. Tatsächlich kann deren Identität bereits nach 30 Minuten festgestellt werden, sodass nur ein relativ geringfügiger Eingriff in Form einer *Freiheitsbeschränkung* vorliegt. Die Tatsache, dass J nicht nach Feststellung der Identität entlassen wird, sondern bis zum nächsten Tag weiter festgehalten wird, ist dabei unerheblich. Denn dieses *weitere Festhalten erfolgt auf gesonderter Ermächtigungsgrundlage* (§ 127 Abs. 2 i. V. m. § 112 Abs. 1, 2 Nr. 2 StPO). Die vorläufige Festnahme war beim Verbringen zur Wache, um die Identität der J festzustellen, noch nicht absehbar. Gründe für die Annahme einer Fluchtgefahr i. S. d. § 112 Abs. 2 Nr. 2 StPO ergaben sich erst mit Feststellung der Identität der Verdächtigen. Erst dann erfolgte der Entschluss der Beamten, die J nicht zu entlassen, sondern weiter festzuhalten.

2.2 Verfassungsrechtliche Rechtfertigung

2.2.1 Schranken

Nach Art. 2 Abs. 2 Satz 3 GG besteht ein *einfacher Gesetzesvorbehalt*. Dieser wird allerdings durch Art. 104 GG ergänzt. Nach Art. 104 Abs. 1 Satz 1 GG bedarf ein Eingriff der Rechtfertigung durch ein *förmliches Gesetz*, also ein Parlamentsgesetz, wie etwa die Vorschriften der StPO und des PolG NRW es sind. Vorliegend beruht die Mitnahme der J zur Wache auf § 163b Abs. 1 StPO.

2.2.2 Schranken-Schranken

2.2.2.1 Von der Verfassungsmäßigkeit des einschränkenden Gesetzes (§ 163b StPO) ist nach dem Bearbeitervermerk auszugehen.

2.2.2.2 Besondere verfassungsrechtliche Verfahrensvorschriften

Besondere verfassungsrechtliche Verfahrensvorschriften greifen vorliegend nicht. Solche sind zwar in Art. 104 Abs. 2–4 GG geregelt, greifen aber bei bloßen Freiheitsbeschränkungen, wie hier, nicht.

Dass § 163c StPO die Gewährleistungen des Art. 104 Abs. 2–4 GG darüber hinaus bei jedem „Festhalten" zur Identitätsfeststellung anordnet, unabhängig davon, ob eine Freiheitsbeschränkung oder Freiheitsentziehung vorliegt, ist für die verfassungsrechtliche Prüfung irrelevant.

2.2.2.3 Verhältnismäßigkeit des Einzelakts

Die Freiheitsbeschränkung der J verfolgt einen legitimen Zweck: die Sicherung des Strafverfahrens. Durch das Verbringen zur Wache sollen erkennungsdienstliche Maßnahmen ermöglicht werden, um die Identität der Straftaten dringend verdächtigen J festzustellen. Hierzu ist die Maßnahme geeignet. Zudem müsste die Freiheitsbeschränkung zur Identitätsfeststellung erforderlich gewesen sein. Mildere Mittel wurden erfolglos eingesetzt. J wurde erfolglos befragt und aufgefordert, etwaige mitgeführte Ausweispapiere auszuhändigen. Auch bei der Durchsuchung der von ihr mitgeführten Tasche wurden keine Ausweispapiere gefunden. Auf eine Durchsuchung der Person der J konnte verzichtet werden; sie war nur mit Reizwäsche bekleidet. Somit kam nur mehr eine Sistierung zur Durchführung erkennungsdienstlicher Maßnahmen in Betracht. Darüber hinaus war die Maßnahme angemessen. Eine Disproportionalität der konfligierenden Rechtsgüter ist vorliegend nicht erkennbar. Zwar ist der Eingriff in die Freiheit der Person nicht unerheblich. Allerdings überwiegt hier eindeutig der mit Verfassungsrang ausgestattete staatliche Strafverfolgungsanspruch. J ist dringend verdächtig, eine wertvolle Handtasche und eine Luxus-Uhr gestohlen zu haben. Ohne die freiheitsbeschränkende Maßnahme wären diese Straftaten nach § 242 StGB nicht aufzuklären.

3. Verfassungsmäßigkeit der vorläufigen Festnahme von „Jane"

Durch die Festnahme könnten die Beamten „Jane" (J) in ihrem Grundrecht auf Freiheit der Person, Art. 2 Abs. 2 Satz 2 i. V. m. 104 GG, verletzt haben.

3.1 Eingriff in den Schutzbereich

Der persönliche Schutzbereich ist eröffnet. Die Freiheit der Person, Art. 2 Abs. 2, 104 GG, ist ein Menschenrecht. Sachlich schützt das Grundrecht ausschließlich die körperliche Wegbewegungsfreiheit[14]. Diese wurde hier beeinträchtigt.

Weiter ist zu differenzieren, ob eine Freiheitsbeschränkung oder eine Freiheitsentziehung vorlag. Hier war die Einschränkung der Bewegungsfreiheit Hauptmotiv des polizeilichen Einschreitens (vorläufige Festnahme zur Sicherung des Strafverfahrens). Die Bewegungsfreiheit der J wurde zudem in erheblichem zeitlichem Umfang (mehrere Stunden) auf einen eng begrenzten Raum (Arrestzelle) beschränkt. Insoweit lag eindeutig eine *Freiheitsentziehung* vor.

3.2 Verfassungsrechtliche Rechtfertigung

Das Grundrecht verfügt nach Art. 2 Abs. 2 Satz 3 GG über einen einfachen Gesetzesvorbehalt, der um die speziellen Anforderungen aus Art. 104 Abs. 2–4 GG ergänzt wird, da es sich um eine Freiheitsentziehung handelt. Die Verfassungsmäßigkeit der Ermächtigungsgrundlage (hier: § 127 Abs. 2 i. V. m. § 112 Abs. 1, 2 Nr. 2 StPO) ist nach dem Bearbeitervermerk zu unterstellen.

3.2.1 Einhaltung besonderer verfassungsrechtlicher Verfahrensvorschriften

Nach Art. 104 Abs. 2 Satz 1 GG bedarf es grundsätzlich einer vorherigen Beteiligung eines Richters, der über die Zulässigkeit der Freiheitsentziehung zu entscheiden hat. Eine solche ist bei der Festnahme der J nicht erfolgt. Allerdings ergibt sich im Umkehrschluss aus Art. 104 Abs. 2 Satz 2 GG, dass eine Freiheitsentziehung – im Ausnahmefall – auch ohne richterliche Anordnung erfolgen kann. Wann dies der Fall sein kann, wurde von der Verfassung der Ausgestaltung des Gesetzgebers überlassen. Anerkannt ist dabei, dass im Falle von „Gefahr im Verzug", wie dies § 127 Abs. 2 StPO für die vorläufige Festnahme bestimmt, eine vorherige richterliche Anordnung entbehrlich

14 Sehr strittig. Dazu *Braun*, Staatsrecht für Polizeibeamte, 2. Aufl. 2022, S. 86 f.

ist. Gefahr im Verzug liegt vor, wenn die vorherige Einholung eines richterlichen Haftbefehls nicht möglich ist oder dadurch der Erfolg der Festnahme gefährdet oder gar vereitelt würde. Davon ist hier auszugehen. Die vorherige Einholung eines richterlichen Haftbefehls war nicht möglich, ohne dass die Gefahr bestand, dass sich J dem Strafverfahren entzieht. Die Tatsache, dass J bereits zum Zeitpunkt der Festnahme zu Zwecken der Identitätsfeststellung polizeilich festgehalten wurde, ist irrelevant. Denn diese war abgeschlossen und J wäre gem. § 163c Abs. 1 StPO zu entlassen gewesen. So gesehen war J zum Zeitpunkt der vorläufigen Festnehme bereits für eine „juristische Sekunde" frei.

Allerdings ist dann nach Art. 104 Abs. 2 Satz 2 GG *unverzüglich nach Festnahme* eine richterliche Entscheidung über Zulässigkeit und Fortdauer der Freiheitsentziehung herbeizuführen. Dies ist vorliegend nicht geschehen. Es bestanden keine sachlichen Gründe dafür, von einer Bearbeitung des Sachverhalts und der nachfolgenden Verständigung des Richters einstweilen abzusehen. Vielmehr haben die Beamten nichts unternommen, den Vorgang „vergessen".

Die Möglichkeit J am nächsten Tag den Richter vorzuführen entbindet *nicht* von der sofortigen Bearbeitung des Sachverhalts und der unverzüglichen Benachrichtigung des Richters. Zwar bestimmt Art. 104 Abs. 3 Satz 1 GG, dass jeder wegen des Verdachts einer strafbaren Handlung vorläufig Festgenommene *spätestens am Tage nach der Festnahme* dem Richter *vorzuführen* ist. Diese Regelung beinhaltet aber lediglich eine absolute zeitliche *Höchstfrist* und entbindet nicht von der „unverzüglichen" Benachrichtigung des Richters nach Art. 104 Abs. 2 Satz 2 GG[15]. Bei entsprechenden organisatorischen Vorkehrungen der Justizbehörden wird die Befassung eines Richters regelmäßig deutlich vor Ablauf der Höchstfristen möglich sein. Ein durch sachlich zwingende Gründe nicht bedingtes Zuwarten mit der Einholung der richterlichen Entscheidung, wie hier bis zum nächsten Tage, nachmittags, macht den Vollzug der nicht durch einen Richter angeordneten Freiheitsentziehung rechtswidrig, selbst wenn die Höchstfristen im Zeitpunkt des Endes des Vollzugs der Maßnahme noch nicht abgelaufen sind[16].

15 Dazu *Braun*, Staatsrecht für Polizeibeamte, 2. Aufl. 2022, S. 94 ff. m. w. N.

16 Selbst wenn man bei ordnungsgemäßer und unverzüglicher Bearbeitung des Sachverhalts durch die Polizeibeamten davon ausgehen wollte, dass eine richterliche Entscheidung nicht (wesentlich) früher hätte eingeholt werden können, spielt dies keine Rolle. Es reicht schon aus, dass eine frühere Vorführung bei ordnungsgemäßem Verhalten möglich gewesen sein könnte.

3.2.2 Verhältnismäßigkeit

Wer zu dem (unzutreffenden) Ergebnis gelangen sollte, dass die Verfahrensvorschriften eingehalten wurden, muss anschließend noch die Verhältnismäßigkeit prüfen. Diesbezüglich bestehen keine Schwierigkeiten.

3.3 Ergebnis

Die verfassungsrechtlich verbriefte Verfahrensvorschrift des Art. 104 Abs. 2 Satz 2 GG wurde nicht eingehalten. J wurde in ihrem Grundrecht aus Art. 2 Abs. 2 i. V. m. Art. 104 GG verletzt.

Zweiter Teil

1. Grundrechtseingriff durch die Durchsuchung der Tasche?

In Betracht kommt ein Eingriff in das *allgemeine Persönlichkeitsrecht* der J, Art. 2 Abs. 1 i. V. m. Art. 1 Abs. 1 GG. Das allgemeine Persönlichkeitsrecht sichert sachlich jedem Einzelnen einen autonomen Bereich privater Lebensgestaltung, in dem er seine Individualität entwickeln und wahren kann. Geschützt sind insbesondere die Bereiche der Privat- und Intimsphäre. Mit der Durchsuchung der Tasche muss J gegen ihren Willen persönliche Lebenssachverhalte offenbaren, die sie von sich aus nicht preisgeben will und die ggf. weitreichende Rückschlüsse auf die Persönlichkeit der F und deren private Angelegenheiten zulassen; dadurch wird ihre Privatsphäre beeinträchtigt, sodass ein Eingriff in das allgemeine Persönlichkeitsrecht, Art. 2 Abs. 1 i. V. m. Art. 1 Abs. 1 GG vorliegt.

2. Grundrechtseingriff durch die Wegnahme des Kokains?

2.1 Eingriff in die Eigentumsfreiheit, Art. 14 Abs. 1 GG

Zunächst ist zu problematisieren, ob die Wegnahme der Substanz, den O in seinem Eigentumsgrundrecht aus Art. 14 Abs. 1 GG verletzt.

2.1.1 Eingriff in den Schutzbereich

Art. 14 GG ist ein Jedermann-Grundrecht, auf das sich O berufen kann. Sachlich ist Art. 14 Abs. 1 GG ein normgeprägtes Grundrecht, d. h. der Schutzbereich wird weitgehend durch den Gesetzgeber bestimmt. Danach umfasst der verfassungsrechtliche Eigentumsbegriff abstrakt alle vermögenswerten Rechte, die dem Berechtigten von der objektiven Rechtsordnung ebenso ausschließlich wie Eigentum zugeordnet sind. Oder anders gewendet: *Eigentum ist die Summe der vom Gesetzgeber zu einem bestimmten Zeitpunkt gewährten vermögenswerten Rechte*. Danach könnten die bei O aufgefundenen Substanzen als von Art. 14 Abs. 1 GG geschütztes Sacheigentum qualifiziert werden. Allerdings sind Betäubungsmittel nicht eigentumsfähig, wenn sie durch Rechtsgeschäft erworben wurden. O gab an, das Kokain gekauft zu haben. Nach der Verbotsvorschrift des § 29 Abs. 1 Nr. 1 BtMG i. V. m. § 134 BGB kann Heroin nicht nach §§ 929 ff. BGB rechtsgeschäftlich übertragen werden[17].

2.1.2 Ergebnis

Der sachliche Schutzbereich des Art. 14 Abs. 1 GG ist nicht eröffnet.

2.2 Eingriff in die allgemeine Handlungsfreiheit, Art. 2 Abs. 1 GG

Nachdem der sachliche Schutzbereich eines speziellen Freiheitsgrundrechts nicht eröffnet ist, kommt nur noch ein Eingriff in die allgemeine Handlungsfreiheit, Art. 2 Abs. 1 GG, in Betracht.

2.2.1 Schutzbereich

Die Allgemeine Handlungsfreiheit ist ein Menschenrecht. Somit kann sich O auf das Grundrecht berufen. Sachlich schützt Art. 2 Abs. 1 GG die freie Entfaltung der Persönlichkeit. Darunter versteht man jedes menschliche Verhalten, unabhängig von seinem Bedeutungsgehalt, seiner Wichtigkeit oder sozialen Akzeptanz. Jedermann hat danach das Recht zu tun und zu unterlassen, was er will. Hierunter fallen auch der Besitz und der Konsum harter Drogen. Der sachliche Schutzbereich ist somit eröffnet.

2.2.2 Eingriff

Nach dem weiten Eingriffsbegriff stellt jedes staatliche Verhalten einen Eingriff in Grundrechte dar, das ein vom Schutzbereich erfasstes Verhalten wesentlich erschwert, ganz oder teilweise unmöglich macht. Durch die Wegnahme der Drogen durch die Polizei kann O – entgegen der Gewährleistungsgarantie der allgemeinen Handlungsfreiheit – über diese nicht mehr frei verfügen. Ein Eingriff in den Schutzbereich des Art. 2 Abs. 1 GG liegt damit vor.

---

17 Vgl. dazu in anderem Zusammenhang BGH NJW 2006 S. 72.

3. Grundrechtseingriff durch die Befragung von Dr. Otte

Durch die Befragung des O könnte in dessen Recht auf informationelle Selbstbestimmung eingegriffen worden sein, Art. 2 Abs. 1 i. V. m. Art. 1 Abs. 1 GG. Das Recht auf informationelle Selbstbestimmung beinhaltet als besondere Ausprägung des allgemeinen Persönlichkeitsrechts die Befugnis des Einzelnen, grundsätzlich selbst zu entscheiden, wann und innerhalb welcher Grenzen persönliche Lebenssachverhalte offenbart werden; es gewährleistet *Schutz vor Erhebung und Verarbeitung personenbezogener Daten*[18]. Personenbezogene Daten sind alle Informationen, die sich auf eine identifizierte oder identifizierbare natürliche Person beziehen (vgl. § 36 Nr. 1 DSG NRW). Vorliegend zielt die polizeiliche Befragung auf die Erhebung personenbezogener Daten ab. Es soll in Erfahrung gebracht werden, ob O Drogen besitzt. Damit liegt ein Eingriff in das Recht auf informationelle Selbstbestimmung des O vor.

18 BVerfGE 65, 1 (42).

Verkehrsrecht/Verkehrslehre

Fall 8: Allgemeine Verkehrskontrolle

Schwerpunkte

§§ 3, 10 FZV, Fahrerlaubnisverordnung

Bernd Huppertz, Erster Polizeihauptkommissar a. D., HSPV NRW

Sachverhalt

Am 1.3.2024 wurde im Rahmen einer allgemeinen Verkehrskontrolle das im Bild dargestellte Kfz auf der Bundesstraße 9 angehalten und überprüft. Bei der Kontrolle wies sich der Fahrer (F) mit seinem Führerschein (Bild) und der Zulassungsbescheinigung Teil I (Bild) aus.

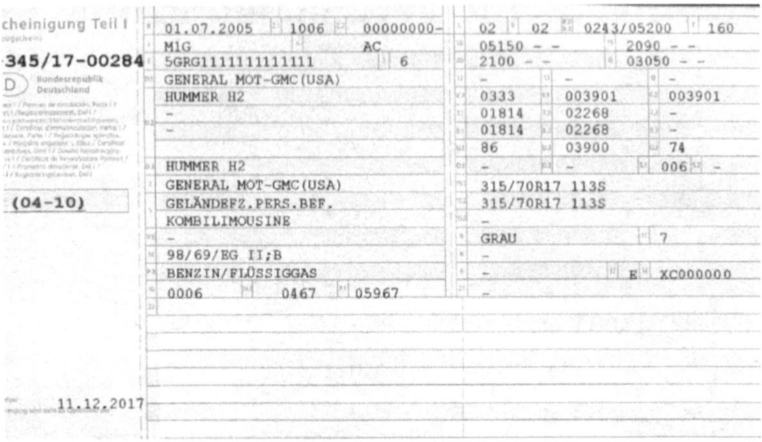
cheinigung Teil I
345/17-00284
D Bundesrepublik Deutschland
(04-10)
11.12.2017
01.07.2005 1006 00000000-
M1G AC
5GRG1111111111111 6
GENERAL MOT-GMC(USA)
HUMMER H2
-
-
HUMMER H2
GENERAL MOT-GMC(USA)
GELÄNDEFZ.PERS.BEF.
KOMBILIMOUSINE
-
98/69/EG II;B
BENZIN/FLÜSSIGGAS
0006 0467 05967
02 02 0243/05200 160
05150 - - 2090 - -
2100 - - 03050 - -
- - -
0333 003901 003901
01814 02268 -
01814 02268 -
86 03900 74
- - 006 -
315/70R17 113S
315/70R17 113S
-
GRAU 7
-
- E XC000000

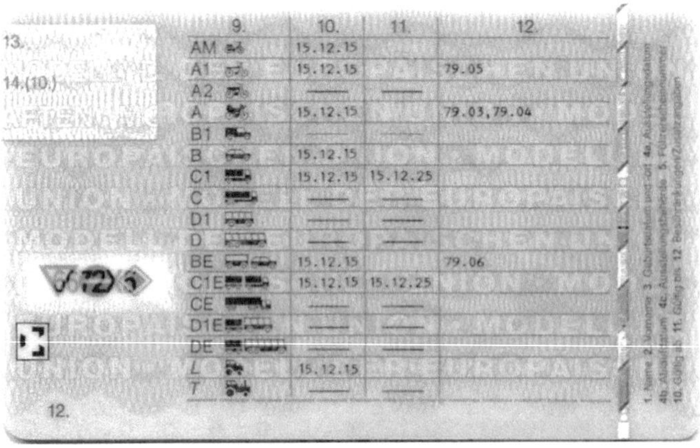

9.	10.	11.	12.
AM	15.12.15		
A1	15.12.15		79.05
A2	——	——	
A	15.12.15		79.03,79.04
B1	——	——	
B	15.12.15		
C1	15.12.15	15.12.25	
C	——	——	
D1	——	——	
D	——	——	
BE	15.12.15		79.06
C1E	15.12.15	15.12.25	
CE	——	——	
D1E	——	——	
DE	——	——	
L	15.12.15		
T	——	——	

13.
14.(10.)
12.
1. Name 2. Vorname 3. Geburtsdatum und -ort 4a. Ausstellungsdatum 4b. Ablaufdatum 4c. Ausstellungsbehörde 5. Führerscheinnummer 10. Gültig ab 11. Gültig bis 12. Beschränkungen/Zusatzangaben

Aufgabe

Beurteilen Sie den Sachverhalt aus zulassungs- und fahrerlaubnisrechtlicher Sicht.

Lösung

1. Lösung aus zulassungsrechtlicher Sicht

1.1 Verstoß gegen § 3 Abs. 1 FZV

Vorüberlegungen

(Alle) Kfz und Anhänger müssen beim Betrieb im öffentlichen Verkehrsraum zugelassen sein. Ausnahmen ergeben sich aus § 3 Abs. 3 Nr. 1 (Kfz) FZV. Die in dieser Vorschrift aufgestellten Bedingungen müssen erfüllt sein, da ansonsten die zulassungsbefreiende Ausnahme nicht mehr trägt. Zunächst ist das in Rede stehende Fahrzeug anhand der Zulassungsbescheinigung zu klassifizieren.

1.1.1 Obersatz

Der F könnte gegen § 3 Abs. 1 FZV verstoßen haben, indem er ohne die erforderliche Zulassung auf öffentlichen Straßen ein Kfz in Betrieb gesetzt hat.

1.1.2 Grundsatz der Zulassungspflicht

Gemäß § 1 Abs. 1 StVG müssen Kfz, die auf öffentlichen Straßen in Betrieb gesetzt werden sollen, von der zuständigen Behörde (Zulassungsbehörde) zum Verkehr zugelassen sein.

1.1.3 Öffentlicher Verkehrsraum

Öffentlich i. S. d. Straßenverkehrsrechts sind zum einen alle nach dem Wegerecht des Bundes und der Länder dem allgemeinen Verkehr gewidmeten Straßen, Wege und Plätze (öffentlich-rechtlicher Verkehrsraum); zum anderen gehören auch die Verkehrsflächen dazu, auf denen ohne Rücksicht auf eine verwaltungsrechtliche Widmung oder auf die Eigentumsverhältnisse (Privatgrundstück) aufgrund ausdrücklicher oder stillschweigender Duldung des Verfügungsberechtigten die Benutzung durch einen unbestimmten Personenkreis zugelassen ist (tatsächlich-öffentlicher Verkehrsraum).[1]

Öffentlicher Verkehrsraum ist gegeben, wenn die Benutzung der in Rede stehenden Fläche zu Verkehrszwecken für jedermann oder einer allgemein bestimmten Personengruppe dauernd oder zeitweise möglich ist und auch tatsächlich und nicht nur gelegentlich von jedermann oder einer allgemein bestimmten Personengruppe benutzt wird.

F wird im Rahmen einer allgemeinen Verkehrskontrolle auf der Bundesstraße 9 angehalten und überprüft. Allein aufgrund dieser Formulierung ist die Annahme öffentlichen Verkehrsraums hinreichend gerechtfertigt.

1.1.4 Kraftfahrzeug

Als Kfz gelten Landfahrzeuge, die durch Maschinenkraft bewegt werden, ohne an Bahngleise gebunden zu sein (Legaldefinition § 1 Abs. 2 StVG).

---

1 BGH, Beschl. vom 12.5.1998 – 4 StR 163/98 –, NZV 1998 S. 418; BGH, Urt. vom 4.3.2004 – 4 StR 377/03 –, NZV 2004 S. 479; *Blum/Huppertz/Baldarelli*, Verkehrsstrafrecht, 2. Aufl. 2021, Rdnr. 11 ff.; *Huppertz*, Zulassungs- und Fahrerlaubnisrecht, 3. Aufl. 2024, Kap. 2 Rdnr. 8 ff.

Bei dem in Rede stehenden Pkw handelt es sich zweifelsohne um ein Kfz.

1.1.5 In Betrieb setzen

Inbetriebsetzen bedeutet die bestimmungsgemäße Verwendung des Fahrzeugs als Fortbewegungsmittel. Danach ist ein Kfz in Betrieb, solange der Motor das Kfz oder eine seiner Betriebseinrichtungen bewegt.[2]

Im vorliegenden Sachverhalt lenkt F den Pkw unter bestimmungsgemäßer Anwendung der Antriebskräfte dieses Fahrzeugs (in Betrieb setzen).

1.1.6 Grundregel der Zulassung

Zum Verkehr auf öffentlichen Straßen sind gem. § 16 Abs. 1 StVZO alle Fahrzeuge zugelassen, die den Vorschriften der StVZO und der StVO entsprechen, sofern nicht für die Zulassung einzelner Fahrzeugarten ein Erlaubnisverfahren vorgeschrieben ist.

Dieser Grundsatz der allgemeinen Verkehrsfreiheit wird jedoch durch die Vorschriften der FZV eingeschränkt.

Inwieweit zur Inbetriebsetzung eines Fahrzeugs eine Zulassung erforderlich ist, ergibt sich aus § 1 Abs. 1 StVG und den ihn ausführenden Vorschriften der §§ 1, 3, 4 FZV.

Wer ein Kfz ohne die erforderliche Zulassung in Betrieb setzt, führt es entgegen den Bestimmungen des § 3 Abs. 1 Satz 1 FZV.

1.1.7 Ausnahmen von der Zulassungspflicht

Gemäß § 1 FZV ist diese Verordnung auf Kfz mit einer bauartbestimmten Höchstgeschwindigkeit von nicht mehr als 6 km/h und ihre Anhänger nicht anzuwenden. Lediglich „schnellere" Fahrzeuge, wie der im Sachverhalt dargestellte Pkw Hummer, unterliegen nach näherer Maßgabe der §§ 3 und 4 FZV dem Zulassungsverfahren.

Im vorliegenden Fall liegt ersichtlich auch kein Ausnahmetatbestand des § 3 Abs. 3 FZV vor.

---

2 Zu den Abgrenzungen OVG Lüneburg, Beschl. vom 12.3.2009 – 12 LA 16/08 –, SVR 2009 S. 471; *Hentschel/König/Dauer*, Straßenverkehrsrecht, 47. Aufl. 2023, Rn. 5, 5 a zu § 7 StVG m. w. N.; *Huppertz* [Fn. 1], Kap. 2 Rdnr. 29 f.

1.1.8 Zulassungsrechtliche Bestimmung

Die Zulassungspflicht folgt aus § 3 Abs. 1 Satz 1 FZV. Die Zulassung wird bewirkt durch Zuteilung eines amtlichen Kennzeichens und Ausfertigung einer Zulassungsbescheinigung.[3]

Im vorliegenden Fall ist der Pkw mit einem Saisonkennzeichen ausgestattet. Bei dem Saisonkennzeichen handelt es sich um ein amtliches Kennzeichen. Damit ist das Fahrzeug ordnungsgemäß zugelassen.[4]

1.1.9 Mitführ- und Aushändigungspflicht der Zulassungsbescheinigung

Die Zulassung ist gem. § 13 FZV durch eine amtliche Bescheinigung (Zulassungsbescheinigung) nachzuweisen.

Die Zulassungsbescheinigung Teil I ist vom jeweiligen Fahrer des Kfz mitzuführen und zuständigen Personen auf Verlangen zur Prüfung auszuhändigen.

Hinweis

Wird die Zulassungsbescheinigung Teil I nicht mitgeführt oder zuständigen Personen auf Verlangen nicht zur Prüfung ausgehändigt, begeht der Kraftfahrzeugführer lediglich eine Ordnungswidrigkeit i. S. d. § 13 Abs. 6 FZV i. V. m. § 77 Nr. 4 i. V. m. § 24 StVG (BKat Nr. 174; TBNR 813100 bzw. 813106; VG 10 €); die Zulassung selbst bleibt unangetastet.

Dieser Verpflichtung ist F nachgekommen.

Schlusssatz

Der F begeht keinen Verstoß gegen § 3 Abs. 1 FZV. Das Kfz ist ordnungsgemäß zugelassen.

1.2 Verstoß gegen § 10 Abs. 3 FZV

Vorüberlegungen

Die Zulassung wird bewirkt durch Erteilung eines amtlichen Kennzeichens und Ausfertigung einer Zulassungsbescheinigung. Das Saisonkennzeichen ist ein amtliches Kennzeichen. Einmal zugelassen, gilt die

---

3 *Dauer*, Wann ist ein Fahrzeug zugelassen, NZV 2007 S. 442; *Huppertz* [Fn. 1], Kap. 2 Rn. 4.

4 *Hentschel/König/Dauer* [Fn. 2], Rdnr. 5 zu § 3 FZV; *Huppertz* [Fn. 1], Kap. 15 Rdnr. 4.

Zulassung dauerhaft ein „Fahrzeugleben lang“. Deshalb spricht § 10 Abs. 3 FZV auch vom Betriebszeitraum und nicht von der Zulassung.

1.2.1 Obersatz

Gleichwohl könnte der F jedoch gegen § 10 Abs. 3 FZV verstoßen haben, indem er sein Kfz entgegen der Eintragung auf den Saisonkennzeichen und in der Zulassungsbescheinigung Teil I außerhalb des Betriebszeitraums in Betrieb gesetzt hat.

1.2.2 Die Vorschrift des § 10 Abs. 3 FZV

Bei Saisonkennzeichen wird ein Betriebszeitraum nach vollen Monaten festgelegt. Dieser kann auf dem Saisonkennzeichen selbst, aber auch aus der Zulassungsbescheinigung abgelesen werden. Das Fahrzeug darf auf öffentlichen Straßen nur während des angegebenen Betriebszeitraums in Betrieb genommen werden (§ 10 Abs. 3 Satz 5 Nr. 1 FZV).

Im vorliegenden Fall wurde F mit seinem Pkw am 1.3.2024 kontrolliert. Der März ist jedoch vom Betriebszeitraum „04–10“ nicht umfasst. Er hätte das Kfz also gar nicht in Betrieb setzen dürfen.

Bei der Regelung des § 10 Abs. 3 FZV handelt es sich um eine Spezialnorm, die bei einer wie hier vorliegenden Zuwiderhandlung keinen Verstoß gegen den Grundsatz der Zulassungspflicht nach sich zieht. Das Fahrzeug ist nämlich nicht nur vorübergehend für die den Betriebszeitraum umfassenden Monate, sondern auf Dauer zugelassen, allerdings mit der Besonderheit, dass es nur während des angegebenen Betriebszeitraums auf öffentlichen Straßen in Betrieb genommen werden darf.[5]

Zuwiderhandlungen stellen eine Ordnungswidrigkeit entgegen § 10 Abs. 3 Satz 5 Nr. 1 FZV i. V. m. § 77 Nr. 1 FZV dar.

2. Lösung aus fahrerlaubnisrechtlicher Sicht

Das Verkehrsstrafrecht nimmt innerhalb des Strafrechts einen besonders breiten Raum ein. Die für den Straßenverkehr relevanten strafrechtlichen Vorschriften befinden sich im allgemeinen Strafgesetzbuch. Hier bilden die das Fehlverhalten im Straßenverkehr betreffenden Strafvorschriften des § 142 StGB (Unerlaubtes Entfernen vom Unfallort), § 315b (Gefährliche Eingriffe in den Straßenverkehr),

5 Amtl. Begr. zur 23. Verordnung zur Änderung straßenverkehrsrechtlicher Vorschriften (VkBl. 1996 S. 620); OVG Hamburg, NZV 2002 S. 151; BFH, DAR 2005 S. 292; *Hentschel/König/Dauer* [Fn. 2], Rdnr. 6 zu § 9 FZV; *Huppertz* [Fn. 1], Kap. 15 Rdnr. 4.

§ 315c StGB (Gefährdung des Straßenverkehrs), § 316 StGB (Trunkenheit im Straßenverkehr) den eigentlichen Kern des Verkehrsstrafrechts. Dies alles wird in erheblichem Maße durch Straftatbestände des StVG [hier insbesondere § 21 StVG (Fahren ohne Fahrerlaubnis)], PflVG und den Steuergesetzen ergänzt.

Das bedeutet aber auch, dass verkehrsstrafrechtliche Sachverhalte im Einklang mit der vertrauten juristischen Methodik einer Lösung zugeführt werden müssen. Das Aufbauschema ist gleich.

Dennoch gibt es gute Gründe, insbesondere im Zusammenhang mit der Lösung fahrerlaubnisrechtlicher Sachverhalte von dem Aufbauschema abzuweichen:

In der Mehrheit der Fälle wird das Vorhandensein der erforderlichen Fahrerlaubnis im Rahmen einer allgemeinen Verkehrskontrolle oder der Verfolgung beispielsweise einer Verkehrsordnungswidrigkeit überprüft. Ihrem Wesen nach erfolgt die allgemeine Verkehrskontrolle verdachtsfrei. Aber auch bei der Verfolgung einer Verkehrsordnungswidrigkeit liegt nicht auch gleichzeitig der Verdacht des Fahrens ohne Fahrerlaubnis vor.

Mit Blick auf die polizeiliche Verkehrsüberwachungspraxis wird man also zu einer anderen Prüfungsabfolge kommen müssen. Am Beginn einer Führerscheinkontrolle steht regelmäßig die Überprüfung der erforderlichen Fahrerlaubnis, ohne dass zu diesem Zeitpunkt ein Anfangsverdacht etwa im Hinblick auf das Fahren ohne Fahrerlaubnis i. S. d. § 21 StVG bestünde. Wenn sich bei dieser Prüfung herausstellt, dass der Kraftfahrzeugführer nicht im Besitz der erforderlichen Fahrerlaubnis ist, ergibt sich gleichzeitig der Verdacht auf das Vorliegen einer Straftat. Erst jetzt setzt die Prüfung dieser Norm ein.

Die Aufgabenstellung beinhaltet bei strafrechtlichen Sachverhalten gemeinhin die Frage nach der Strafbarkeit der handelnden Personen. Demgegenüber wird bei der Lösung der hier in Rede stehenden Sachverhalte eine Beurteilung aus fahrerlaubnisrechtlicher Sicht gefordert zunächst ohne Rücksicht darauf, ob sich der Kraftfahrzeugführer strafbar gemacht hat oder nicht. Diese Vorgehensweise ist der Praxis geschuldet, denn hier wie dort stellt sich ganz überwiegend heraus, dass der kontrollierte Kraftfahrzeugführer sehr wohl im Besitz der erforderlichen Fahrerlaubnis ist. Dies zu begründen aber ist auch Prüfungsleistung.

In dem nachfolgend dargestellten Sachverhalt wird dementsprechend auf das zuvor genannte abweichende Prüfungsschema abgestellt.

2.1 Prüfung der erforderlichen Fahrerlaubnis

Vorüberlegungen

Zunächst ist die erforderliche Fahrerlaubnis nach der (aktuellen) FeV in der seit 16.7.2019 geltenden Fassung[6] zu ermitteln. Dabei ist zunächst auf die Grundklasse abzustellen. Anschließend sind etwaige Ausnahmevorschriften zu ermitteln. Kontrollfrage: „Was braucht der Fahrer?"

In einem zweiten Schritt ist das Erteilungsdatum der hier einschlägigen Fahrerlaubnisklasse anhand des vorgelegten Führerscheins zu ermitteln. Im vorliegenden Fall wurden die Fahrerlaubnisklassen am 15.12.2015 erteilt. Somit sind auch die einschlägigen Besitzstandsregelungen zu prüfen. Diese ergeben sich aus § 6 Abs. 6 FeV und § 76 FeV jeweils i. V. m. Anlage 3. Kontrollfrage: „Was hat der Fahrer?"

Aus dem Abgleich ergibt sich, ob (F) im Besitz der erforderlichen Fahrerlaubnisklasse ist oder ob sich der Verdacht auf Vorliegen einer Straftat i. S. d. § 21 StVG ergibt.

2.1.1 Obersatz

Fraglich ist, welche Fahrerlaubnisklasse zum Führen des in Rede stehenden Hummer H2 im öffentlichen Straßenverkehr erforderlich ist.

2.1.2 Grundsatz der Fahrerlaubnispflicht

Inwieweit zum Führen eines Kfz eine Fahrerlaubnis erforderlich ist, ergibt sich aus § 2 StVG und den ihn ausführenden Vorschriften der §§ 4 ff. FeV. Das durch Art. 2 Abs. 1 GG garantierte Grundrecht auf Handlungsfreiheit wird zum Schutz anderer Rechtsgüter durch die prinzipielle Fahrerlaubnispflicht gem. § 2 Abs. 1 StVG in zulässiger Weise eingeschränkt. Danach bedarf grundsätzlich jeder, der auf öffentlichen Straßen ein Kfz führt, der (Fahr-)Erlaubnis der zuständigen Behörde.

Wer das Kfz einer Klasse führt, für die seine Fahrerlaubnis nicht gilt, führt es i. S. d. § 21 StVG ohne Fahrerlaubnis.

Dazu müsste (F) also im öffentlichen Straßenverkehr ein Kfz geführt haben, ohne im Besitz der dazu erforderlichen Fahrerlaubnis zu sein.

2.1.3 Öffentlicher Verkehrsraum

Siehe 1.1.3.

6 4. ÄndVO-FeV vom 4.7.2019 (BGBl I S. 1056).

2.1.4 Kfz

Verweis auf die zulassungsrechtliche Prüfung.

2.1.5 Führen

Ein Kfz führt, wer es unter bestimmungsgemäßer Anwendung seiner Antriebskräfte unter Allein- oder Mitverantwortung in Bewegung setzt, um es unter Handhabung seiner technischen Vorrichtungen während der Fahrbewegung durch den Verkehrsraum ganz oder wenigstens zum Teil zu leiten.[7]

Im vorliegenden Fall wurde der (F) durch die einschreitenden Polizeibeamten aus dem fließenden Verkehr heraus angehalten. Danach darf die Führereigenschaft unterstellt werden.

2.1.6 Erforderliche Fahrerlaubnis

2.1.6.1 Grundsatz der Fahrerlaubnispflicht

Der Grundsatz der Fahrerlaubnispflicht ergibt sich aus § 2 Abs. 1 StVG.[8]

2.1.6.2 Allgemeine Ausnahmen von der Fahrerlaubnispflicht

Gleichzeitig beschreibt § 4 Abs. 1 Satz 2 Nr. 1–3 FeV abschließend die Ausnahmetatbestände davon.

Im vorliegenden Fall liegt jedoch ersichtlich kein Ausnahmetatbestand des § 4 Abs. 1 FeV vor.

2.1.6.3 Klasseneinteilung

Die Klasseneinteilung ergibt sich aus § 6 FeV.

Im vorliegenden Fall sind aufgrund der der Zulassungsbescheinigung zu entnehmenden technischen Eckdaten des in Rede stehenden Kfz die Klassen B, C1 und D1 näher zu betrachten.

So könnte zunächst die Fahrerlaubnisklasse B einschlägig sein. Das ist jedoch nur dann der Fall, wenn die zulässige Gesamtmasse 3500 kg nicht überschreitet. Der in Rede stehende Pkw weist jedoch mit 3901 kg eine höhere zulässige Gesamtmasse auf mit der Folge, dass die Klasse B hier ausscheidet.

---

7 BGH, Beschl. vom 27.10.1988 – 4 StR 239/88 –, NZV 1989 S. 32; BGH, Beschl. vom 2.5.1995 – 4 StR 187/95 –, NZV 1995 S. 364; BGH, Beschl. von 9.8.2007 – 4 StR 339/07 –, StraFo 2007 S. 475; *Hentschel/König/Dauer* [Fn. 2], StVG § 21 Rn. 10 und StGB § 316 Rdnr. 3.

8 *Hentschel/König/Dauer* [Fn. 2], Rn. 1 zu § 1 FeV; *Bouska/Laeverenz*, Fahrerlaubnisrecht, 3. Aufl. 2004, Rdnr. 2 zu § 1 FeV.

Für die Beantwortung der Frage, ob für ein bestimmtes Kfz die Klasse C1 erforderlich ist, muss man aufgrund der Formulierung zunächst die Klasse D1 ausschließen:

> *„Kfz, ausgenommen Kfz der Klassen AM, A1, A2, A, D1 und D, mit einer zulässigen Gesamtmasse von mehr als 3500 kg, aber nicht mehr als 7500 kg, und die zur Beförderung von nicht mehr als 8 Personen außer dem Fahrzeugführer ausgelegt und gebaut sind“* (§ 6 Abs. 1 FeV)

Der Klasse D1 unterfallen Kfz, ausgenommen solche der Klassen AM, A1, A2, A, die zur Beförderung von nicht mehr als 16 Personen außer dem Fahrzeugführer ausgelegt und gebaut sind.

Das trifft bei näherer Betrachtung auf den hier kontrollierten Hummer H2 zu: Das Fahrzeug verfügt über sechs Sitzplätze; die zulässige Gesamtmasse spielt bei der Klasse D1 grundsätzlich keine Rolle.

Für solcherart Fahrzeuge war nach deutschem Recht bislang eine Fahrerlaubnis der Klasse C1 (Lkw-Klasse) ausreichend.[9] Fahrer von Fahrzeugen mit mehr als 3500 kg, die zur Personenbeförderung ausgelegt und gebaut sind, benötigen jedoch seit 28.12.2016 eine Fahrerlaubnis der Klasse D1 (Busklasse), unabhängig davon, für welche Mindestpersonenzahl diese Fahrzeuge ausgelegt sind. Mit dieser Regelung werden die Vorgaben der 3. EU-Führerscheinrichtlinie wortgetreu umgesetzt.[10]

In diesem Zusammenhang sind die Fahrzeugklassen M und N gem. VO(EU) 678/2011[11] gegeneinander abzugrenzen:

Klasse M umfasst vorwiegend für die Beförderung von Fahrgästen und deren Gepäck ausgelegte und gebaute Kfz (Anhang II Teil A Nr. 1.1 VO(EU) 678/2011) mit folgenden Unterklassen:

Klasse M_1	Fahrzeuge der Klasse M mit höchstens acht Sitzplätzen zzgl. des Fahrersitzes
Klasse M_2	Fahrzeuge der Klasse M mit mehr als acht Sitzplätzen zzgl. des Fahrersitzes und einer Gesamtmasse von höchstens 5 Tonnen

9 Vgl. Amtl. Begr. (BR-Drucks. 253/16, S. 25) zur 11. ÄndVO-FeV vom 21.12.2016 (BGBl I S. 3083).

10 Amtl. Begr. (BR-Drucks. 253/2016, S. 29) zu Art. 1 Nr. 5a) bb) der 11. ÄndVO-FeV vom 21.12.2016 (BGBl I S. 3083).

11 VO(EU) 678/2011 der Kommission vom 14.7.2011 zur Ersetzung des Anhangs II [...] der Richtlinie 2007/46/EG [...] (Rahmenrichtlinie), hier: Anhang II Teil A Nr. 1.

Klasse M_3 Fahrzeuge der Klasse M mit mehr als acht Sitzplätzen zzgl. des Fahrersitzes und einer Gesamtmasse von mehr als 5 Tonnen

Klasse N umfasst *vorwiegend für die Beförderung von Gütern ausgelegte und gebaute Kfz* (Anhang II Teil A Nr. 1.2 VO(EU) 678/2011) mit folgenden Unterklassen:

Klasse N_1 Fahrzeuge der Klasse N mit einer Gesamtmasse von höchstens 3,5 Tonnen

Klasse N_2 Fahrzeuge der Klasse N mit einer Gesamtmasse von mehr als 3,5 Tonnen und höchstens 12 Tonnen

Klasse N_3 Fahrzeuge der Klasse N mit einer Gesamtmasse von mehr als 12 Tonnen

Nach dieser Rahmenrichtlinie wird also in Kfz zur Personenbeförderung (Fahrzeugklasse M) und Kfz zur Güterbeförderung (Fahrzeugklasse N) unterschieden.

Fahrerlaubnisrechtlich unterfallen beide Fahrzeugklassen den Begrifflichkeiten Kfz und Kraftwagen, denn es handelt sich ja um „*Fahrzeuge mit Antriebsmotor* [...], *die üblicherweise auf der Straße zur Beförderung von Personen oder Gütern dienen*" (Art. 4 Abs. 4 der 3. Führerscheinrichtlinie).

Bezüglich der dann anstehenden Prüfung auf Zugehörigkeit der in Rede stehenden Kfz zu den Klassen C1 bzw. D1 teilte der Verordnungsgeber Folgendes mit[12]:

Die europarechtskonformen Definitionen der Fahrerlaubnisklassen C1, D1, C und D beinhalten mehrere technische Eigenschaften (Gewicht, Länge und Personenzahl). Diese technischen Kriterien überschneiden sich weitgehend. Fahrzeuge mit einer zulässigen Gesamtmasse von 3500–7500 kg mit einer Fahrzeuglänge von nicht mehr als acht Meter und ausgelegt und gebaut für maximal acht Personen sind sowohl mit den Kriterien der Klasse C1 als auch Klasse D1 vereinbar.

Die EU-Kommission hat hierzu die Auffassung vertreten, dass in diesen Fällen eine umfassende Auswertung von Auslegung und Bau des Fahrzeugs sowie seiner vorgesehenen Verwendung die

12 Amtl. Begr. (BR-Drucks. 253/16 Beschl. vom 16.12.2016, S. 2) zu Art. 1 Nr. 5 (§ 6 IVa FeV) der 11. ÄndVO-FeV vom 21.12.2016 (BGBl I S. 3083); *Buchard/Ochel-Brinkschröder*, SVR 2017 S. 165 (166).

> *Grundlage für die Prüfung sein muss, ob ein D1 oder C1-Führerschein für ein Fahrzeug, das die grundlegenden technischen Kriterien erfüllt, benötigt wird. Bei dieser Auslegung können viele Aspekte relevant sein.*
>
> *Nach diesem Ansatz können daher die in dem neuen Abs. 4a aufgeführten Kfz zur Personenbeförderung mit besonderer Zweckbestimmung mit höchstens acht Sitzplätzen außer dem Fahrersitz, deren zulässige Gesamtmasse mehr als 3500 kg, aber nicht mehr als 7500 kg beträgt, auch zukünftig mit einer Fahrerlaubnis der Klasse C1 geführt werden.*
>
> *Die Zweckbestimmung ergibt sich aus den auf der Grundlage des Anhangs II der Richtlinie 2007/46/EG [jetzt: VO(EU) 678/2011] und des Verzeichnisses des KBA zur Systematisierung von Kfz* [...] *erfolgten Eintragungen in Feld „J" (Fahrzeugklasse) und Nummer „4" (Art des Aufbaus) der Zulassungsbescheinigung.*
>
> *Die Ausführungen gelten für die Klassen C1E, C und CE entsprechend.*

Die Zugehörigkeit zu der hier diskutierten Fahrerlaubnisklasse D1 ergibt sich danach ausschließlich für Fahrzeuge der Fahrzeugklasse M, und das allein aufgrund des einschränkenden Zusatzes in Klasse D1 *die zur Beförderung von nicht mehr als 16 Personen außer dem Fahrzeugführer ausgelegt und gebaut sind (§ 6 Abs. 1 FeV).*

Bei Kfz der Fahrzeugklasse M handelt es sich um solche, die *„vorwiegend für die Beförderung von Fahrgästen und deren Gepäck ausgelegt und gebaut"* sind. Aufgrund der geforderten nur vorwiegenden Nutzung zum Personenverkehr ist die Zweckbestimmung zu prüfen. Führt diese dazu, das in Rede stehende Kfz der Fahrzeugklasse M zuzuschlagen, unterliegt es der Fahrerlaubnisklasse D1. Der Verordnungsgeber stellt in seiner Begründung allein auf die zulassungsrechtliche Zuordnung ab.[13] So ist auch der Hummer H2 mit einer zGM von 3901 kg und sechs Sitzplätzen als M_1-Fahrzeug ausgewiesen.

Zwischenergebnis

F benötigt zum Führen des Hummer H2 eine Fahrerlaubnis der Klasse D1.

13 Amtl. Begr. (BR-Drucks. 253/16, Beschl. vom 16.12.2016, S. 2, Abs. 4) zu Art. 1 Nr. 5 (§ 6 IVa FeV) der 11. ÄndVO-FeV vom 21.12.2016 (BGBl I S. 3083).

2.1.6.4 Der Ausnahmetatbestand des § 6 Abs. 4a FeV

Allerdings könnte eine Ausnahme gem. § 6 Abs. 4a FeV vorliegen. Danach berechtigt eine Fahrerlaubnis der Klasse C1 auch zum Führen diverser Fahrzeuge mit einer zulässigen Gesamtmasse von mehr als 3500 kg, aber nicht mehr als 7500 kg, und die zur Beförderung von nicht mehr als acht Personen außer dem Fahrzeugführer ausgelegt und gebaut sind mit für die Genehmigung der Fahrzeugtypen maßgeblicher, besonderer Zweckbestimmung. Dazu zählen u. a. Einsatzfahrzeuge der Feuerwehr und der Polizei sowie u. a. Wohnmobile.

Die vorgenannten Kfz unterfallen mit einer zulässigen Gesamtmasse von mehr als 3500 kg regelmäßig der Fahrerlaubnisklasse D1. Bei ihnen handelt es sich um solche der Fahrzeugklasse M_1, da sie vorwiegend für die Personenbeförderung ausgelegt und gebaut sind. Durch diese Ausnahmeregelung werden nun diejenigen Kfz, die als Kfz der Fahrzeugklasse M über eine besondere Technik/Ausstattung verfügen, aus der eigentlich notwendigen Klasse D1 wieder zurückgeführt in die Klasse C1.

Die EU-Kommission hat den Mitgliedstaaten hierzu eine Auslegungshilfe an die Hand gegeben. Der Verordnungsgeber hat das nämliche Schreiben der EU-Kommission zwar in der amtlichen Begründung zur 11. ÄndVO-FeV erwähnt, aber nicht näher zitiert.[14]

Die amtliche Begründung verweist darauf, dass sich die Zweckbestimmung aus „Anhang II der Richtlinie 2007/46/EG und des Verzeichnisses des KBA zur Systematisierung von Kfz […] erfolgten Eintragungen in Feld „J“ (Fahrzeugklasse) und Nummer „4“ (Art des Aufbaus) der Zulassungsbescheinigung“ ergibt. In diesem Zusammenhang ist darauf hinzuweisen, dass Anhang II der zitierten Richtlinie mit Wirkung vom 9.4.2011 durch die VO(EU) 678/2011 ersetzt worden ist. In dem hier relevanten Bereich wurde sie gleichwohl wortgleich übernommen. Unter der dortigen Nr. 5 sind die Fahrzeuge mit besonderer Zweckbestimmung aufgeführt. Hier finden sich die in § 6 Abs. 4a FeV aufgeführten Wohnmobile, beschussgeschützte Fahrzeuge, Krankenwagen, Leichenwagen sowie rollstuhlgerechte Fahrzeuge – aber auch nur diese – wieder.

14 Amtl. Begr. (BR-Drucks. 253/16 Beschl. vom 16.12.2016, S. 2) zu Art. 1 Nr. 5 (§ 6 IVa FeV) der 11. ÄndVO-FeV vom 21.12.2016 (BGBl I S. 3038). Nach *Buchard/Ochel-Brinkschröder* SVR 2017 S. 165 (166) geht dies zurück auf die Sitzung des Driving License Committee 6/2013.

Zwischenergebnis

Der (F) kann sich nicht auf die Ausnahmeregelung des § 6 Abs. 4 a FeV berufen.

2.1.6.5 Besitzstandsregelung

Fahrerlaubnisse, die bis zum Ablauf des 23.8.2017 erteilt worden sind, bleiben im Umfang der bisherigen Berechtigungen, wie er sich aus Anlage 3 ergibt, bestehen und erstrecken sich vorbehaltlich der Bestimmungen in § 76 FeV auf den Umfang der ab dem 6.7.2019 geltenden Fahrerlaubnisse.

Ausweislich des der Klausur beigefügten Führerscheins hat F die erforderliche Fahrerlaubnis der Klasse C1 mit Erteilungsdatum vom 15.12.2015 erworben. Es handelt sich also um eine Fahrerlaubnis alten Rechts i. S. d. § 6 Abs. 4 FeV.

Nach der Übergangsbestimmung des § 76 Nr. 8 b FeV sind Inhaber einer bis zum 18.1.2013 erteilten Fahrerlaubnis der Klasse C1 auch berechtigt, Kfz zu führen, die zur Beförderung von nicht mehr als acht Personen außer dem Fahrzeugführer ausgelegt und gebaut sind. Die Übergangsbestimmung entspricht damit dem Wortlaut der bis zum 27.12.2016 geltenden alten Regelung zu Klasse C1. Das gilt gemäß Satz 4 – allerdings mit der Einschränkung „nur im Inland" – auch für die Inhaber einer Fahrerlaubnis der Klasse C1, die wie im vorliegenden Fall ab dem 19.1.2013 bis zum 27.12.2016 erteilt wurde.

Danach ist (F) berechtigt, i. S. d. bis dahin geltenden alten Klasse C1 folgende Kfz zu führen:

> *Kfz* [...] *mit einer zulässigen Gesamtmasse von mehr als 3500 kg, aber nicht mehr als 7500 kg, und die zur Beförderung von nicht mehr als acht Personen außer dem Fahrzeugführer ausgelegt und gebaut sind.* (§ 6 Abs. 1 FeV a.F.)

Nach dieser alten Regelung bedurfte es keines Ausschlusses der Fahrerlaubnisklasse D1. Dieser Anwendungsfall ist hier einschlägig. Die Regelung ergibt sich jedoch alleine aus § 76 Nr. 8b FeV und nicht auch aus der „Umrechnungstabelle" der Anlage 3. In dem dortigen Kapitel A Tabelle III sind die Fahrerlaubnis mit dem Erteilungsdatum vom 19.1.2013 bis zum Ablauf des 27.12.2016 aufgeführt. Allerdings fehlt ein Hinweis auf die hier in Rede stehende Klasse C1. In der Zusammenschau folgt daraus: Der (F) benötigt zum Führen des in Rede stehenden Hummer H2 die Fahrerlaubnis der Klasse C1.

2.1.7 Geltungsdauer der Fahrerlaubnis

Die Fahrerlaubnis der Klasse C1 wird gem. § 23 Abs. 1 Satz 2 FeV längstens für fünf Jahre erteilt, kann jedoch gem. § 24 Abs. 1 FeV jeweils um den in § 23 Abs. 1 Satz 2 FeV angegebenen Zeitraum verlängert werden. Das ist im vorliegenden Fall ganz offensichtlich geschehen, denn das Ablaufdatum ist mit 15.12.2025 angegeben.

2.2 Ergebnis

(F) ist im Besitz der erforderlichen Fahrerlaubnis der Klasse C1.

Fall 9: Straßenrennen

Schwerpunkte

Verkehrsstraftaten, Verkehrsunfallflucht

Jochen Schramm, Erster Polizeihauptkommissar, HSPV NRW

Sachverhalt

Am Abend des 12.12.2022 gegen 21.30 Uhr treffen sich A und B mit ihren „getunten" Pkw auf dem Parkplatz eines großen Möbelhauses in Köln-Godorf. Beide sind der Einladung des Z gefolgt, der im Internet einen Geldpreis für denjenigen Pkw-Fahrer ausgelobt hat, der vom Parkplatz aus nach gemeinschaftlichem Start den Zielpunkt in Bonn als Erster erreicht. Die Benutzung der Autobahn wurde durch Z für diese Wettfahrt ausgeschlossen. Nachdem beide einen Startplatz in der ersten Startreihe zugelost bekommen haben, vereinbaren A und B noch eine Nebenwette: Derjenige, der vor dem anderen ins Ziel kommt, erhält vom „Verlierer" 500,– Euro in bar.

Um 21.45 Uhr starten A und B. Beide wollen den Zielpunkt so schnell wie möglich erreichen. Zunächst fährt B im innerstädtischen Bereich vor A. Aufgrund des schwachen Verkehrsaufkommens kann A jedoch auf einer Landstraße aufschließen und sogar neben B fahren. Es gelingt ihm jedoch nicht, an B vorbeizufahren. So fahren beide mit einer Geschwindigkeit von ca. 160 km/h in eine scharfe Rechtskurve ein, wobei A die für den Gegenverkehr vorgesehene Fahrspur vollständig für sich nutzt. An dieser Stelle ragt an beiden Seiten dichter Nadelholzbewuchs bis nahe an die Fahrbahn heran.

Mitten in der Kurve kommt beiden der mit 80 km/h fahrende Pkw des O entgegen. O leitet sofort eine Vollbremsung ein, verliert aber, da sein Fahrzeug nicht über ein ABS verfügt, die Kontrolle und prallt abseits der Fahrbahn gegen einen Baum.

B bremst sein Fahrzeug sofort zum Stillstand, verständigt über sein Handy die Polizei und Rettungskräfte und eilt dem O, der eine schwere Kopfverletzung erleidet und in seinem total beschädigten Pkw eingeklemmt wird, zu Hilfe. Trotzdem verstirbt O noch vor dem Eintreffen der Rettungskräfte am Unfallort.

A fährt mit unverminderter Geschwindigkeit weiter, obwohl er gesehen hat, dass O gegen den Baum geprallt ist.

Im Rahmen von Fahndungsmaßnahmen wird A um 22.10 Uhr am Zielpunkt angetroffen. Bei der Überprüfung wird festgestellt, dass er Amphetamine und Alkohol konsumiert hat. Ein Drogenvortest sowie ein Atemalkoholtest (0,53 mg/l) verlaufen positiv.

Beurteilen Sie das Verhalten des A und des Z aus verkehrsstrafrechtlicher und verhaltensrechtlicher Sicht!

Hinweis

Öffentlicher Verkehrsraum ist zu unterstellen.

Eine mögliche Strafbarkeit i. S. d. §§ 211, 212, 222, 229, 323c StGB ist nicht zu prüfen.

Lösung

Strafbarkeit des A

1. § 315d StGB

Indem A mit B und anderen ein Rennen fuhr, wodurch O zu Tode kam, könnte er sich gem. § 315d StGB strafbar gemacht haben.

1.1 Objektiver Tatbestand

1.1.1 Absatz 1 Ziff. 2

Gemäß § 315d Abs. 1 Ziff. 2 StGB wird bestraft, wer im Straßenverkehr als Kraftfahrzeugführer an einem nicht genehmigten Kraftfahrzeugrennen teilnimmt.

Öffentlicher Verkehrsraum ist lt. Hinweis zu unterstellen, A bewegt sich also im Straßenverkehr.

A müsste Kraftfahrzeugführer sein.

Gemäß § 1 Abs. 2 StVG sind Kraftfahrzeuge solche Landfahrzeuge, die durch Maschinenkraft angetrieben werden und nicht an Bahngleise gebunden sind. Der von A gefahrene Pkw wird durch einen Verbrennungsmotor angetrieben und kann – nur durch die Gestaltung des Verkehrsraums, nicht aber durch Schienen limitiert – frei bewegt werden. Es handelt sich also bei dem Pkw des A um ein Kraftfahrzeug.

A müsste den Pkw geführt haben. Führer eines Fahrzeugs ist derjenige, der sich selbst aller oder wenigstens eines Teiles der wesentlichen technischen Einrichtungen des Fahrzeugs bedient, die für seine Fortbewegung bestimmt sind, also das Fahrzeug unter bestimmungsgemäßer Anwendung seiner Antriebskräfte unter eigener Allein- oder Mitverantwortung in Bewegung setzt oder unter Handhabung seiner technischen Vorrichtungen während der Fahrbewegung durch den öffentlichen Verkehrsraum ganz oder wenigstens zum Teil lenkt.[1]

A wirkt über Gaspedal, Bremse und Lenker auf den Pkw ein und steuert so seinem Willen gem. die Geschwindigkeit und die Richtung, er führt das Fahrzeug also.

A müsste sich an einem Kraftfahrzeugrennen beteiligt haben. *„Rennen sind [...] Wettbewerbe oder Teile eines Wettbewerbs (z. B. Sonderprüfungen mit Renncharakter) sowie Veranstaltungen (z. B. Rekordversuche) zur Erzielung von Höchstgeschwindigkeiten mit Kfz.“*[2] Z hat einen Gelbetrag als Preis für denjenigen ausgelobt, der – bei gleichzeitigem Start – mit seinem Pkw einen zuvor bestimmten Zielpunkt als erster erreicht. Gewinner ist also derjenige, der die höchste Durchschnittsgeschwindigkeit erreicht. Die „Nebenwette“ zwischen A und B ist als „Rennen im Rennen“ analog zu bewerten. Da die Wettbewerbe die Nutzung von Pkw erfordern, handelt es sich um Kraftfahrzeugrennen, an denen der A als Bewerber um die Geldpreise teilnimmt.

Gemäß § 29 Abs. 2 StVO bedürfen insbesondere Kraftfahrzeugrennen einer Erlaubnis. Es ist davon auszugehen, dass eine solche Erlaubnis (i. S. d. § 46 Abs. 2 StVO) nicht erteilt wurde.

Demnach hat der A den objektiven Tatbestand des § 315d Abs. 1 Nr. 2 StGB erfüllt.

1.1.2 Absätze 2 und 5

Eine Strafverschärfung tritt gem. § 315d Abs. 2 StGB ein, wenn durch die Tat gem. Absatz 1 (vgl. 1.1.1) Leib oder Leben eines anderen Menschen oder fremde Sachen von bedeutendem Wert gefährdet werden (Individualgefahr). § 315d Abs. 5 StGB qualifiziert die Tat zu einem Verbrechen, wenn unter den Voraussetzungen des Absatz 2 der Tod eines anderen Menschen verursacht wurde.

Durch das Tatverhalten des A müsste gem. Absatz 1 also eine konkrete Gefahr eingetreten sein. Diese liegt vor, wenn in dem zu beurteilenden Geschehen über die ihm innewohnende latente Gefährlich-

---

1 Vgl. BGH, Urt. vom 18.1.1990 – 4 StR 292/89 –, NJW 1990 S. 1245.

2 OLG Hamm, Beschl. vom 7.4.1997 – 2 Ss OWi 260/97 –.

keit hinaus im Hinblick auf einen bestimmten Vorgang eine kritische Situation eingetreten ist, in der die Sicherheit einer bestimmten Person oder Sache so stark beeinträchtigt wurde, dass es nur noch vom Zufall abhing, ob das Rechtsgut verletzt wurde oder nicht.[3] Als latente Gefährlichkeit ist die allgemeine, aus der Teilnahme am Straßenverkehr resultierende Möglichkeit eines Schadenseintritts zu sehen, die jederzeit eintreten kann.

In der konkreten Situation sah sich der O plötzlich in einer unübersichtlichen Kurve einem mit hoher Geschwindigkeit entgegenkommenden Fahrzeug gegenüber, das zudem noch die linke Seite der Fahrbahn benutzte. Bei einem frontalen Aufeinandertreffen zweier Pkw mit Geschwindigkeiten von 80 bzw. 160 km/h würden beide Fahrzeuge total beschädigt und die Fahrzeuginsassen mindestens schwer verletzt, mit hoher Wahrscheinlichkeit sogar getötet werden. Diesen Zusammenstoß versuchte O mit einer Vollbremsung zu vermeiden, wobei nicht geklärt werden kann, ob dies gelungen wäre, wenn er auf der Fahrbahn verblieben wäre. Außer Frage steht jedoch, dass sowohl sein Leben als auch sein Fahrzeug unmittelbar vor einem Schaden durch den Zusammenstoß standen. Die konkrete Gefahr hat sich durch den eingetretenen Sach- und Körperschaden manifestiert.

Die Wertgrenze für die Annahme der Gefährdung einer Sache von bedeutendem Wert liegt bei 750 Euro.[4] Es ist zu unterstellen, dass der Wert des Pkw O darüber lag. Auch ist davon auszugehen, dass A zu diesem Pkw keinen eigentumsrechtlichen Bezug hatte. Es liegt eine Gefährdung für Leib und Leben eines anderen Menschen sowie eine fremde Sache von bedeutendem Wert vor, sodass Absatz 2 anzuwenden ist.

Infolge dieser konkreten Gefahr verstirbt O, sodass auch Absatz 5 Anwendung findet.

1.2 Subjektiver Tatbestand

1.2.1 Zu Absatz 1

Gemäß § 15 StGB wird vorsätzliches Handeln unter Strafe gestellt. Dies setzt in Form des direkten Vorsatzes die Kenntnis aller objektiven Tatbestandsmerkmale und den Willen zur Verwirklichung voraus. A ist zu unterstellen, dass ihm bekannt ist, dass Rennen mit Pkw grundsätzlich nicht erlaubt sind und er sich daran nicht hätte beteiligen dürfen.

3 Vgl. BGH, Urt. vom 30.3.1995 – 4 StR 75/94 –, NJW 1995 S. 3133-3134.
4 Vgl. BGH, Urt. vom 28.9.2010 – 4 StR 245/10 –, NStZ 2011 S. 215-216.

Trotzdem wollte er die Geldpreise gewinnen und ignorierte dieses Verbot. Insoweit ist ihm Vorsatz zu unterstellen.

1.2.2 Zu Absatz 2

Der Tatbestand führt sowohl bei vorsätzlicher (§ 15 StGB) als auch bei fahrlässiger (Absatz 4) Begehung zu einer Strafbarkeit. A könnte bedingt vorsätzlich die Individualgefahr herbeigeführt haben. Bedingt vorsätzliches Handeln setzt voraus, dass der Täter den Eintritt des tatbestandlichen Erfolges als möglich und nicht ganz fernliegend erkennt und dass er den Erfolg billigt oder sich um des erstrebten Zieles Willen zumindest mit der Tatbestandsverwirklichung abfindet.[5]

Es liegen keine Informationen darüber vor, welche persönlichen Kenntnisse und Erfahrungen A als Verkehrsteilnehmer und Führer von Kraftfahrzeugen aufweist. Es ist jedoch zu unterstellen, dass ihm durch die schulische Bildung das Wirken physikalischer Kräfte bekannt ist. Darüber hinaus kann nach allgemeiner Lebenserfahrung von einem jungen Erwachsenen verlangt werden, dass er erkennt, dass er durch sein Verhalten für entgegenkommende Fahrzeuge eine nahezu ausweglose Situation schafft, in der ein schädigendes Ereignis nicht zu verhindern ist.

Für A steht im Vordergrund, so schnell wie möglich an das vorgegebene Ziel zu gelangen. Er blendet dabei aus, dass sich sein Verhalten auf andere auswirkt und lässt durch sein Verhalten erkennen, dass ihm mögliche Folgen seines Verhaltens „egal“ sind.

In Bezug auf die eingetretene Individualgefahr ist A bedingter Vorsatz anzulasten.

1.2.3 Zu Absatz 5

Gemäß § 18 StGB kommt eine Bestrafung i. S. d. Absatz 5 infrage, wenn dem A hinsichtlich der durch die Tat eingetretenen schweren Folge, hier der Tod des O, mindestens Fahrlässigkeit zu unterstellen ist. Der ausschließliche Bezug auf Absatz 2 indiziert, dass ein Vorwurf gem. Absatz 5 nur infrage kommt, wenn dem Täter hinsichtlich der verursachten Gefahr Vorsatz unterstellt werden kann, was hier der Fall ist (vgl. 1.2.2).

Auch im Hinblick auf den Tod von O geht das Verhalten des A über bloße Sorglosigkeit hinaus. Er musste damit rechnen, dass es bei einer in diesem Maße überhöhten Geschwindigkeit i. V. m. der Nutzung der linken, für den Gegenverkehr gedachten Fahrbahnseite jederzeit zu einem frontalen Zusammenstoß mit einem anderen Fahr-

---

5 Vgl. BGH, Urt. vom 27.10.2015 –2 StR 312/15 –, NJW 2016 S. 1970-1972.

zeug kommen konnte. Dass ein solches Ereignis potenziell den Tod von Menschen zur Folge haben würde, war auch für A erkennbar. Trotz dieser Erkenntnis ließ A Bedenken aber nicht aufkommen und verfolgte einzig sein persönliches Ziel, nämlich, die Wettfahrt gegen B zu gewinnen.

In Bezug auf den Tod des O ist ihm bedingter Vorsatz zu unterstellen.

1.3 Rechtswidrigkeit

Es sind keine Rechtfertigungsgründe für das Verhalten des A erkennbar, sein Verhalten war rechtswidrig.

1.4 Schuld

Entschuldigungsgründe sind nicht erkennbar, durch den Konsum von Alkohol bzw. Amphetaminen könnte A sich zum Zeitpunkt der Tat in einem Zustand der Schuldunfähigkeit oder verminderten Schuldfähigkeit befunden haben. Unter der Voraussetzung, dass sich der Wert des Atemalkoholtestes mit dem Ergebnis einer zu entnehmenden Blutprobe deckt, würde der Alkoholkonsum für sich nicht für Schuldminderung oder -ausschluss sprechen. Das Zusammenwirken mit Amphetaminen, deren Konsummenge ebenfalls erst durch eine Blutprobe festgestellt werden kann, muss in einem übergreifenden medizinischen Gutachten bewertet werden, sodass der A zwar mit einiger Wahrscheinlichkeit schuldfähig war, dies jedoch nicht abschließend festgestellt werden kann.

1.5 Ergebnis

A hat sich gem. § 315d Abs. 1 Nr. 2, Abs. 2 und Abs. 5 StGB strafbar gemacht (Offizialdelikt, Verbrechen).

2. § 315c Abs. 1 StGB

2.1 Objektiver Tatbestand

2.1.1 Nr. 1 Buchst. a)

Gemäß § 315c Abs. 1 Nr. 1a) StGB wird bestraft, wer im Straßenverkehr ein Fahrzeug führt, obwohl er aufgrund des Genusses alkoholischer Getränke oder anderer berauschender Mittel nicht mehr in der Lage ist, das Fahrzeug sicher zu führen und dadurch eine Individualgefahr verursacht.

Als Fahrer eines Pkw führt A ein Kfz (vgl. 1.1.1) im öffentlichen Verkehrsraum.

Fraglich ist, ob A fahrunsicher war. Fahrunsicherheit setzt voraus, dass die Gesamtleistungsfähigkeit des Fahrzeugführers so weit herabgesetzt ist, dass er nicht mehr fähig ist, sein Fahrzeug im Straßenverkehr eine längere Strecke auch bei plötzlichem Eintritt schwieriger Verkehrslagen sicher zu steuern.[6]

Zu den Anforderungen an die Gesamtleistungsfähigkeit des Führers eines Kfz gehört es, die aus dem eigenen Verhalten potenziell resultierende Gefahr richtig einzuschätzen und auf Grundlage dieser Einschätzung abzuwägen, ob ein möglicher konkreter Fahrvorgang durchgeführt oder darauf verzichtet wird. Bei A ist nicht zu erkennen, dass er sich mit der Gefährlichkeit seines Tuns überhaupt auseinandersetzt. Er ist derart enthemmt, dass ihn ausschließlich seine eigenen Belange interessieren, wodurch er sein Fahrverhalten mit den Erfordernissen der jeweiligen Verkehrssituation nicht abgleicht. Er ist also zum sicheren Führen seines Pkw nicht mehr in der Lage.

Unter Genuss i. S. d. § 315c StGB ist der Konsum zu verstehen. Durch einen Atemalkoholtest konnte festgestellt werden, dass A alkoholische Getränke konsumiert hat. Berauschende Mittel sind solche, die in ihren Auswirkungen denen des Alkohols vergleichbar sind und zu einer Beeinträchtigung des Hemmungsvermögens sowie der intellektuellen und motorischen Fähigkeiten führen. Dazu zählen grundsätzlich die in § 1 BtMG aufgezählten Stoffe[7], also auch Amphetamine.

Die Fahrunsicherheit des A müsste auf den Konsum von Alkohol bzw. berauschenden Mitteln zurückzuführen sein. Das wäre der Fall, wenn der Konsum nicht hinweggedacht werden kann, ohne dass die Fahrunsicherheit ausbliebe. Im Zusammenhang mit dem Konsum alkoholischer Getränke ist dabei zwischen absoluter und relativer Fahrunsicherheit zu unterscheiden. Dabei ist von absoluter Fahrunsicherheit immer dann auszugehen, wenn bei einem Kraftfahrzeugführer zum Zeitpunkt der Tat eine Blut-Alkohol-Konzentration (BAK) ab 1,1 ‰ festgestellt wird.[8] Als Indiz kann hier der Atemalkoholtest dienen, dessen Ergebnis von 0,53 mg/l auf einen BAK-Wert von 1,06 ‰ und damit knapp unterhalb der Grenze umzurechnen ist. Vor diesem Hintergrund kommt bei A durch das Zusammenwirken von Alkohol mit Amphetaminen eine relative Fahrunsicherheit infrage, wobei die Enthemmung des A und seine Unfähigkeit, die Ge-

6 Vgl. BGH, Urt. vom 3.11.1998, BGHSt 44, 219-228 = DAR 1999 S. 31-33; NJW 1999 S. 1770-1772.
7 Vgl. BGH, Urt. vom 30.9.1976 – 4 StR 198/76 –, VRS 53 S. 356.
8 Vgl. BGH, Urt. vom 28.6.1990 – 4 StR 297/90, BGHSt 37, 89-99 = DAR 1990 S. 303-305.

fährlichkeit seiner Fahrweise mit den Verkehrserfordernissen abzugleichen als Ausfallerscheinung zu bewerten ist. Es ist zwar nicht auszuschließen, dass A auch an dem Rennen teilgenommen hätte, ohne die Stoffe konsumiert zu haben. Es ist jedoch wahrscheinlich, dass er ohne den Konsum die Tragweite seines Handelns besser hätte abschätzen und sein Verhalten entsprechend anpassen können. Ob die Kombination oder der Konsum nur eines der beiden Mittel ursächlich für die Fahrunsicherheit waren, ist durch ein medizinisches Gutachten festzustellen, jedoch verwirklichen die drei Alternativen jeweils den Tatbestand.

2.1.2 § 315c Abs. 1 Nr. 2 StGB

Gemäß § 315c Abs. 1 Nr. 2 StGB wird bestraft, wer grob verkehrswidrig und rücksichtslos ein in den Buchstaben a)–g) abschließend beschriebenes Verhalten verwirklicht.

2.1.2.1 Buchst. b)

A könnte falsch überholt haben. Ein Überholen liegt vor, wenn ein Verkehrsteilnehmer von hinten an einem anderen (Verkehrsteilnehmer) vorbeifährt, der sich auf derselben Fahrbahn in derselben Richtung bewegt oder nur mit Rücksicht auf die Verkehrslage anhält.[9] A und B befanden sich auf derselben Fahrbahn einer Landstraße und bewegten sich in dieselbe Richtung. A befand sich zunächst hinter B und versuchte, an ihm vorbeizukommen. Auch wenn ihm das aufgrund der nahezu gleichen Geschwindigkeit zunächst nicht gelang, liegt hier ein Überholen vor. Gemäß § 5 Abs. 2 StVO hätte A eine Behinderung – und damit auch jede Gefährdung oder gar Schädigung – des Gegenverkehrs ausschließen und mit wesentlich höherer Geschwindigkeit als B fahren müssen. Da er diese Regeln nicht eingehalten hat, hat er falsch überholt.

2.1.2.2 Buchst. d)

A könnte an einer unübersichtlichen Stelle zu schnell gefahren sein. Eine unübersichtliche Stelle liegt vor, wenn aufgrund der örtlichen Gegebenheiten der Überblick des vor dem Verkehrsteilnehmer liegenden Verkehrsraums erkennbar beeinträchtigt ist. A durchfuhr eine scharfe Rechtskurve, wodurch er erheblich weniger der vor ihm liegenden Strecke beobachten konnte als auf gerader Straße. Zudem war die Sicht auf den weiteren Verlauf der Fahrbahn durch dichten

---

9 Vgl. BGH, Urt. vom 13.2.1975 – 4 StR 508/74, BGHSt 26, 76-80 = NJW 1975 S. 1330-1332.

Bewuchs unmöglich, es handelt sich also um eine unübersichtliche Stelle.

Gemäß § 3 Abs. 3 Ziff. 2 lit c) StVO hätte A an dieser Stelle maximal 100 km/h schnell fahren dürfen. Diese Grenze überschritt er um 60 km/h.

Gemäß § 3 Abs. 1 StVO darf nur so schnell gefahren werden, dass innerhalb der übersehbaren Strecke angehalten werden kann. Bei einer gefahrenen Geschwindigkeit von 160 km/h müsste A mehr als 175 m der vor ihm liegenden Fahrbahn überblicken können. So wie die Örtlichkeit beschrieben ist, kann dies hier nicht gegeben sein. Vor dem Hintergrund, dass A dauerhaft auf der für den Gegenverkehr vorgesehenen Fahrbahnseite fuhr, ist unter analoger Anwendung des § 3 Abs. 1 Satz 5 StVO von ihm zu verlangen, dass er innerhalb der Hälfte der übersehbaren Strecke anhalten könnte, sodass er mehr als 350 m übersehen können müsste.

Diese Voraussetzungen konnten nicht eingehalten werden, sodass A an einer unübersichtlichen Stelle zu schnell gefahren ist.

2.1.2.3 Buchst. e)

A könnte an einer unübersichtlichen Stelle (s. o.) die rechte Fahrbahnseite nicht eingehalten haben. Er fuhr über eine längere Strecke auf dem für ihn linken, dem Gegenverkehr vorbehaltenen Fahrstreifen, hielt also die rechte Fahrbahnseite nicht ein.

2.1.2.4 Grobe Verkehrswidrigkeit

Zunächst müssten die oben beschriebenen Fehlverhalten grob verkehrswidrig begangen worden sein. Grobe Verkehrswidrigkeit setzt einen objektiv besonders schweren Verstoß gegen eine Verkehrsvorschrift voraus, aus dem eine besondere Gefahr für die Verkehrssicherheit resultiert.[10] A durchfährt eine scharfe Rechtskurve mit 160 km/h. Er fährt dabei auf der linken Fahrspur neben B. Alleine die gefahrene Geschwindigkeit dürfte in der vorliegenden Situation am Rande der Beherrschbarkeit des Fahrzeugs liegen. Kombiniert mit den anderen Faktoren ergibt sich aus diesem Fahrverhalten nach objektiver Würdigung, dass es einer Vielzahl von begünstigenden Faktoren bedurft hätte, die außerhalb des Einflusses von A lagen, damit es hier nicht zu einem schädigenden Ereignis kommt. Dabei stellt die tatsächlich eingetretene Tötung des O nur ein mögliches Szenario dar – durch das Verhalten von A war hier ein Verkehrsunfall wahrscheinlicher als dessen Ausbleiben. Im Zusammenhang mit der ge-

10 Vgl. OLG Karlsruhe, Urt. vom 23.1.2004 – 3 Ss 273/03 –, VRS 2004 S. 292-295.

fahrenen Geschwindigkeit ist dieses Verhalten als besonders gefährlich zu bewerten, sodass die Verstöße von A grob verkehrswidrig begangen wurden.

2.1.2.5 Rücksichtslosigkeit

Ferner müsste A die Verstöße rücksichtslos begangen haben. Rücksichtslos handelt, wer sich im Straßenverkehr aus eigensüchtigen Gründen über seine Pflichten gegenüber anderen Verkehrsteilnehmern hinwegsetzt oder aus Gleichgültigkeit von vornherein Bedenken gegen sein Verhalten nicht aufkommen lässt.[11] A hat nur ein Interesse, dem er alles andere unterordnet: er will als erster ans Ziel gelangen und die Geldprämien einstreichen. Vor diesem Hintergrund stellt er jegliche Bedenken oder Gedanken an die Notwendigkeiten des Straßenverkehrs hintan, handelt also eigensüchtig. Die Straßenverkehrsordnung lässt keine Schädigung oder Gefährdung anderer Verkehrsteilnehmer zu (§ 1 Abs. 2 StVO), solche Folgen zu vermeiden, stellt die Mindestanforderung an das Verhalten des A dar. Diese Pflicht hält er nicht ein. Sein Verhalten ist als rücksichtslos zu bewerten.

2.1.3 Individualgefahr

§ 315c Abs. 1 StGB fordert einen kausalen Zusammenhang zwischen aktiven Tatelementen und der eingetretenen Folge. Die bis hierher behandelten, strafrechtlich relevanten Verhaltensweisen des A wurden in einem einheitlichen Geschehensablauf verwirklicht, sodass die unter 1.1.2 behandelte Individualgefahr jedem einzelnen Teil dieses Ablaufs zuzuordnen ist.

Der objektive Tatbestand des § 315c Abs. 1 Nr. 1 a), Nr. 2 b), Nr. 2 d) und Nr. 2 e) StGB wurde von A verwirklicht.

2.2 Subjektiver Tatbestand

Gemäß § 15 StGB wird vorsätzliches Handeln unter Strafe gestellt. Zu prüfen ist hier, ob A bei der Verwirklichung des objektiven Tatbestandes vorsätzlich gehandelt hat. In Bezug auf die aktiv zu verwirklichenden Tatbestandsmerkmale ist hier von direktem Vorsatz 2. Grades auszugehen, da ihm bekannt gewesen sein muss, dass die unter 2.1 geprüften Verhaltensweisen zu einer Strafbarkeit führen können und sie im konkreten Fall auch tatsächlich verwirklicht werden würden.

In Bezug auf die eingetretenen Folgen, konkret die Tötung des O, gelten die Ausführungen unter 1.2 gleichermaßen, das Handeln des A erfolgte also vorsätzlich.

---

11 Vgl. BGH, Urt. vom 25.2.2954 – 4 StR 796/53 –, BGHSt 5, 392-396.

2.3 Rechtswidrigkeit

Es sind keine Rechtfertigungsgründe für das Verhalten des A erkennbar, sein Verhalten war rechtswidrig.

2.4 Schuld

Siehe 1.4.

2.5 Ergebnis

A hat sich gem. § 315c Abs. 1 Nr. 1 a), Nr. 2 Buchst. b), d) und e) StGB strafbar gemacht (Offizialdelikt, Vergehen).

3. § 142 Abs. 1 StGB

3.1 Objektiver Tatbestand

Gemäß § 142 Abs. 1 StGB wird bestraft, wer sich als Unfallbeteiligter nach einem Unfall im Straßenverkehr vom Unfallort entfernt, bevor er die Verpflichtungen der Nr. 1 oder 2 erfüllt hat.

Zu prüfen ist, ob sich hier ein Unfall im Straßenverkehr zugetragen hat. Unter dem Begriff Verkehrsunfall ist jedes mit dem Straßenverkehr und seinen Gefahren ursächlich zusammenhängende Ereignis zu verstehen, durch das ein Mensch zu Schaden kommt oder ein nicht ganz belangloser Sachschaden verursacht wird.[12] A, B und O befahren eine Landstraße im öffentlichen Verkehrsraum. Bei der Teilnahme am Straßenverkehr kommt es immer wieder zu Konfliktsituationen, die sich aus dem Fehlverhalten einzelner ergeben. Zu solchen verkehrstypischen Geschehen gehört auch die Situation, in der O für ihn plötzlich und unerwartet ein anderes Fahrzeug auf seiner Fahrspur entgegenkommt. In der Folge dieser Situation kommt O zu Tode, sein Fahrzeug wird total beschädigt. Hier liegt also ein Verkehrsunfall vor.

Strafbar handeln i. S. d. § 142 StGB kann nur, wer Unfallbeteiligter ist. Gemäß Absatz 5 ist das jeder, dessen Verhalten nach den Umständen zur Verursachung des Unfalls beigetragen haben kann. A fuhr hier mit zu hoher Geschwindigkeit auf der linken Fahrbahnseite dem O entgegen und zwang ihn dadurch zu einer Vollbremsung, die wiederum dazu führte, dass O die Kontrolle über sein Fahrzeug verlor, wodurch die oben genannten Schäden eintraten. Folglich ist A Unfallbeteiligter.

12 Vgl. BGH, Urt. vom 27.7.1972 – 4 StR 287/72 –, BGHSt 24, 382-386 = NJW 1972 S. 1960-1961.

Zu prüfen ist, ob sich A vom Unfallort entfernt hat. Unfallort ist der Bereich, in dem der Schaden eingetreten ist sowie dessen Umkreis, in dem die Unfallbeteiligten ihrer Pflicht, einem Berechtigten die Beteiligung zu offenbaren, noch erfüllen können. Darüber hinaus wird auch noch der Bereich erfasst, in dem feststellungsbereite Personen unter den gegebenen Umständen den Unfallbeteiligten vermuten würden.[13] Der Schadenseintritt erfolgt hier etwa in Kurvenmitte. Üblicherweise kann der Unfallort so weit ausgelegt werden, dass der Bereich, in dem ein Unfallbeteiligter anhalten kann, ohne sich selbst zu gefährden, noch dazu gerechnet wird. Dieser ausgedehnte Begriff findet hier aber spätestens am Ende der Kurve seine Grenzen – der Zielort des Rennens gehört nicht dazu. Indem A seine Fahrt bis zum Zielort fortgesetzt hat, hat er den örtlichen Zusammenhang zwischen dem Unfallort und sich aufgehoben, also eine räumliche Trennung gebildet. A hat sich vom Unfallort entfernt.

Als ungeschriebenes Tatbestandsmerkmal müsste fremdes Feststellungsinteresse vorliegen, was sich aus dem Schutzzweck der Norm ergibt. Dies ist immer dann gegeben, wenn sich aus dem Unfallgeschehen zivilrechtliche Leistungs- oder Abwehransprüche Dritter ergeben könnten. Durch das Verhalten des A wurde erheblicher Schaden am Pkw O hervorgerufen, O selbst ist zu Tode gekommen. Seine Rechtsansprüche gehen auf die Erben über, denen ein Interesse an der Feststellung der geforderten Daten unterstellt werden darf.

A könnte sich hier entfernt haben, ohne eine nach den Umständen angemessene Zeit gewartet zu haben. Die Alternative gem. § 142 Abs. 1 Nr. 2 StGB kommt zum Tragen, wenn im Anschluss an das Unfallgeschehen keine feststellungsbereite Person am Unfallort anwesend ist.

Infolge des Verkehrsunfalls wird O schwer verletzt und verstirbt letztlich, sodass er zu keinem Zeitpunkt bereit war, die Feststellungen zu A zu treffen. B, der am Unfallort verbleibt, kann nicht als feststellungsbereit bewertet werden, da er selbst am Unfall beteiligt und einer Straftat (gem. § 315d StGB) verdächtig ist. A setzt seine Fahrt fort, ohne sich um das Unfallgeschehen zu kümmern, also ohne jegliche Wartezeit.

A hat den objektiven Tatbestand gem. § 142 Abs. 1 Nr. 2 StGB verwirklicht.

13 Vgl. OLG Hamm, Urt. vom 19.1.1978 – 2 Ss 789/77 –, VRS 54 S. 433.

3.2 Subjektiver Tatbestand

Gemäß § 15 StGB ist die Strafbarkeit an vorsätzliches Handeln geknüpft. A musste bekannt gewesen sein, dass er nach einem Verkehrsunfall, zu dessen Verursachung er beigetragen haben könnte, am Unfallort hätte verbleiben müssen. Er hatte wahrgenommen, dass O gegen einen Baum geprallt war, davon unbeirrt setzte er seine Fahrt fort. Es kommt hier nicht darauf an, aus welchem Grund er dies getan hat, soweit sich daraus keine Rechtfertigung ergibt.

Für A stand im Vordergrund, das Ziel der Wettfahrt als erster zu erreichen, ihm war alles andere egal. Sein Handeln war vorsätzlich.

3.3 Rechtswidrigkeit

Rechtfertigungsgründe für sein Verhalten sind nicht erkennbar.

3.4 Schuld

Siehe 1.4.

3.5 Ergebnis

A hat sich gem. § 142 Abs. 1 Nr. 2 StGB strafbar gemacht (Offizialdelikt, Vergehen).

4. Verstöße gegen die StVO

A könnte sich durch sein Verhalten ordnungswidrig i. S. der StVO verhalten haben.

4.1 § 34 Abs. 1 StVO

Indem er nach dem Verkehrsunfall nicht angehalten und sich nicht über die Unfallfolgen vergewissert hat, hat er gegen § 34 Abs. 1 Nr. 1 und 3 StVO verstoßen.

Indem er dem verletzten O nicht Hilfe geleistet hat, verstieß er gegen § 34 Abs. 1 Nr. 4 StVO und durch das Entfernen ohne Wartezeit gegen § 34 Abs. 1 Nr. 6 b) StVO.

4.2 § 5 Abs. 2 StVO

§ 5 Abs. 2 StVO fordert vom Überholenden den Ausschluss jeglicher Behinderung Entgegenkommender. Als Steigerungen müssen daher auch Gefährdung und Schädigung ausgeschlossen werden. Durch sein Verhalten schädigt A den O.

Darüber hinaus hätte er nur überholen dürfen, wenn er mit wesentlich höherer Geschwindigkeit als B gefahren wäre. Er fährt über eine längere Strecke neben B, ohne dass er vorbeikommt.
A hat gegen § 5 Abs. 2 StVO verstoßen.

4.3 § 3 StVO

4.3.1 Absatz 1

Wie unter 2.1.2.2 beschrieben, fährt er mit nicht angepasst hoher Geschwindigkeit und verstößt so gegen § 3 Abs. 1 StVO.

4.3.2 Absatz 3 Nr. 2 lit c)

Für einen Pkw liegt a. g. O. die zulässige Höchstgeschwindigkeit auf einer Straße mit nur jeweils einem Fahrstreifen ohne bauliche Trennung für jede Fahrtrichtung bei 100 km/h. Diese Grenze überschreitet A um 60 km/h und verstößt so gegen § 3 Abs. 3 Nr. 2 c) StVO.

4.4 § 1 Abs. 2 StVO

Indem er als Verkehrsteilnehmer einen anderen, nämlich den O, geschädigt hat, verstieß A gegen § 1 Abs. 2 StVO.

4.5 Zusammenfassung

Die o. g. Verstöße wurden, wie oben beschrieben, vorsätzlich begangen. Rechtfertigende Umstände sind nicht erkennbar. Ausführungen zur Schuldfähigkeit s. o.

Das Verhalten von A war ordnungswidrig gem. §§ 1 Abs. 2, § Abs. 1 und 3 Nr. 2 c), 5 Abs. 2, 34 Abs. 1 Nr. 1, 3, 4 und 6 b), 49 StVO; 24 StVG.

Diese Ordnungswidrigkeiten treffen hier tateinheitlich mit den zu 1.–3. geprüften Straftaten zusammen, sodass gem. § 21 OWiG nur die strafrechtlichen Normen anzuwenden sind.

A ist demnach gem. §§ 142 Abs. 1 Nr. 2, 315d Abs. 1 Nr. 2, Abs. 2 und 5, 315c Abs. 1 Nr. 1 a) und Abs. 2 Nr. 2 Buchst. b), d) und e) StGB zu bestrafen.

Strafbarkeit des Z

5. § 315d StGB

Indem Z einen Geldbetrag für denjenigen, der als erster einen festgelegten Zielpunkt erreicht, auslobte, könnte er sich gem. § 315d StGB strafbar gemacht haben.

5.1 Objektiver Tatbestand

Gemäß § 315d Abs. 1 Nr. 1 StGB wird bestraft, wer im Straßenverkehr ein nicht erlaubtes Rennen ausrichtet oder durchführt.

Wie unter 1.1.1 beschrieben, handelt es sich bei der Wettfahrt, an der u. a. A und B teilnahmen, um ein nicht erlaubtes Kraftfahrzeugrennen.

Fraglich ist, ob dieses Rennen von Z ausgerichtet oder durchgeführt wurde. Darunter ist zu fassen, dass er ein solches Rennen veranstaltet, d. h. vorbereitet, organisiert oder eigenverantwortlich ins Werk setzt.[14] Z bestellt hier eine nicht genauer bezeichnete Anzahl an Teilnehmern zu einem von ihm festgelegten Ausgangspunkt. Er stellt demjenigen, der als erster einen von ihm ausgesuchten Zielort erreicht, einen Geldpreis in Aussicht und bestimmt dadurch über alle Rahmenbedingungen dieser Wettfahrt.

Er richtet dieses nicht erlaubte Kraftfahrzeugrennen aus.

5.2 Subjektiver Tatbestand

Gemäß § 15 StGB wird vorsätzliches Handeln unter Strafe gestellt. Z musste bekannt gewesen sein, dass es verboten ist, Kraftfahrzeugrennen im öffentlichen Straßenverkehr zu veranstalten. Auch vor Inkrafttreten des § 315d StGB (n. F.) gab es dieses Verbot schon gem. § 29 Abs. 1 und 2 StVO. Es ist also davon auszugehen, dass Z die Durchführung trotz dieses Wissens wollte, sein Handeln war also vorsätzlich.

5.3 Rechtswidrigkeit/Schuld

Für Z sind weder Rechtfertigungs- noch Entschuldigungsgründe erkennbar.

5.4 Ergebnis

Z hat sich gem. § 315d Abs. 1 Nr. 1 StGB strafbar gemacht (Offizialdelikt, Vergehen).

14 Vgl. OLG Karlsruhe, Urt. vom 24.11.2010 – 3(4) SsBs 559/10 AK 2013/10 –, DAR 11 S. 273-274.

Kriminalistik/Kriminaltechnik

Fall 10: Körperverletzung nach Gaststättenbesuch

Schwerpunkte

Kriminalistische Fallanalyse, Sicherungsangriff nach Körperverletzungsdelikt

Kriminaldirektor Stefan Mühlbauer, LR Steinfurt, Lehrbeauftragter an der HSPV NRW

1. Lage

1.1 Allgemeine Lage

Die Straßenkriminalität hat in NRW in den letzten Jahren kontinuierlich abgenommen und seit 1990[1] ihren niedrigsten Stand erreicht. Bei den qualifizierten Körperverletzungsdelikten, die zum Bereich der Straßenkriminalität gehören, ist seit 2014 ein gegenläufiger Trend mit zumindest gleichbleibenden Fallzahlen zu beobachten. Insbesondere an den Wochenenden kommt es im Zusammenhang mit dem Nachtleben zu entsprechenden Straftaten. Bezogen auf PP-D-Stadt ist insbesondere der Bereich um die Bolker Straße mit ihrer hohen Anzahl an Gaststätten sowie sonstigen Feier- und Vergnügungseinrichtungen betroffen. Zur Verhinderung von Straftaten werden zu den tatrelevanten Zeiten im Rahmen eines Präsenzkonzeptes vermehrt uniformierte Fahr- und Fußstreifen auf der Vergnügungs- und Flaniermeile eingesetzt.

1.2 Besondere Lage

Am Freitag, den 9.3.2022, geht gegen 22.30 h bei der Einsatzleitstelle der Polizei in D-Stadt folgender Notruf ein:

1 Presseinformation des IM NRW zur PKS 2021 vom 21.2.2022.

„Mein Name ist Karl Müller. Kommen Sie bitte schnell, wir sind auf der Straße von einem unbekannten Mann angegriffen worden, mein Freund wurde dabei schwer verletzt".

Nachdem der Anrufer sich etwas beruhigt hat, kann er die Situation wie folgt weiter schildern:

„Mein Freund, der Heinz Schulte und ich, waren in der Gaststätte ‚Bärenbräu' in der Bolker Straße, um nach einer anstrengenden Arbeitswoche das Wochenende einzuläuten. Wir wollten nur in Ruhe einige Biere zusammen trinken. Als Heinz von der Theke noch Getränke holen wollte, rempelte er versehentlich einen weiteren Gast an. Der Gast ließ sein Bierglas fallen, woraufhin sich das Bier über dessen Hemd ergoss. Heinz hat sich sofort entschuldigt, Papiertücher zum Abtrocknen geholt und ihm ein neues Bier besorgt. Dennoch regte sich der Mann zusehends auf, er war äußerst aggressiv und beleidigte Heinz permanent. Wir haben dann lieber die Gaststätte verlassen, da wir keinen Streit wollten.
Der Mann muss uns dann aus der Kneipe gefolgt sein. Unmittelbar vor der Gaststätte sprach er den Heinz an, ‚dass die Angelegenheit ja noch geklärt werden müsse'. Er entschuldigte sich dabei für die Beleidigungen, die er dem Heinz an den Kopf geworfen hatte, bat Heinz zudem um eine Zigarette, um friedlich miteinander sprechen zu können. Der Mann machte jetzt eigentlich einen ruhigen Eindruck.
Völlig unerwartet hat der Mann dann den Heinz erst geschubst und anschließend mit einem Totschläger[2] angegriffen. Heinz konnte den Schlag reflexartig abwehren, sodass er lediglich am Oberarm getroffen wurde. Durch die Gegenwehr von Heinz ließ der Täter den Totschläger fallen. Daraufhin trat der Mann Heinz ansatzlos mit dem Fuß an den Kopf, sodass Heinz heftig im Gesicht blutend zu Boden gegangen ist. Heinz ist nicht ansprechbar, er liegt hier auf der Straße.
Der unbekannte Mann ist direkt abgehauen. Ich bin mir relativ sicher, dass er wieder in das ‚Bärenbräu' gegangen ist. Er hat ein rotes T-Shirt mit dem Aufdruck ‚Ghost' an und trägt Bluejeans".

---

2 Totschläger: Die Rechtsprechung definiert Totschläger als „biegsame, an einem Ende beschwerte Schlaggeräte, die die menschliche Hiebenergie durch Schleuderbewegung zu einer erheblichen, zielbaren Bewegungs- und Auftreffenergie potenzieren". Vgl. auch Anlage 2 zum Waffengesetz, Punkt 1.3.2, Totschläger als verbotene Waffe; BGBl I 2002 S. 3999-4002.

2. Bemerkungen zur Lage

Witterung: 12 Grad, wolkenverhangen, leichter Nieselregen

3. Aufgaben

1. Bearbeiten Sie im Rahmen der Kriminalistischen Fallanalyse (KFA)
- die Gefahrenlage (Ziff. 1.1.1)
- die Verdachtslage im Hinblick auf eine Tat (Ziff. 1.1.2)
(Gewichtung 20 %)

2. Begründen Sie, welche Maßnahmen im Rahmen des Sicherungsangriffs durchzuführen oder zu veranlassen sind.
(Gewichtung 35 %)

3. Stellen Sie, bezogen auf den Sachbeweis, die vorhandenen/zu erwartenden Spuren tabellarisch dar und ordnen Sie sie jeweils den Spurenarten zu. Analysieren Sie den Sachbeweis (Ziff. 3.2 der KFA) anhand zweier zuvor genannter und selbst ausgewählter unterschiedlicher Spuren. Auf die Spurenlage in der Gaststätte ist nicht einzugehen.
(Gewichtung 30 %)

4. Erläutern Sie kurz die Begriffe Offizial-, Antrags- und Privatklagedelikte. Welche rechtlichen / formalen Aspekte sind dabei zu beachten?
(Gewichtung 15 %)

Der Sachverhalt orientiert sich an einer typischen Problemlage, wie sie sich im Rahmen des Sicherungsangriffs bei Körperverletzungsdelikten darbietet.

Die Durchführung des Sicherungsangriffs an Tatorten (Ziff. 2.2.3 der PDV 100) sowie die Klassifikation kriminaltechnischer Spuren hinsichtlich ihrer Relevanz für die Beweisführung im Strafverfahren sind wesentlicher curricularer Bestandteil des Grundstudiums 5 in den Fächern Kriminalistik und Kriminaltechnik.

Die Lösungshinweise/-skizzen stellen eine Musterlösung dar, sie erheben keinen Anspruch auf Vollständigkeit. Von der Musterlösung abweichende inhaltliche, rechtliche oder taktische Bewertungen sind möglich und durchaus gewollt, sofern sie nachvollziehbar begründet werden.

Zu Aufgabe 3.1

1. Bearbeiten Sie im Rahmen der Kriminalistischen Fallanalyse (KFA)
- **die Gefahrenlage (Ziff. 1.1.1)**
- **die Verdachtslage im Hinblick auf eine Tat (Ziff. 1.1.2) (Gewichtung 20 %)**

Gefahren für Personen, Sachen und Spuren

Laut Sachverhalt wurde dem H. Schulte (S.) mit dem Fuß an den Kopf getreten. S. ging blutend zu Boden und ist aktuell nicht ansprechbar. Unzweifelhaft birgt ein Tritt mit dem beschuhten Fuß an den Kopf eines Menschen die Gefahr einer schweren Verletzung in sich. Unabhängig von der genauen Diagnose kann aufgrund der Gesamtumstände von einer Gefahr für Leib und Leben für den S. ausgegangen werden. Die kalte Witterung an dem Tag dürfte, da der S. auf dem Boden liegt, bezogen auf eine etwaige Unterkühlung eine zusätzliche Gefahr für seine körperliche Unversehrtheit darstellen.

Die Witterungsverhältnisse stellen zudem eine Gefahr für die am Tatort vorhandenen Spuren dar, insbesondere für die am Totschläger vorhandenen Spuren, die durch den Nieselregen beeinträchtigt bzw. beseitigt werden können.

Gleiches gilt für Veränderungen oder Zerstörungen von Spuren am Tatort durch unbeteiligte Dritte, bis hin zu einer möglichen Mitnahme bzw. Beseitigung der Tatwaffe.

Gefahren, die von Personen oder Sachen ausgehen

Der mutmaßliche Täter (T.) zeigte sich in der Gaststätte dem S. gegenüber äußerst aggressiv. Derzeit kann, unabhängig von einer möglichen Alkoholisierung, nicht ausgeschlossen werden, dass sich der potenzielle Täter weiteren Gästen in der Gaststätte gegenüber beleidigend oder provozierend verhält. Eine analoge Gefahr besteht für die einschreitenden Polizeibeamten, Rettungskräfte und potenzielle Zeugen am Tatort, sofern der Täter die Aktivitäten auf der Straße mitbekommt und an den Ort des Geschehens zurückkehrt.

Hypothetisch könnte der am Tatort befindliche Totschläger weiter als Waffe eingesetzt werden, das wird jedoch als wenig wahrscheinlich angesehen.

Verdachtslage im Hinblick auf eine Tat

Bezogen auf die Verdachtslage im Hinblick auf eine Tat dürften die strafrechtlichen Vorwürfe der gefährlichen Körperverletzung in den Qualifikationsformen mittels einer „Waffe oder eines sonstigen gefährlichen Werkzeugs“ sowie der „Hinterlist“ gem. §§ 223, 224 StGB gegeben sein. Totschläger fallen als sog. „Hieb- und Stoßwaffen“ unter die Bestimmungen des Waffengesetzes und sind gem. § 52 Abs. 3 Nr. 1 WaffG verboten (Vergehenstatbestand). Nach h. M. handelt es sich bei Waffen um Gegenstände, die nach ihrer Art dazu bestimmt sind, u. a. erhebliche Verletzungen bei Menschen zu verursachen.[3] Durch den Einsatz des Totschlägers wurde in besonders gefährlicher Weise unmittelbar auf den S. eingewirkt. Bekleidungs- und Ausrüstungsgegenstände, zu denen auch Schuhe gehören, können grds. auch gefährliche Werkzeuge im Sinne dieses Straftatbestandes sein.[4]

Die als „Hinterlist“ zu bezeichnende Vorgehensweise des T. resultiert aus dem überraschenden Angriff des Täters auf den S., auf den sich das Opfer nicht vorbereiten konnte.

So gab der Täter vor, die „Angelegenheit noch klären zu wollen“, entschuldigte sich für die Beleidigungen und bat um eine Zigarette, um seine vermeintliche friedvolle Absicht zu unterstreichen. Der tätliche Angriff erfolgte für das Opfer völlig unerwartet, eine Verteidigungsmöglichkeit bestand aufgrund der Vertuschung der wahren Absichten nicht.

Darüber hinaus belasten die Angaben des Zeugen Müller (M.) den Täter. Der Zeuge Müller kann die Ereignisse innerhalb und außerhalb der Gaststätte detailliert schildern, angefangen bei dem Anrempeln als Ursache für den Streit, bis hin zum körperlichen Angriff auf den S. Bestätigung dürfte die Darstellung des M. durch weitere Zeugen an den genannten Örtlichkeiten finden. Derzeit bestehen an der Glaubwürdigkeit des M. keine Zweifel. Fakten, die gegen die angeführten Delikte sprechen, sind nicht erkennbar.

Somit besteht ein Anfangsverdacht hinsichtlich der o. g. Straftaten gem. § 152 StPO.

Zu Aufgabe 3.2

3.2 Begründen Sie, welche Maßnahmen im Rahmen des Sicherungsangriffs durchzuführen oder zu veranlassen sind.
(Gewichtung 35 %)

Der Sicherungsangriff beginnt mit dem Eingang des Notrufs auf der Einsatzleitstelle, hier der Meldung des M. über den Angriff auf den S.

3 *Fischer*, StGB, 69. Aufl. 2022, § 224 Rn. 9, 19; vgl. auch § 244, Rn. 13 ff., § 250 Rn. 3 ff. zum Begriff Waffe/gef. Werkzeug.

4 *Fischer*, StGB, 69. Aufl. 2022, § 224 Rn. 18.

und der daraus resultierenden schweren Verletzung. Aufgrund der ausführlichen Darstellung der Ereignisse durch den Zeugen M. liegen bereits wesentliche Erkenntnisse zur Tat und zum Tatgeschehen vor, zudem Anhaltspunkte zum Täter bzw. dessen Aufenthaltsort.

Aufgrund der mitgeteilten blutenden Verletzung und der Nichtansprechbarkeit des S. ist der Aspekt der Gefahrenabwehr vorrangig, folglich die unmittelbare Entsendung von Rettungskräften an den Tatort. Über die Leitstelle der Feuerwehr werden Notarzt und Rettungswagen angefordert, zeitgleich erfolgt die Entsendung von polizeilichen Einsatzkräften.

Es kann davon ausgegangen werden, dass sich aufgrund des Präsenzkonzeptes mehrere Einsatzkräfte in räumlicher Nähe befinden.

Der telefonische Kontakt zum Zeugen M. sollte aufrechterhalten werden, um direkt über eventuelle Veränderungen der Situation vor Ort informiert zu werden, aber auch, um weitere Verhaltensanweisungen geben zu können. Die Anweisungen können sich darauf beziehen, am Ereignisort zu verbleiben, ErsteHilfe zu leisten oder sich bei Eintreffen der entsandten Einsatzkräfte unmittelbar bemerkbar zu machen.

Zeitgleich erfolgt eine Einsatzprotokollierung und Dokumentation über E-Cebius. Die Personalien des Mitteilers M. sind gem. § 163b Abs. 2 StPO festzustellen und über das polizeiliche Auskunftssystem ViVA[5] zu überprüfen. Eine Erreichbarkeit des Anrufers ist sicherzustellen, falls das Gespräch abbrechen sollte.

Detailliertere Nachfragen zum Sachverhalt können sich an den sog. „7 goldenen W“ orientieren (Wer, wann, wo, was, wie, womit und warum?). Bezogen auf den Täter wäre eine detaillierte Personenbeschreibung erforderlich, um Fahndungsmaßnahmen im Rahmen einer Tatortbereichsfahndung an die Einsatzkräfte zu übermitteln. Mutmaßlich könnte er sich noch in der Nähe aufhalten bzw. nach der Erkenntnis des Zeugen M. zurück in die Gaststätte „Bärenbräu“ gegangen sein. Der Hinweis auf Eigensicherung an die Kräfte sollte nicht fehlen. Die Anfahrt zum Einsatzort kann von der Einsatzleitstelle koordiniert werden.

Die Reihenfolge der Maßnahmen durch die Einsatzleitstelle kann variieren, bzw. können Maßnahmen parallel getroffen werden.

---

5 ViVA: zentrales Vorgangsbearbeitungssystem der Polizei NRW, es integriert Vorgangserfassung, -bearbeitung, -verwaltung sowie Auskunfts- und Recherchesysteme.

Aufgrund der Gefahrenlage ist eine Eilbedürftigkeit gegeben, Sonder- und Wegerechte können in Anspruch genommen werden, bzw. vorab durch die Einsatzleitstelle freigegeben werden. Je nach taktischer Bewertung der Gesamtsituation können an dieser Stelle unterschiedliche Prioritäten gesetzt werden. Neben den Gefahren für Leib und Leben des S. spielen hier Aspekte der tatsächlichen Zeitersparnis durch die Nutzung der Sondersignale eine Rolle. Die Zeitersparnis dürfte eher gering sein, zumal unterstellt werden kann, dass sich Einsatzkräfte in räumlicher Nähe befinden und, bezogen auf Einsatzzeit und Witterung, der Tatort zügig erreicht werden kann. Zudem könnte der sich noch in der Nähe des Tatorts befindliche Täter gewarnt werden.

Auf der Anfahrt zum Einsatzort sollten teaminterne Absprachen getroffen werden, die sich sowohl auf die Vorgehensweise am Tatort als auch auf den möglichen Täterkontakt beziehen (Eigensicherung im Polizeidienst: LF 371). Auf tatverdächtige Personen, die der vorliegenden Beschreibung entsprechen, ist zu achten. Die Einsatzfahrzeuge können offen abgestellt werden. Sowohl die Einsatzübernahme als auch das Eintreffen am Tatort sind über den Statusgeber zu quittieren.

Vor Ort verschaffen sich die Einsatzkräfte einen ersten Überblick über die Gesamtsituation, anwesende Personen und offensichtlich vorhandene Spuren. Die gewonnenen Erkenntnisse werden über eine erste Lagemeldung an die Einsatzleitstelle übermittelt.

Sofern erforderlich, unterstützen die Beamten bei den Erste-Hilfe-Maßnahmen. Zu dem Zeugen Müller ist unmittelbar Kontakt aufzunehmen, er ist zum Sachverhalt zu befragen. Vor der Befragung sind ergänzend zur Identitätsfeststellung der Einsatzleitstelle die Personalien des M. nach § 163b Abs. 2 StPO festzustellen, gleiches gilt für die Identitätsfeststellung des Opfers. Da jede Befragung einer Person zu einem strafrechtlich relevanten Sachverhalt eine Vernehmung ist, ist eine Belehrung zwingend notwendig. M. ist Zeuge, da sich das Strafverfahren nicht gegen ihn richtet und er zudem aufgrund eigener Wahrnehmungen Angaben zum Geschehen machen kann. Die Belehrung erfolgt gem. § 57 StPO, wonach er verpflichtet ist, wahrheitsgemäße Angaben zu machen. Eine Belehrung gem. der §§ 52, 55 StPO ist m. E. entbehrlich, da sich aus dem Sachverhalt keinerlei Hinweise auf ein mögliches Zeugnisverweigerungsrecht ergeben, er zudem weder sich selbst noch einen der in § 52 Abs. 1 StPO genannten Angehörigen der Gefahr einer Strafverfolgung aussetzt (Auskunftsverweigerungsrecht). Ziel der Befragung ist es, weitergehende Informationen zum eigentlichen Tatgeschehen sowie Beschreibung und Fluchtrichtung des Täters zu erhalten. Neue Erkenntnisse werden, ggf. über die Einsatzleitstelle, an alle eingesetzten Kräfte weitergegeben.

Das Opfer, Herr Schulte, ist laut Sachverhalt nicht ansprechbar und dürfte aufgrund seiner Verletzungen in ein Krankenhaus eingeliefert werden müssen. Seine zeugenschaftliche Befragung würde zu einem späteren Zeitpunkt durch in das Krankenhaus entsandte Kräfte erfolgen. Nach weiteren möglichen Zeugen, sowohl am Tatort wie auch zu einem späteren Zeitpunkt innerhalb der Gaststätte, wird gesucht, sie werden nach Belehrung getrennt voneinander zum Sachverhalt befragt. Die Personalien sämtlicher Zeugen sind ADV-mäßig zu überprüfen.

Da sich der Tatort im öffentlichen Raum befindet, ist er unmittelbar abzusperren, um die in diesem Bereich befindlichen Spuren, insbesondere die Tatwaffe, vor Beeinträchtigungen durch unbefugte Personen zu schützen. Ein Absuchen des Tatorts nach Spuren, insbesondere nach dem Totschläger, ist obligatorisch. Maßnahmen des Spurenschutzes, hier die Notsicherung von Spuren aufgrund des leichten Nieselregens, sind durchzuführen. Eine Dokumentation des Tatorts inklusive vorgenommener Veränderungen erfolgt anhand von Übersichts- und Detailaufnahmen sowie über entsprechende Beschreibungen.

Der Totschläger als Tatwaffe ist gem. der §§ 94,98 StPO als Beweismittel zu beschlagnahmen. Zudem handelt es sich bei dem Totschläger um einen Einziehungsgegenstand gem. §§ 54 Abs. 1 und 2 WaffG, gem. Abs. 3 ist § 74 a StGB (Einziehung von Tatmitteln) anzuwenden.

Sofern nicht bereits über die Einsatzleitstelle geschehen, ist spätestens jetzt die sachlich zuständige Dienststelle, hier die Kriminalwache, oder der Erkennungsdienst / KTU anzufordern.

Durch den Zeugen Müller erfolgten Hinweise, wonach sich der Täter zurück in die Gaststätte „Bärenbräu" begeben hat. Diese Angaben sind zwingend zeitnah zu überprüfen. Demzufolge ist die Gaststätte im Zuge der Täternacheile aufzusuchen. Auf einsatztaktische Komponenten, z. B. die Voraufklärung durch Zivilkräfte bzw. starke polizeiliche Präsenz in Zusammenhang mit der Eigensicherung, wird nicht weiter eingegangen. Die Durchsuchung der Gaststätte erfolgt zur Ergreifung eines Beschuldigten gem. § 103 StPO, die Nachtzeitschranke gem. § 104 StPO ist aufgrund der Zugänglichkeit der Gaststätte durch Jedermann unbeachtlich.

Sofern eine Person festgestellt werden kann, die der Beschreibung des Zeugen Müller entspricht, ist diese gem. §§ 127 Abs. 2 i. V. m. 112 StPO vorläufig festzunehmen. Der Beschuldigtenstatus, der dringende Tatverdacht sowie der mögliche Haftgrund der Fluchtgefahr dürften aufgrund der Zeugenaussagen und der vorliegenden Täterbeschreibung begründbar sein. Rechtsgrundlage für die Durchsuchung der Person zur Eigensicherung ist § 39 PolG NRW, bzgl. etwaiger Beweismittel § 102 StPO. Eine Identitätsfeststellung erfolgt nach § 163b Abs. 1 StPO, die Personaldaten sind ADV-mäßig zu überprüfen. Der Beschuldigte wird unmittelbar dem Gewahrsam zugeführt. Sofern Alkohol bei der Tatausführung eine Rolle gespielt hat, ist eine Blutentnahme gem. § 81a StPO erforderlich. Auf die Durchführung einer erkennungsdienstlichen Behandlung gem. § 81b StPO (durch die K-Wache) wird der Vollständigkeit halber hingewiesen. Aufgrund des Beschuldigtenstatus des T. hat zum frühestmöglichen Zeitpunkt eine Belehrung gem. §§ 163a i. V. m. 136 StPO (Vernehmung des Beschuldigten; Erste Vernehmung) zu erfolgen, um etwaigen Beweisverwertungsverboten zu begegnen. Die Belehrung hat sich auf die ihm zur Last gelegte Tat, auf das Aussageverweigerungsrecht, Beweiserhebungen sowie die jederzeitige Möglichkeit auf Hinzuziehung eines von ihm frei zu wählenden Verteidigers zu erstrecken.

Nach Treffen der Sicherungsmaßnahmen wird der Tatort an die Kräfte des Auswertungsangriffs übergeben. Dabei erfolgt eine ausführliche persönliche Einweisung in die Lage, beginnend bei der Ausgangssituation bis hin zur aktuellen Erkenntnislage sowie der Darlegung der bisher getroffenen Maßnahmen. Mit Übernahme der Lage durch den Auswertungsangriff erfolgt eine abschließende Meldung an die Einsatzleitstelle, das Einsatzende wird über den Statusgeber dokumentiert. Die erforderlichen schriftlichen Arbeiten werden auf der Polizeiwache vorgenommen, sie umfassen u. a. das Anlegen eines Vorgangs in ViVA, die Fertigung einer Strafanzeige (Anwendungsfall Strafanzeige) bzw. Festnahmeanzeige (Anwendungsfall Festnahme), Sicherstellungsprotokoll, Lichtbildmappe und Tatortbefundbericht.

Bei den Ausführungen handelt es sich um eine modellhafte Reihenfolge. Davon abweichende Variationen bzw. parallele Verläufe sind je nach einsatztaktischer Bewertung und Kräfteansatz möglich!

Zu Aufgabe 3.3

3.3 Stellen Sie, bezogen auf den Sachbeweis, die vorhandenen/zu erwartenden Spuren tabellarisch dar und ordnen Sie sie jeweils den Spurenarten zu. Analysieren Sie den Sachbeweis (Ziff. 3.2 der KFA) anhand zweier zuvor genannter und selbst ausgewählter unterschiedlicher Spuren. Auf die Spurenlage in der Gaststätte ist nicht einzugehen.
(Gewichtung 30%)

Die Studierenden sollen den Sachbeweis nach dem Aufbau der kriminalistischen Fallanalyse (Ziff. 3.2) prüfen. Im Grundstudium beschränkt sich die Analyse auf die Spurenart, die Beweiskraft und den Beweiswert.

Vorhandene Spuren	Mögliche Spuren
- Totschläger (Waffe)	- Fingerspuren
- Blut	- DNA (u. a. Zigarette)
- Verletzung	- Schuhspuren
	- Haare
	- Fasern

Situationsspuren

Die räumliche Lage von Spuren oder Gegenständen am Tatort wird als Situationsspur bezeichnet.[6] Situationsspuren erlauben u. a. Rückschlüsse auf die Entstehung der jeweiligen Spur und das eigentliche Tatgeschehen. Laut Sachverhalt ist der S. von einem unbekannten Täter auf offener Straße mit einem Totschläger angegriffen und anschließend gegen den Kopf getreten worden. S. liegt blutend, nicht ansprechbar und augenscheinlich schwer verletzt auf der Straße. Die Tatwaffe ist am Tatort zurückgeblieben, der Täter flüchtig.

Auf den Aspekt der Situationsspur wird in den nachfolgenden Ausführungen nicht weiter eingegangen.

Totschläger

Bei dem Totschläger handelt es sich um eine Gegenstandsspur.

Gegenstandsspuren sind am Tatort aufgefundene beweiserhebliche Gegenstände. Je nach Verbreitungsgrad des Gegenstandes kann eine Herkunftsermittlung oder Verkaufswegefeststellung durchgeführt bzw. der Eigentümer des Gegenstandes ermittelt werden.[7]

6 *Frings/Rabe*, Basislehrbuch Kriminaltechnik, 1. Aufl. 2020, S. 22.
7 *Frings/Rabe*, Basislehrbuch Kriminaltechnik, 1. Aufl. 2020, S. 23.

Beweiskraft

Als Tatwaffe kommt hier der aufgefundene Totschläger in Betracht. Totschläger finden Verwendung u. a. in der Fischerei, um gefangene Fische mit einem Schlag zu betäuben. Um das waffenrechtliche Verbot zu umgehen, werden sie offiziell unter der Bezeichnung „Fischtöter" nach wie vor angeboten und können erworben werden. Ohne das Vorliegen spezifischer Hinweise dürfte eine Verkaufswegefeststellung schwierig bis unmöglich sein, da es sich bei diesen Gegenständen überwiegend um Massenprodukte handelt. Mitunter kann diese Schlagwaffe aber auch selbst hergestellt werden. Die hierzu benötigten Materialien sind problemlos zu beschaffen, sodass auch hierüber ein eventueller Verkaufsweg schwerlich nachvollziehbar sein dürfte. Somit liegt grundsätzlich ein Gruppenbeweis vor. Je nach individueller Beschaffenheit und Ausführung sind weitere Individualisierungen möglich, der Sachverhalt macht dazu jedoch keine Angaben.

Beweiswert

Laut Sachverhalt lässt der Täter den Totschläger nach der Abwehrreaktion des S. fallen. Über die beschriebene Beweiskraft hinaus dürften sich an dem Totschläger vermutlich weitere Spuren, u. a. in Form von DNA-Spuren und daktyloskopischen Spuren, befinden. Diese würden den Beweiswert des Totschlägers deutlich erhöhen.

DNA

Materialspuren sind Substanzen (fest, flüssig oder gasförmig), deren stoffliche Eigenschaften und Zusammensetzungen kriminalistische Schlüsse zulassen. Materialspuren sind insbesondere u. a. körperzellhaltige Spuren.[8] Bei Oberhautschuppen[9] (Hautabriebspuren) oder Epithelzellen handelt sich es um besagte körperzellhaltige Spuren, welche sich grundsätzlich für eine DNA-Analyse eignen. Derartige Hautschuppen können z. B. über Schweiß, Epithelzellen über Speichel- oder Nasensekret mittels der Hand des Täters auf die Tatwaffe übertragen worden sein.

Beweiskraft

Aufgrund der Tatsache, dass jeder Mensch über eine individuelle DNA verfügt, kann der Verursacher der jeweiligen Spur, sofern auswertbar, zweifelsfrei als Spurenleger identifiziert werden. Das Ergeb-

8 BKA, Anleitung Tatortarbeit – Spuren, Ziff. 1.0.2.2.

9 Hinsichtlich der DNA-Fähigkeit von Oberhautzellen vgl. *Frings/Rabe*, Basislehrbuch Kriminaltechnik, 1. Aufl. 2020, S. 172, mit weiteren Ausführungen.

nis einer DNA-Analyse wird in Form eines DNA-Identifizierungsmusters dargestellt, mit einer Wahrscheinlichkeitsaussage hinsichtlich des Spurenverursachers. Der deutsche Untersuchungsstandard liegt bei 17 Merkmalssystemen (Allelen), der europäische bei 16 Systemen.[10] Eine DNA-Spur ist somit als Individualbeweis zu klassifizieren.[11]

Beweiswert

Der vorliegende Sachbeweis wird ergänzt durch den Personalbeweis, hier die Zeugenaussage des M., der den tätlichen Angriff des T. auf den S. unmittelbar miterlebt hat. Unmittelbar nach dem Angriff verblieb die Waffe am Tatort, der Täter flüchtete. Das Gesamtgeschehen dürfte von weiteren Zeugen beobachtet worden sein. Somit ist hierüber ergänzend eine individuelle Zuordnung der Tatwaffe möglich, der Beweiswert insgesamt hoch.

Fingerspuren

Bei den auch als „daktyloskopische Spuren“ bezeichneten Fingerspuren handelt es sich um Formspuren, die als Ein- oder Abdruckspuren vorliegen können. Auf der Tatwaffe dürften mit hoher Wahrscheinlichkeit Fingerabdruckspuren des T vorhanden sein. Fingerspuren können durchaus Träger weiterer Substanzen, z. B. in Form von Blut, Hautzellen etc. (s. o.) sein, die ihrerseits als Situations- und Materialspuren bedeutsam sein können.[12]

Beweiskraft

Generell gilt, dass sich eine Spur für den Vergleich eignet, wenn zwölf anatomische Merkmale erkennbar sind. Eine Person gilt grundsätzlich eindeutig als Spurenverursacher identifiziert, wenn in Spur und Vergleichsmaterial der Person der „allgemeine Papillarlinienverlauf und 12 anatomische Merkmale in Form und Lage zueinander übereinstimmen“, oder wenn im Untersuchungsmaterial weniger als zwölf anatomische Merkmale erkennbar sind, aber „weitere, die Individualität begründende, übereinstimmende Merkmale vorliegen“[13], z. B. Narben. Liegt die Anzahl der Merkmale unterhalb der genann-

---

10 Auf die Problematik bei eineiigen Mehrlingen, die über eine identische DNA verfügen, wird ergänzend hingewiesen.

11 *Frings/Rabe,* Basislehrbuch Kriminaltechnik, 1. Aufl. 2020, S. 168, mit weiteren Erläuterungen.

12 *Frings/Rabe,* Basislehrbuch Kriminaltechnik, 1. Aufl. 2020, S. 92.

13 BKA, Referat KI 32, Standard des daktyloskopischen Identitätsnachweises.

ten Definitionen, kann lediglich von einem Gruppenbeweis ausgegangen werden.

Beweiswert

T. ist dringend tatverdächtig, den Angriff auf den S. mit dem Totschläger durchgeführt zu haben. Dadurch, dass er die Waffe in der Hand gehalten hat, dürften sich seine Fingerspuren darauf befinden. Aufgrund des schnellen Erreichens des Tatortes durch die Einsatzkräfte und der unterstellten (Not-)Sicherung der Tatwaffe dürfte es als unwahrscheinlich anzusehen sein, dass die Spuren (auch durch Dritte) verändert wurden. Nicht auszuschließen ist allerdings, dass die Tatwaffe im Vorfeld von Dritten angefasst wurde, diese unechten oder Trugspuren sind im Rahmen weiterer Ermittlungen auszusieben.

Verletzung

S. hat den Angriff des T. erfolgreich abgewehrt, sodass er lediglich am Oberarm getroffen wurde. Mutmaßliche Folge des Schlages dürfte ggf. ein Hämatom auf dem Oberarm sein. Die Verletzung ist als Formspur zu qualifizieren.

Beweiskraft

Lage, Form und Ausprägung der Verletzung lassen Rückschlüsse auf ihr Alter und das verwendete Tatwerkzeug zu. Insbesondere die Schlagmarke dürfte dem Tatwerkzeug zuzuordnen sein. Insgesamt ist von einem Gruppenbeweis auszugehen.

Beweiswert

Sowohl die Verletzung als auch die am Tatort aufgefundene Tatwaffe bestätigen die Schilderungen des Zeugen M., sie dienen ergänzend der Tatrekonstruktion.

Die Spurendiskussion wurde analog der Aufgabenstellung exemplarisch anhand der Tatwaffe, der auf ihr befindlichen Spuren sowie der Verletzung beim Opfer geführt. Ergänzend wird angemerkt, dass sich an und auf der Tatwaffe noch Faserspuren befinden könnten, falls der Täter die Waffe verdeckt in seiner Bekleidung mitgeführt hat, aber auch durch deren Einsatz als Schlagwaffe (Opferbekleidung). Aufgrund der Witterungsverhältnisse besteht hier eine zusätzliche Gefahr für diese Spuren. Eine weitergehende Betrachtung von Faserspuren als mögliche Kontaktspuren (Kreuzspuren an der Bekleidung von Täter und Opfer infolge der körperlichen Auseinandersetzung) sowie der Übertragung von Haarspuren soll nicht unerwähnt bleiben.

T. hat den S. mit seinem beschuhten Fuß an den Kopf getreten, sodass eine blutende Wunde entstanden ist. Anhaftungen von Blut des S. könnten sich somit noch an dem Schuh des T. befinden, im Umkehrschluss aber auch Materialspuren, z. B. Erdanhaftungen etc., von dem Schuh des T. am Kopf von S. Je nach Beschaffenheit des Untergrundes sind zudem klassische Schuhspuren am Tatort feststellbar.[14]

Hinweis
Mit Beschluss des Landesfacharbeitskreises KR/KT (NRW) wurden ab dem Einstellungsjahrgang 2023 verbindliche Standards für die Bearbeitung des Sachbeweises und Modifizierung der Analyse des Sachbeweises eingeführt. Das Bearbeitungsschema Ziffer 3.2 der KFA (neu) spricht nunmehr von der sog. „Spurenkategorie", deren Definition sich an den bekannten Material-, Form-, Gegenstands- und Situationsspuren orientiert. Gegebenenfalls an weiteren Unterdifferenzierungen bzw. Spurenarten nach der Anleitung Tatortarbeit – Spuren, kurz ATOS (neu) des BKA.
Die weitere Analyse beinhaltet die „Allgemeine Beweiskraft", nach wie vor anhand einer Gruppen- und Individualzuordnung, die „Abgleichmöglichkeiten" in Form eines Berechtigtenausschlusses bis hin zum Sammlungsvergleich, den „Konkreten Beweiswert" analog des abzuprüfenden Sachverhalts sowie die klassischen „Beweisverwertungsverbote".

Zu Aufgabe 3.4

Erläutern Sie kurz die Begriffe der Offizial-, Antrags- und Privatklagedelikte. Welche rechtlichen/formalen Aspekte sind jeweils zu beachten?
(Gewichtung 15%)

Offizialdelikten sind Straftaten, die von Amts wegen zu verfolgen sind. Verbrechen sind stets zu verfolgen, Vergehen in der Regel dann, wenn nicht das Vorliegen eines Strafantrages Verfolgungsvoraussetzung ist.

Das Anklagemonopol liegt grundsätzlich bei der Staatsanwaltschaft (StA). Polizeibeamte, die im Rahmen ihrer Dienstverrichtung Kenntnis von diesen Delikten erhalten, sind gem. § 163 StPO gehalten, eine Strafanzeige vorzulegen und alle keinen Aufschub gestattenden Anordnungen zu treffen, um die Verdunkelung der Sache zu

14 Hinweis: Mit Wirkung vom Dezember 2021 wurde die Schuhspurendatenbank (SchuhDBNW) beim LKA NRW errichtet.

verhüten (sog. Verfolgungszwang, resultierend aus dem Legalitätsprinzip). Den Behörden und Beamten des Polizeidienstes steht insoweit weder ein Entschließungs- noch Auswahlermessen zu.[15] Verstöße gegen diesen Grundsatz können strafrechtliche Konsequenzen nach sich ziehen, u. a. gem. § 258a StGB.

Antragsdelikte sind Straftaten, die grundsätzlich nur verfolgt werden können, wenn der Antragsberechtigte einen Strafantrag gem. § 77 StGB gestellt hat. Der Strafantrag ist somit Prozessvoraussetzung, ein Fehlen führt zu einem Bestrafungsverbot, und zwar auch bei Versuch, Anstiftung und Beihilfe.[16] Eine Tat, die nur auf Antrag verfolgbar ist, wird nicht verfolgt, wenn der Antragsberechtigte es unterlässt, den Antrag bis zum Ablauf einer Frist von drei Monaten zu stellen (§ 77b StGB). Die Frist beginnt mit dem Ablauf des Tages, an dem der Berechtigte **von der Tat und der Person des Täters** Kenntnis erlangt hat (Absatz 2).

Das StGB unterscheidet zwischen absoluten und relativen Antragsdelikten. **Absolute** Antragsdelikte können (ausnahmslos) nur verfolgt werden, wenn der Berechtigte den erforderlichen Strafantrag gestellt hat. Absolute Antragsdelikte sind erkennbar an der gesetzlichen Formulierung: „Die Tat wird nur auf Antrag verfolgt". Exemplarisch kann hier der Hausfriedensbruch gem. § 123 StGB angeführt werden.

Antragsdelikte, die sowohl aufgrund eines Strafantrages als auch von Amts wegen verfolgt werden können, werden als **relative** Antragsdelikte bezeichnet. Sie sind erkennbar an der Formulierung „werden nur auf Antrag verfolgt, es sei denn, dass die Strafverfolgungsbehörde wegen des **besonderen öffentlichen Interesses** an der Strafverfolgung ein Einschreiten von Amts wegen für geboten hält". Ausführungen zum Vorliegen eines besonderen öffentlichen Interesses sind der RiStBV Nr. 234 zu entnehmen, die im Zusammenhang mit der Körperverletzung u. a. eine einschlägige Vorstrafe oder eine rohe oder besonders leichtfertige Vorgehensweise des Täters als ausreichend erachtet, um ein besonderes öffentliches Interesse anzunehmen. Die Annahme des besonderen öffentlichen Interesses ist ein rein deklaratorischer Akt seitens der StA, eine formlose Erklärung genügt. Die Entscheidung unterliegt keiner gerichtlichen bzw. verwaltungsrechtlichen Überprüfung.

---

15 BGHSt 4, 170.
16 *Fischer*, StGB, 69. Aufl. 2022, Vierter Abschnitt, Vorbemerkungen, Rn. 2 ff.

Polizeibeamte sollten sich im Zusammenhang mit Antragsdelikten stets einen Strafantrag unterzeichnen lassen.

Stellt der Berechtigte bei einem absoluten Antragsdelikt keinen Strafantrag, darf die Straftat nicht weiterverfolgt werden (s. o. „fehlende Prozessvoraussetzung"), eine schriftliche „Negativerklärung" sollte erbeten werden. Bei relativen Antragsdelikten ist trotz des nicht gestellten Strafantrags unverzüglich die Entscheidung der StA einzuholen, da ausschließlich diese über das mögliche Vorliegen des besonderen öffentlichen Interesses entscheidet. Eine fehlende Beteiligung der StA bzw. Nichteinbindung in Form der Fertigung einer Strafanzeige beinhaltet auch hier die mögliche Gefahr einer Strafvereitelung im Amt. Abschließend wird darauf hingewiesen, dass erforderliche Ermittlungsmaßnahmen analog der jeweiligen Befugnisnorm auch dann durchgeführt werden können, wenn der Antragsberechtigte sich noch nicht entschieden hat, einen Strafantrag zu stellen. Strafanträge können zurückgenommen, zurückgenommene Anträge jedoch nicht nochmals gestellt werden (§ 77d StGB).

Das Privatklageverfahren ist nur bei bestimmten, enumerativ in § 374 StPO aufgeführten Delikten zulässig, die überwiegend der leichten und die Allgemeinheit wenig berührende Kriminalität zuzuordnen sind. Die Erhebung der Privatklage ist bis zum Eintritt der Verfolgungsverjährung an keine Frist gebunden, sie ist gem. § 80 JGG gegen (zur Tatzeit) Jugendliche nicht zulässig, Prozessfähigkeit wird vorausgesetzt (§ 374 Abs. 3 StPO).

Privatklagedelikte können vom Verletzten ohne Beteiligung der StA, quasi als „Staatsanwalt in eigener Sache", unmittelbar durch Anrufung des zuständigen Gerichts verfolgt werden. Eine Beteiligung der StA erfolgt nur, sofern eine Klageerhebung im „öffentlichen Interesse" liegt (§ 376 StPO). Ein solches öffentliches Interesse kann angenommen werden, wenn u. a. der Rechtsfrieden über den Lebenskreis des Betroffenen hinaus gestört und die Strafverfolgung ein gegenwärtiges Anliegen der Allgemeinheit ist (vgl. hierzu RiSTBV Nr. 86 (2)). Der Begriff des „öffentlichen" Interesses ist nicht identisch mit dem des „besonderen öffentlichen" Interesses, der eine Prozessvoraussetzung und somit enger auszulegen ist.

Bei Ablehnung des öffentlichen Interesses seitens der StA ist die Erhebung der Privatklage bei den in § 380 StPO genannten Fällen jedoch erst zulässig, sofern ein Sühneversuch bei der zuständigen Schiedsperson (Schiedsfrauen und Schiedsmänner)[17] erfolglos verlau-

17 Schiedsamtsgesetz (SchAG-NRW) vom 16.12.1992, § 1 SchAG-NRW.

fen ist. Eine entsprechende Bescheinigung der Schiedsperson ist mit der Klageerhebung einzureichen.

Gemäß RiStBV Nr. 87 (1) trifft die StA die Entscheidung über eine **Verweisung** auf den Privatklageweg. Besteht nach Einschätzung der Polizei kein öffentliches Interesse an der Strafverfolgung, so legt sie die Anzeige ohne weitere Ermittlungen der StA vor. Polizeibeamte dürfen lediglich auf den Privatklageweg hinweisen, jedoch nicht unmittelbar dorthin verweisen. In Zweifelsfällen ist eine Strafanzeige aufzunehmen, erst recht in Fällen, in denen der Anzeigenerstatter darauf besteht. Etwaige strafrechtliche Konsequenzen wurden bereits angesprochen.

Fall 11: Wohnungseinbrüche

Schwerpunkt

Sicherungsangriff, Kriminalistische Fallanalyse

Leitendem Kriminaldirektor Norbert Wolf, HSPV NRW

Vorbemerkungen

Im Grundstudium „GS 5“ ab Einstellungsjahrgang 2016 werden in drei Teil-Modulen in den Fächern Kriminalistik und Kriminaltechnik in insgesamt 75 Präsenzstunden verschiedene Themen bearbeitet. Zu den kriminalistischen und kriminaltechnischen Schwerpunkten zählen die Beweislehre, die Kriminalistische Fallanalyse, die Spurenarten, deren Beweiswert und Beweiskraft, die Anzeigenaufnahme und die Maßnahmen des Sicherungsangriffs.

In der nachfolgenden Klausur werden verschiedene Schwerpunkte der Lehrinhalte des Moduls „GS 5“ abgeprüft. Die Gewichtung/prozentuale Verteilung der einzelnen Aufgaben richtet sich dabei nach der Schwierigkeit der Frage und nach deren fachlicher Ausrichtung.

Bei der ausformulieren Lösung handelt es sich nicht um eine Musterlösung, sondern um ein Lösungsangebot des Autors. Andere Lösungswege und Begründungen sind möglich, wobei sich die abgedruckte Lösung an den rechtlichen und kriminalistischen Standards orientiert.

1. Allgemeine Lage

In den letzten Jahren waren die Fallzahlen des Wohnungseinbruchsdiebstahls aufgrund der pandemischen Lage rückläufig. Aktuell steigen die Zahlen wieder an, da sich die Wohnungsinhaber nicht mehr vermehrt im Home-Office befinden und der berufliche Alltag wieder zur Normalität wird. Beim Wohnungseinbruchsdiebstahl handelt es sich um ein Kriminalitätsphänomen, welches das Sicherheitsgefühl der Bevölkerung stark beeinträchtigt.

Um weitere Ermittlungserfolge in diesem Bereich zu erzielen, wurde das Fachkommissariat zur Bekämpfung des Wohnungseinbruchs personell verstärkt und alle anfallenden Tatorte werden im Rahmen der Spurensuche und -sicherung auch durch Kräfte des örtlichen Erkennungsdienstes aufgesucht.

In den letzten zwei Wochen kam es in Vollmerswerth, einem südlichen Stadtteil von Düsseldorf, vermehrt zu Wohnungseinbrüchen in freistehenden Einfamilienhäusern. Auffällig an den insgesamt acht Taten war bisher, dass in allen Fällen die Terrassentür mit einem vorgefundenen Gegenstand eingeschlagen und im Haus nur das Erdgeschoss durchsucht wurde. Der oder die unbekannten Täter suchten hierbei nach leicht zu transportierenden Gegenständen und entwendeten den gesamten gefundenen Schmuck, Bargeld und Handys.

Die festgestellten Tatzeiträume zeigen keine Häufung an bestimmten Wochentagen. Es lässt sich jedoch feststellen, dass sich die Taten in der Zeit zwischen 14.00 Uhr und 19.00 Uhr ereigneten, während die Hausbewohner abwesend waren.

In einem Fall konnte eine Schuhsohleneindruckspur im Garten eines aufgebrochenen Hauses gesichert werden. Hierbei handelt es sich um einen Eindruck eines Sportschuhes der Größe 44. Die gefundenen Fingerspuren konnten bisher keiner Person zugeordnet werden.

2. Besondere Lage

Am heutigen Tag, Freitag, 13.1.2022, 18.35 Uhr, geht auf der Leitstelle des Polizeipräsidiums Düsseldorf folgender Notruf ein:

> „Mein Name ist Franz Schuhmacher und ich möchte einen Einbruch melden. Ich gehe gerade mit meinem Hund auf der Abteihofstraße spazieren und habe ein lautes Klirren gehört. Da ich zunächst nicht einordnen konnte, von wo dieses Geräusch kam, habe ich mich vorsichtig umgesehen. Es ist aber nichts weiter passiert. Nach ca. 5 Minuten habe ich dann einen jungen Mann über den Rasen des Hauses Nr. 7 laufen gesehen, der einen Rucksack in der Hand hielt. Ich kenne den Eigentümer des freistehenden Einfamilienhauses und weiß, dass dieser jeden Arbeitstag erst nach 19.30 Uhr nach Hause kommt. Da mir dies alles verdächtig vorkam, bin ich durch das nicht verschlossene Gartentor hinter das Einfamilienhaus auf die Terrasse gegangen und konnte hier sehen, dass die Terrassentür eingeschlagen war. Im Wohnzimmer liegen viele Glasscherben und ein

kaputter Blumentopf. Von außen habe ich gesehen, dass die Schubladen des Wohnzimmerschrankes offenstehen und in der Blumenerde kann man eine Schuhspur erkennen.

Kommen Sie schnell."

Durch die Leitstelle werden Sie gemeinsam mit Ihrem Kollegen PK Ludinger als Düssel 13/11 zum Einsatzort im Stadtteil Düsseldorf-Vollmerswerth geschickt.

Witterung: 5 Grad, trocken, wolkenlos

3. Aufgaben

1. **Bearbeiten Sie im Rahmen der Kriminalistischen Fallanalyse (KFA)**
   - **die Verdachtslage im Hinblick auf eine Tat (Ziff. 1.1.2)**
   - **die Verdachtslage im Hinblick auf eine Person (Ziff. 1.1.3)**
   - **allgemeine Beurteilung (Ziff. 1.2)**
     (Gewichtung: 20%)
2. **Begründen Sie, welche Maßnahmen im Rahmen des Sicherungsangriffs durchzuführen sind.**
   (Gewichtung: 50 %)
3. **Analysieren Sie den Sachbeweis (Ziff. 3.2 der Kriminalistischen Fallanalyse) in Bezug auf die Schuhspur und mögliche Spuren an/auf den Schubladen.**
   (Gewichtung: 30 %)

Lösungsbemerkungen

Zu Aufgabe 3.1

Bearbeiten Sie im Rahmen der Kriminalistischen Fallanalyse (KFA)

- **die Verdachtslage im Hinblick auf eine Tat (Ziff. 1.1.2)**
- **die Verdachtslage im Hinblick auf eine Person (Ziff. 1.1.3)**
- **allgemeine Beurteilung (Ziff. 1.2)**
  (Gewichtung: 20%)

3.1.1 Verdachtslage im Hinblick auf eine Tat

Im vorliegenden Fall könnte ein Wohnungseinbruchsdiebstahl nach §§ 242, 243, 244 StGB vorliegen.

Dieser Verdacht stützt sich auf die Aussage des Anrufers Franz Schuhmacher, der am Freitag, den 13.1.2022, gegen 18.35 Uhr, die Leitstelle des PP Düsseldorf anruft und seine Beobachtungen mitteilt.

Demnach hat er ein lautes Klirren wahrgenommen, welches er nicht einordnen konnte. Hierbei könnte es sich um das Einschlagen einer Scheibe gehandelt haben, da dadurch ein lautes Klirren entsteht. Herr Schuhmacher konnte in den folgenden fünf Minuten jedoch keine weiteren verdächtigen Umstände feststellen. Nach dieser Zeit habe er einen Mann mit einem Rucksack in der Hand über den Rasen des Hauses Nr. 7 der Abteihofstraße laufen gesehen, obwohl er wusste, dass der Eigentümer des Hauses werktäglich nicht vor 19.30 Uhr nach Hause zurückkehrt. Da er den Eigentümer persönlich kennt, ist auszuschließen, dass es sich bei dem beobachteten Mann um den Eigentümer des Hauses handelt. Nach diesen Beobachtungen hat sich der Zeuge dem Haus durch das unverschlossene Gartentor genähert und die nach hinten gelegene Terrasse betreten. Hier habe er festgestellt, dass die Terrassentür eingeschlagen war. Im Wohnzimmer liegen viele Glasscherben und ein zerstörter Blumentopf. Dies lässt den Schluss zu, dass mit diesem Blumentopf die Terrassentür eingeschlagen wurde. In der Blumenerde kann Herr Schuhmacher eine Schuhspur erkennen. Daraus kann geschlossen werden, dass der unbekannte Täter das Haus durch die eingeschlagene Terrassentür betreten hat und dabei auf der Blumenerde des zerstörten Blumentopfes eine Schuheindruckspur hinterlassen hat. Die Schubladen des Wohnzimmerschrankes stehen offen. Offensichtlich hat der Täter die Schubladen aufgezogen, als er dort nach Beute gesucht hat. Ob etwas entwendet wurde, kann der Zeuge nicht angeben.

Da die Tat erst fünf Minuten nach der Wahrnehmung des Klirrens festgestellt wurde, kann vermutet werden, dass der Einbrecher auf der Suche nach Beute auch fündig geworden ist. Sollte sich durch die weiteren Ermittlungen herausstellen, dass nichts entwendet wurde, so handelt es sich um einen versuchten Wohnungseinbruchsdiebstahl, der auch strafrechtlich verfolgt wird.

Die Angaben des Anrufers lassen sich leicht durch die eingesetzte Funkstreifenwagenbesatzung überprüfen und auf ihren Wahrheitsgehalt prüfen. Bisher sind keine Hinweise vorhanden, die gegen eine Glaubwürdigkeit des Zeuges sprechen. Von einer Vortäuschung kann nicht ausgegangen werden, da der Zeuge keinen Vorteil daraus hätte und den Wohnungseigentümer lediglich kennt.

Somit liegt ein Anfangsverdacht nach § 152 Abs. 2 StPO eines Wohnungseinbruchsdiebstahls als vollendete oder versuchte Tat nach §§ 242, 243, 244 StGB vor.

Das unbefugte Betreten des Grundstückes und die Zerstörung der Glasscheibe erfüllen die Straftatbestände des Hausfriedensbruchs nach § 123 StGB und der Sachbeschädigung nach § 303 StGB, die jedoch von dem Wohnungseinbruchsdiebstahl konsumiert werden.

Fraglich ist an dieser Stelle noch, ob die vorliegende Straftat Teil der in der allgemeinen Lage beschriebenen Tatserie ist.

Bisher ist bekannt, dass die Taten der Serie in freistehende Einfamilienhäuser im Stadtteil Vollmerswerth verübt werden. Auch im vorliegenden Fall handelt es sich um ein freistehendes Einfamilienhaus in Vollmerswerth. Bisher wurde jeweils ein vorgefundener Gegenstand benutzt, um sich gewaltsam Zugang zu verschaffen. Anschließend wurde lediglich das Erdgeschoss durchsucht und leicht zu transportierende Gegenstände entwendet, wie Schmuck, Bargeld und Handys. Im aktuellen Fall benutzte der unbekannte Täter einen Blumentopf, den er vermutlich vor Ort aufgefunden hat. Es ist unwahrscheinlich, dass ein Einbrecher einen Blumentopf als Tatmittel zum Tatort mitbringt. Aufgrund der Beobachtungen des Zeugen kann auch gesagt werden, dass der unbekannte Täter mindestens den Wohnzimmerschrank im Erdgeschoss durchwühlt hat, da die Schubladen offenstehen und nicht davon ausgegangen werden kann, dass der Eigentümer den Schrank so hinterlassen hat, als er sein Haus verlassen hat. Ob und was entwendet wurde, kann erst eine Rücksprache mit dem Eigentümer ergeben. Da der beobachtete Mann einen Rucksack trug, können sich darin sicher nur leicht zu transportierende Gegenstände befunden haben.

Aufgrund dieser Übereinstimmungen kann davon ausgegangen werden, dass es sich bei der vorliegenden Tat um einen weiteren Fall der bezeichneten Fallserie handelt. Eine endgültige Zuordnung kann nur ein Vergleich der Spuren oder der Zeugenaussagen erbringen oder ein Geständnis eines ermittelten Tatverdächtigen.

3.1.2 Verdachtslage im Hinblick auf eine Person

Im vorliegenden Fall beobachtet der Zeuge Schuhmacher, ca. fünf Minuten, nachdem er ein Klirren gehört hat, einen Mann mit einem Rucksack in der Hand, der über den Rasen des Grundstückes der Haus-Nr. 7 gelaufen ist. Der Eigentümer war zu dieser Zeit nicht zu Hause. Nach dieser Beobachtung wurde durch den Zeugen der Wohnungseinbruchsdiebstahl in das Einfamilienhaus Haus-Nr. 7 festgestellt.

Es stellt sich nun die Frage, ob es sich bei dem beobachteten Mann um den Täter handeln könnte. Um hierzu eine Aussage tätigen zu können, sind alle belastenden und entlastenden Umstände aufzuführen und gegeneinander abzuwägen.

Für eine Täterschaft des Mannes spricht, dass die Beobachtungen des Zeugen ca. fünf Minuten nach der Wahrnehmung eines Klirrens erfolgt sind. Das Klirren ist vermutlich durch das Einschlagen der Terrassentür mit dem Blumentopf entstanden. Der Täter hat sich in das Haus begeben und dort zumindest den Wohnzimmerschrank durchsucht. Eine genaue Zeitangabe, wie lange ein solcher Vorgang dauert, ist nicht oder nur sehr schwer möglich. Sicher benötigt ein Täter mehrere Minuten, um verschiedene Behältnisse zu durchsuchen und die gefundene Beute zu verstauen. Deshalb ist ein Zeitansatz für diese Tätigkeit von ca. fünf Minuten realistisch. Somit wird der Mann unmittelbar nach der Tat angetroffen. Außerdem befindet er sich in unmittelbarer Nähe zum Tatobjekt, da er auf dem Rasen dieses Hauses beobachtet wird. Weiterhin trägt er einen Rucksack in der Hand, der zum Transport der möglichen Beute benutzt werden könnte.

Gegen eine Täterschaft des Mannes spricht, dass die eigentliche Tatdurchführung von keiner Person beobachtet wurde. Somit kann kein direkter Zusammenhang zwischen dem Mann und dem Wohnungseinbruch hergestellt werden. Es kann durchaus sein, dass der Mann den Weg über den Rasen als Abkürzung oder ähnliches benutzt hat. Ob das Grundstück umzäunt ist oder sonst gesichert ist, geht aus dem Sachverhalt nicht hervor.

Zusammenfassend lässt sich sagen, dass die Argumente, die für eine Täterschaft des Mannes sprechen, überwiegen und er des Wohnungseinbruchsdiebstahls somit dringend verdächtig ist.

Nach dieser Schlussfolgerung wäre er auch für die bisher festgestellten acht Taten der in der allgemeinen Lage beschriebenen Tatserie verantwortlich und auch diesbezüglich dringend tatverdächtig.

Da seine Identität noch nicht feststeht, richtet sich das Strafverfahren immer noch gegen „Unbekannt". Somit kann ihm auch noch kein strafrechtlicher Status zugeordnet werden.

3.1.3 Allgemeine Beurteilung

Es könnte ein Wohnungseinbruchsdiebstahl nach §§ 242, 243, 244 Abs. 1 Nr. 3 StGB vorliegen. Es kann davon ausgegangen werden, dass die beschriebene Person gerade in das freistehende Einfamilienhaus eingebrochen ist.

Indizien hierfür sind das laute Klirren, welches Herr Schuhmacher gehört hat und dessen Beobachtungen am Haus, die für einen Wohnungseinbruchsdiebstahl sprechen.

Außerdem wird vor dem konkreten Sachverhalt eine Serie von Wohnungseinbruchsdiebstählen beschrieben, bei der der oder die Täter mit identischem Modus Operandi vorgegangen sind, was bereits im Punkt „Verdachtslage im Hinblick auf eine Tat" ausführlich begründet wurde.

Da der vorliegende Fall vermutlich die Fortsetzung der beschriebenen Tatserie ist, ist auch wahrscheinlich, dass diese vom gleichen Täter oder gleichen Tätern ausgeübt wurden. Im vorliegenden Fall wurde nur eine Person beobachtet, was aber nicht ausschließt, dass weitere Mittäter existieren.

Die Tat wurde gegen 18.35 Uhr ausgeführt und auch die bisherigen Taten lagen in den Nachmittagsstunden, somit handelt es sich kriminologisch um Tageswohnungseinbrüche, da die Tatzeiten in die Zeit von 6.00 Uhr bis 21.00 Uhr fallen.

Die Strafandrohung beim Wohnungseinbruchsdiebstahl nach § 244 StGB liegt grundsätzlich bei einer Mindestfreiheitsstrafe von sechs Monaten bis zu zehn Jahren. Es handelt sich somit um ein Vergehen und Offizialdelikt. Der Versuch ist nach Absatz 2 strafbar. Da es sich im vorliegenden Fall jedoch um eine dauerhaft genutzte Privatwohnung handelt, wozu auch Einfamilienhäuser gehören, ergibt sich der Strafrahmen aus Absatz 4, der bei einer Freiheitsstrafe von einem Jahr bis zu zehn Jahren liegt. Somit handelt es sich hier um ein Verbrechen gem. § 12 StGB.

Das Interesse der Öffentlichkeit, über das Deliktsfeld Wohnungseinbruchsdiebstahl informiert zu werden, ist sehr groß, da bei diesem Delikt in den Schutzbereich der eigenen Wohnung eingegriffen und dadurch das Sicherheitsgefühl stark beeinträchtigt wird. Die mediale Berichterstattung über diese Straftaten zeigt die Wichtigkeit der polizeilichen Bekämpfung auf. Im vorliegenden Fall handelt es sich vermutlich um eine Tatserie von insgesamt neun Taten, die einem oder mehreren Tätern zuzuordnen sind und sich auf den südlichen Düsseldorfer Stadtteil Vollmerswerth konzentrieren. Bisher konnten der oder die Täter nicht ermittelt werden, was die Angst der Bevölkerung, selbst Opfer einer solchen Straftat zu werden, steigert. Somit wird der Druck auf die Polizei als Ermittlungsbehörde erhöht, den oder die Täter schnellstmöglich zu ermitteln und festzunehmen. Es kann davon ausgegangen werden, dass bereits zum jetzigen Zeitpunkt über die Tatserie berichtet wurde und jede neue Tat erneut zu

Medienberichten führen wird. Dies bezieht sich zumindest auf die örtliche Presse.

Durch den Anruf des Herrn Schuhmacher erhält die Polizei unmittelbar nach Tatausführung Kenntnis von dieser Tat und wird je nach Verfügbarkeit von Einsatzmitteln eine Funkstreifenwagenbesatzungen zum Tatort entsenden, um nähere Informationen zur Tat und zum Täter zu erlangen. Da der Täter bereits die Flucht ergriffen hat, wird eine Tatortbereichsfahndung nach ihm eingeleitet, da die Tat unmittelbar vor dem Anruf des Zeugen geschehen ist und der Zeuge eine Personenbeschreibung abgeben konnte. Diese bindet für einen kurzen Zeitraum von max. 30 Minuten mehrere Einsatzmittel. Sollte der Täter vor Ort oder im Rahmen der Fahndung angetroffen und festgenommen werden, ist eine Funkstreifenwagenbesatzung mit der Fertigung der erforderlichen Berichte und der Einlieferung in das Polizeigewahrsam des PP Düsseldorf mindestens eine Stunde gebunden. Die Besatzung des Sicherungsangriffs wird den Einbruch aufnehmen und dann an den Auswertungsangriff übergeben. Die Einsatzdauer ist dabei überschaubar. Die abschließende Sachbearbeitung durch das Fachkommissariat bindet aufgrund der möglichen Haftsache und der Tatserie noch Personal. Die Leitung vor Ort übernimmt in der Regel der Streifenführer der zuerst eintreffenden Funkstreifenwagenbesatzung.

Ein Meldeerfordernis besteht nicht.

Die Sachbearbeitung bei Wohnungseinbruchsdelikten in NRW übernimmt die örtlich zuständige Dienststelle, also hier das PP Düsseldorf.

Zu Aufgabe 3.2

Begründen Sie, welche Maßnahmen im Rahmen des Sicherungsangriffs durchzuführen sind.
Gewichtung: 50 %)

Anlaufphase „Leitstelle“

Zunächst nimmt der Beamte der Leitstelle den Notruf entgegen und lässt sich die Personalien und die Erreichbarkeit des Anrufers mitteilen, damit er bei einer Unterbrechung des Gesprächs jederzeit sofort zurückrufen kann. Weiterhin dienen die Personaldaten dazu zu überprüfen, ob es sich um einen ernst zu nehmenden Anruf handelt oder nicht. Die erhaltenen Daten kann der Beamte der Leitstelle parallel zum Gespräch in vorhandenen Datensystemen, z. B. Inpol/Polas/Viva, IGVP/Viva, EMA, überprüfen.

Anschließend kann der Sachverhalt aufgeklärt werden. Damit der Leitstellenbeamte auch vollständige Antworten erhalten kann, wird der Anrufer zunächst beruhigt. Da der Anrufer selbst nicht verletzt ist und auch keine andere Person, entfallen Maßnahmen der Ersten Hilfe.

Die Fragen an den Zeugen dienen zur Aufhellung des Sachverhalts und dazu, fahndungsrelevante Informationen zu erlangen. Folgende Fragen werden gestellt: Was haben Sie beobachtet? Wann haben Sie diese Beobachtungen getätigt? Wo haben Sie sich genau aufgehalten? Können Sie den flüchtigen Mann beschreiben? Gehen Sie bitte dabei auf folgendes ein: Geschlecht, Alter, Größe, Statur, Bart/Brille, Kleidung, Auffälligkeiten, mitgeführte Gegenstände. In welche Richtung ist die Person geflohen? Hat er Sie gesehen? Haben Sie ein Fluchtfahrzeug wahrgenommen? Wer ist der Besitzer des Hauses? Wie können wir ihn erreichen? Wo arbeitet er? Welche Feststellungen haben Sie am Tatort gemacht? Haben Sie dort etwas angefasst/verändert? Wo halten Sie sich gerade auf? Würden Sie die Person wiedererkennen?

Nach den Informationen zum Tatgeschehen wird der Leitstellenbeamte dem Anrufer folgende Verhaltensanweisungen erteilen: Fassen Sie bitte am Tatort nichts an und verändern Sie nichts. Begeben Sie sich auf die Straße zum Hauseingang und warten Sie dort auf das Eintreffen der Polizei. Wenn Sie die Polizei sehen, machen Sie sich bitte bemerkbar. Sollte sich bis zum Eintreffen etwas verändern oder sollten Sie neue Feststellungen machen, rufen Sie sofort wieder an.

Da der Anruf unmittelbar nach der Tatausführung geschieht und Herr Schuhmacher berichtet, dass der Mann zu Fuß flüchtig ist, ist die Wahrscheinlichkeit groß, dass sich diese Person noch in Tatortnähe aufhält und dort durch Polizeibeamte angetroffen werden könnte. Aufgrund dieser Weg-Zeit-Berechnung löst der Beamte der Leitstelle eine Tatortbereichsfahndung mit allen frei zur Verfügung stehenden Kräften aus. Die erhaltenen Informationen über die Personenbeschreibung, mitgeführte Gegenstände, die Fluchtrichtung, die Tatzeit und den Tatort werden an alle eingesetzten Einsatzmittel weitergegeben.

Gleichzeitig wird eine Funkstreifenwagenbesatzung zum Tatort entsandt, um den Tatort aufzunehmen.

Alle Informationen und Maßnahmen im Zusammenhang mit dem vorliegenden Ereignis werden in Cebius dokumentiert.

Weiterhin informiert der Beamte noch die Kräfte der Kriminalwache über den Anruf und den bevorstehenden Einsatz.

Anlaufphase „Anfahrt“

Wir nehmen als Düssel 13/11 den von der Leitstelle vergebenen Einsatz an und begeben uns zum Tatort.

Es ist zunächst die Frage zu klären, ob die Annäherung unter Einsatz von Sonder- und Wegerechten geschieht. Laut Sachverhalt ist es Freitag, gegen 18.35 Uhr. Zu dieser Zeit herrscht in Großstädten wie Düsseldorf noch reger Verkehr, jedoch ist kein Stau aufgrund des Berufsverkehrs zu erwarten. Gleichzeitig ist der vermeintliche Täter zu Fuß in Tatortnähe unterwegs. An dieser Stelle ist die Zeitersparnis durch den Einsatz von Sonder- und Wegerechten gegen die Gefahr einer Warnung für den Täter abzuwägen. Dies führt zu dem Ergebnis, dass die Gefahr einer Warnung des Täters zu groß ist und ohne den Einsatz von Sonder- und Wegerechten könnte der Täter noch in Tatortnähe ergriffen werden. Da aber trotzdem eine zeitliche Dringlichkeit vorliegt, ist der Einsatz von Sonderrechten angebracht. Dies bedeutet eine beschleunigte Anfahrt ohne Sondersignale.

Weiterhin ist bei der Anfahrt auf tatrelevante Umstände zu achten. Dies bedeutet im vorliegenden Fall, dass auf Personen geachtet werden muss, auf die die Beschreibung des Anrufers zutreffen könnte. Diese Person könnte versuchen, sich zu verstecken oder wegzulaufen. Zu den tatrelevanten Umständen zählen auch weggeworfene oder verlorene Tatmittel oder Teile der Beute. Im vorliegenden Fall könnte die Person den mitgeführten Rucksack weggeworfen haben.

Im Team müssen noch Absprachen über das weitere Vorgehen getroffen werden. Dies bezieht sich auf das Vorgehen am Tatort und bei einem möglichen Antreffen des Täters. Hierbei sind die Aspekte der Eigensicherung von größter Bedeutung. Am Tatort kümmert sich ein Polizeibeamter um den objektiven und einer um den subjektiven Tatortbefund.

Der Funkstreifenwagen kann im vorliegenden Fall direkt auf dem Gehweg vor dem Tatort geparkt werden, da dort der Zeuge wartet und der Täter bereits geflohen ist. Das Eintreffen ist der Einsatzleitstelle mitzuteilen.

Vor Ort verschaffen sich die Beamten zunächst einen Überblick über die Einsatzsituation, offensichtliche Spuren und anwesende Personen. Dann wird eine erste Lagemeldung an die Leitstelle abgegeben.

Bevor sich die Beamten um den angetroffenen Zeugen kümmern, müssen sie den Tatort nach weiteren möglichen Tätern, verletzten Personen u. ä. durchsuchen. Hierzu werden über die Leitstelle kurzfristig Unterstützungskräfte angefordert, die während der Durchsuchung eine äußere Absperrung des Einfamilienhauses betreiben. Die Durchsuchung findet unter besonderer Beachtung der Eigensicherung statt. Der Weg der Durchsuchung sollte als Trampelpfad angelegt werden und vorgenommene Veränderungen sind zu kennzeichnen und zu dokumentieren.

Im vorliegenden Sachverhalt ist nicht davon auszugehen, dass dies zur Feststellung eines Täters führt. Deshalb muss an dieser Stelle ein solches hypothetisches Antreffen nicht abgearbeitet werden.

Anschließend können die Unterstützungskräfte wieder entlassen werden.

Sicherung des subjektiven Tatortbefundes

Vor Ort wird der Anrufer Herr Schuhmacher angetroffen, der Zeuge ist. Zeuge ist jede Person, die sachdienliche Angaben zu einem strafrechtlich relevanten Sachverhalt geben kann und gegen den sich das Verfahren nicht richtet. Herr Schuhmacher ruft die Polizei an und berichtet von einem Wohnungseinbruchsdiebstahl. Es ist davon auszugehen, dass seine Beobachtungen wahrheitsgemäß sind und sich das Verfahren somit gegen Unbekannt richtet. Als Zeuge ist Herr Schuhmacher vor einer Vernehmung gem. §§ 52, 55 und 57 StPO zu belehren. Dies bedeutet, dass er Angaben verweigern kann, die ihn (Auskunftsverweigerungsrecht) oder nahe Angehörige (Zeugnisverweigerungsrecht) belasten würden. Außerdem wird er dazu angehalten, die Wahrheit zu sagen.

Vor der Vernehmung werden die Personalien gem. § 163b StPO und seine Erreichbarkeit festgestellt.

Die Fragen der Leitstelle werden nochmals intensiviert, da in einer persönlichen Befragung oft Details erwähnt werden, die bei einer fernmündlichen Vernehmung unerwähnt bleiben. Insbesondere beziehen sich die Fragen der Beamten vor Ort auf die flüchtige Person, deren genaue Beschreibung und Fluchtrichtung. Die genauen Tatumstände sowie Angaben zum Geschädigten werden erfragt. Auch Fragen zur möglichen Beute werden gestellt.

Sollten sich aus dieser Befragung neue Erkenntnisse ergeben, wird die Leitstelle informiert, um die laufende Fahndung zu aktualisieren. Gleichzeitig wird der Auswertungsangriff angefordert.

Als nächste Maßnahme werden die Beamten versuchen, weitere Zeugen ausfindig zu machen und zu befragen. Hierbei könnte es sich um Nachbarn, Spaziergänger oder Hundehalter handeln. Wenn solche Personen angetroffen werden, werden auch hier die Personalien und die Erreichbarkeit nach § 163b StPO festgestellt und alle Zeugen werden, wie Herr Schumacher, belehrt. Vor einer Vernehmung werden die Zeugen getrennt, um eine gegenseitige Beeinflussung zu verhindern. Die Fragen an diese Zeugen beziehen sich auf ihre Beobachtungen vor, während und nach der Tat. Insbesondere werden verdächtige Beobachtungen vor der Tat abgefragt, ob das laute Klirren wahrgenommen wurde und welche Beobachtungen bezüglich des vermeintlichen Täters gemacht wurden. Ein mögliches Fluchtmittel und die Fluchtrichtung spielen ebenfalls eine wichtige Rolle. Sollten hierbei neue Erkenntnisse gewonnen werden, wird die Leitstelle darüber informiert, um eine Fahndungsergänzung durchzuführen.

Weiterhin werden die Beamten versuchen, den Eigentümer des Hauses telefonisch zu erreichen und zu befragen. Es kann auch sein, dass dieser während der Tatortaufnahme vor Ort erscheint. Auch der Wohnungseigentümer ist Zeuge, von dem die Personalien/Erreichbarkeit festgestellt wird und der wie alle anderen Zeugen belehrt wird. Die Fragen an den Eigentümer beziehen sich auf die Einengung der Tatzeit und auf die Beute. So ist es wichtig zu erfragen, wann er das Haus verlassen hat, wie der Schließzustand der Türen und Fenster war, welche Gegenstände gestohlen wurden, wie er diese beschreiben kann, ob es Fotos davon gibt, ob Individualnummern vorhanden sind und bei welcher Versicherung er gegen Einbruch versichert ist. Wenn er einen Tatverdacht hat, ist dieser zu erfragen. Der Eigentümer wird auch mit der späteren Sicherung des Objektes beauftragt.

Aufnahme des objektiven Tatortbefundes

Zuerst ist der Tatort abzusperren. Der Tatort umfasst im Sachverhalt das Einfamilienhaus, die Terrasse und den Garten, über den der unbekannte Mann gelaufen/geflüchtet ist. Wenn das Grundstück umzäunt ist, reicht es aus, dass der Zugang zum Haus und zum Garten abgesperrt wird. Hierzu kann Absperrband benutzt werden.

Anschließend wird eine Spurensuche durchgeführt. Diese bezieht sich auf das Haus und den möglichen Annäherungs- und Fluchtweg des Täters. So kann der Täter bei der Flucht Teile der Beute oder Tatmittel verloren/weggeworfen haben oder andere Spuren gelegt haben, z. B. Schuhspuren.

Im Haus wird dazu der eingerichtete Trampelpfad genutzt, um keine Trugspuren zu verursachen. Mit folgenden Spuren kann gerechnet werden: eingeschlagene Terrassentür, Glasscherben im Wohnzimmer und teilweise auf der Terrasse, zerstörter Blumentopf im Wohnzimmer, Schuhspur in der Blumenerde, herausgezogene

Schubladen des Wohnzimmerschranken und mögliche Schuhspuren auf dem Rasen. Alle gefundenen Spuren sind zu kennzeichnen und zu dokumentieren. Hierzu werden von allen Spuren nach Kennzeichnung und Anlegen eines Maßstabes Übersichts- und Detailaufnahmen gemacht. Übersichtsaufnahmen werden auch vom gesamten Tatort gefertigt.

Im Rahmen der Aufnahme des objektiven Tatortbefundes muss auch über Maßnahmen der Notsicherung oder des Spurenschutzes nachgedacht werden. Laut Sachverhalt ist es trocken und es ist nicht mit Regen zu rechnen. Die meisten Spuren befinden sich im Innenraum des Hauses, welches vor dem unbefugten Betreten von unbeteiligten Personen abgesperrt ist und sie sind somit keinen Witterungseinflüssen ausgesetzt. Sollten sich Schuhspuren auf der Terrasse oder im Rasen des Hauses befinden, so müssen diese aufgrund der trockenen Wetterlage auch nicht weiter geschützt werden. Eine Notsicherung von Spuren kommt nicht in Betracht.

Vorgenommene Veränderungen werden gekennzeichnet und dokumentiert.

Übergabephase

Die Beamten des Sicherungsangriffs warten vor Ort auf das Eintreffen des Auswertungsangriffs. Im Rahmen einer Tatortbegehung geben die Beamten des Sicherungsangriffs alle relevanten Informationen an die Kräfte des Auswertungsangriffs weiter. Hierzu zählen die Informationen über Zeugen und deren Aussagen, vorgenommene Veränderungen und durchgeführte Maßnahmen. Anschließend bietet der Sicherungsangriff seine Hilfe an, z. B. für die Aufrechterhaltung der Absperrung oder weiterer Zeugenvernehmungen.

Wenn diese nicht benötigt wird, wird eine Abschlussmeldung an die Leitstelle gegeben und später auf der Wache die erforderlichen schriftlichen Arbeiten erledigt. Diese umfassen das Anfertigen einer Strafanzeige, das Anlegen einer Lichtbildmappe und möglicher Berichte über Zeugenbefragungen o.ä.

Zu Aufgabe 3.3

Analysieren Sie den Sachbeweis (Ziff. 3.2 der Kriminalistischen Fallanalyse) in Bezug auf die Schuhspur und mögliche Spuren an/auf den Schubladen.
(Gewichtung: 30 %)

Situationsspuren

Situationsspuren sind diejenigen Spuren, die sich aus dem Vorhandensein oder Fehlen von Gegenständen und deren besonderer Lage am Ort und zueinander ergeben und die der Rekonstruktion des Geschehens dienen.

In Bezug auf die in der Aufgabe genannten Spuren ergibt sich folgende Hypothese:

Vermutlich hat der unbekannte Täter mit einem vorgefundenen Blumentopf die Terrassentür des freistehenden Einfamilienhauses eingeschlagen. Hierdurch zerbrachen die Scheibe und Teile des Blumentopfes und Blumenerde fiel auf den Boden des Wohnzimmers unmittelbar hinter der Terrassentür. Nach Angaben des Anrufers befindet sich in dieser Erde eine Schuhspur. Dies lässt den Schluss zu, dass der Täter beim Einstieg oder bei seiner Flucht durch die eingeschlagene Terrassentür in die lose Erde getreten ist und dabei seine Schuhsohle als Eindruckspur hinterlassen hat. Die Tatortbefundaufnahme wird dazu führen, die Richtung dieses Eindruckes zu bestimmen. Anschließend hat der Täter die Schubladen des Wohnzimmerschranks geöffnet, um darin nach Wertgegenständen zu suchen. Hierbei könnte er Fingerabdruckspuren hinterlassen haben. Außerdem ist es möglich, dass er fester an diesen Schubladen ziehen musste, wodurch es auch möglich ist, dass dabei Hautschuppen zurückgeblieben sind. Ob alle Schubladen aufstehen oder teilweise wieder geschlossen wurden, gibt der Sachverhalt nicht preis.

Schuhspur

Bei der beschriebenen Schuhspur handelt es sich um eine Formspur in Form einer Eindrucksspur. Formspuren sind die durch Einwirkung eines Spurenverursachers entstandenen Formveränderungen an einem Objekt. Aus der formmäßigen Beschaffenheit der Spur sind kriminalistische Schlüsse zu ziehen. Bei einem Eindruck wird weicheres Material durch härteres verdrängt. Bei einem Abdruck kommt es zu einer Substanzübertragung.

Der Gruppenbeweis einer Schuheindruckspur bedeutet, dass anhand des Sohlenmusters festgestellt werden kann, um welche Schuhgröße es sich handelt. Außerdem kann die Art des Schuhs, z. B. Sportschuh, Damen-, Kinder- oder Herrenschuh, festgestellt werden. Eventuell kann man auch den Hersteller erkennen. Durch diesen Gruppenbeweis ist es möglich, bestimmte Schuhe als Spurenverursacher auszuschließen und den Kreis der möglichen Schuhe, die die Spur verursacht haben, einzuengen. Somit wird die Gruppe kleiner, aber noch nicht individuell.

Eine Individualidentifizierung ist möglich, wenn die Sohle Abnutzungserscheinungen, Beschädigungen und/oder Fremdkörper aufweist. Dadurch kann die Formspur so einzigartig werden, dass sie nur von einem einzigen Schuh verursacht wurde.

Der Beweiswert dieser Schuhspur liegt darin, dass gesagt werden kann, dass sich der verursachende Schuh im Tatobjekt befunden haben muss, als die Spur entstanden ist. Da die Scheibe mit dem Blumentopf eingeschlagen und die Tat bereits fünf Minuten nach dem Einschlagen entdeckt wurde, ist davon auszugehen, dass die Schuhspur vom Täter gelegt wurde. Die Spur kann aber lediglich beweisen, welcher Schuh die Spur verursacht hat. Sie gibt keine Auskunft darüber, welche Person diesen Schuh getragen hat.

Landesweit gibt es keine zentrale Sammlung für Schuhspuren. Lediglich einige Kreispolizeibehörden verfügen über örtliche Sammlungen, mit denen die aufgefundene Schuhspur verglichen werden kann. Sollten im Rasen oder auf der Terrasse weitere Schuhspuren gefunden werden, so können diese untereinander verglichen werden, um festzustellen, ob es sich um den gleichen Schuh handelt oder ob es sich um verschiedene Schuhe handelt, woraus man schließen kann, dass es mehrere Täter gegeben haben muss.

Sollte im Rahmen der Fahndung oder durch die folgenden Ermittlungen ein Tatverdächtiger ermittelt werden, so sind dessen Schuhe mit dem Abdruck zu vergleichen. Dieser Vergleich sollte so zeitnah wie möglich erfolgen, da sich durch die weitere Benutzung des Schuhs dessen Sohle verändert und somit eine sichere Übereinstimmung/Identifizierung nicht mehr oder nur noch sehr schwer möglich erscheint.

Sollte im Rahmen der Tatortbereichsfahndung eine Person angetroffen werden, auf die die Beschreibung des Zeugen passt, so können dessen Schuhe sofort verglichen werden. Sollte es eine Übereinstimmung geben, ist die Person dringend verdächtig, den Einbruch verübt zu haben, da er die Schuhe noch trägt und somit fast ausgeschlossen werden kann, dass die Spur von einer anderen Person verursacht wurde.

Spuren an den Schubladen: Fingerspuren

Hierbei handelt es sich um Formspuren als Abdruckspuren. Diese Spurenart wurde bereits bei den Schuhspuren definiert. Fingerspuren werden auch als daktyloskopische Spuren bezeichnet.

Ein Individualbeweis liegt vor, wenn mindestens zwölf anatomische Merkmale, sog. Minuzien, erkennbar sind. Sollten weniger als zwölf Minuzien erkennbar sein, muss ein individuelles Merkmal, z. B. eine Narbe, vorhanden sein, um den Fingerabdruck einer einzigen Person zuzuordnen. Dies ist deshalb so, da der Fingerabdruck unveränderlich, einmalig und klassifizierbar ist.

Bei weniger als zwölf anatomischen Merkmalen oder keinem individuellen Merkmal liegt ein Gruppenbeweis vor. Durch die wenigen Minuzien lässt sich der mögliche Verursacherkreis jedoch einengen und bestimmte Personen können als Spurenverursacher ausgeschlossen werden.

Der Beweiswert sagt aus, dass der Spurenverursacher die Schubladen angefasst haben muss. Grundsätzlich kann an der Fingerspur nicht festgestellt werden, wann und wo dies passiert ist. Sollten sich jedoch die gleichen Fingerspuren an verschiedenen Schubladen befinden, die vom Täter aufgezogen wurden, so kann daraus der Schluss gezogen werden, dass dies im Haus geschehen ist. Bei einer Übereinstimmung ist der Spurenverursacher als dringend tatverdächtig einzustufen.

Die gefundenen Fingerspuren werden mit Vergleichsspuren von Berechtigten verglichen, um diese auszuschließen. Weiterhin werden die Fingerspuren mit ermittelten Tatverdächtigen verglichen, die bisher noch nicht erkennungsdienstlich behandelt wurden. Außerdem erfolgt ein Abgleich mit der Datenbank AFIS (automatisiertes Fingeridentifizierungssystem), in der alle Tatortspuren und Fingerabdrücke von erkennungsdienstlich behandelten Beschuldigten gespeichert sind.

Die gefundenen Abdrücke sind auch untereinander zu vergleichen, um Aufschlüsse über die Anzahl der Täter zu erlangen.

Spuren an den Schubladen: Hautschuppen/Epithelzellen

An den Schubladen könnten sich auch Hautschuppen/Epithelzellen befinden. Hierbei handelt es sich um Materialspuren. Materialspuren sind Substanzen (fest, flüssig oder gasförmig), deren stoffliche Eigenschaften und Zusammensetzungen kriminalistische Schlüsse zulassen.

Im vorliegenden Fall kommen diese als feste Stoffe vor, die als Gruppenbeweis aussagen, ob es sich um menschliche oder tierische Hautschuppen handelt.

Hautschuppen/Epithelzellen enthalten DNA und können deshalb auch als Individualbeweis dienen. Die DNA eines Menschen ist einmalig, außer bei eineiigen Mehrlingen. Somit kann die Spur einem Spurenverursacher eindeutig zugeordnet werden.

Die Hautschuppen an den Schubladen beweisen, dass der Spurenverursacher diese angefasst hat. Wann und wo dies geschehen ist, lässt sich nicht sagen. Siehe hierzu auch die Ausführungen zu den Fingerspuren.

Auch in diesem Fall sind die Spuren mit denen von Berechtigten, von ermittelten Tatverdächtigen und mit der DAD (DNA-Analyse-Datei) zu vergleichen.

Sollten weitere DNA-Spuren gefunden werden, können diese auch untereinander und mit den gefundenen Hautschuppen verglichen werden. Bei Übereinstimmungen kann auch hier ein Tatverdacht begründet werden.

Bei den beschriebenen Spuren handelt es sich um Indizien oder auch indirekte Beweise. Sollten die Spuren aber alle einer Person zugeordnet werden können, so spricht dies für dessen Täterschaft.

Fall 12: Kindesmisshandlung

Schwerpunkte

Kriminalistische Fallanalyse, Verdachtslage, Auswertungsangriff

Kriminaldirektor Christoph Frings, HSPV NRW

1. Vorbemerkungen

Im Bachelorstudiengang Polizeivollzugsdienst sollen die Studierenden ab dem Einstellungsjahrgang 2012 im Rahmen des Hauptstudiums 1.2 u. a. die folgenden Kompetenzziele erreichen:
- polizeiliche Konzepte im Zusammenhang mit „Gewalt im sozialen Nahraum" auf konkrete Sachverhalte unter besonderer Berücksichtigung des Opferschutzes zu übertragen
- und Gefährdungsbeurteilungen erstellen sowie die daraus erforderlichen Maßnahmen ableiten

Dazu sollen folgende Lehrinhalte vermittelt werden:
- Phänomenologie der Gewalt im sozialen Nahraum
- Darstellung typischer Verletzungsbilder
- Besonderheiten bei der Erhebung des Tatbefundes und der Sachbearbeitung in Fällen der Gewalt im sozialen Nahraum
- Gefährdungsbeurteilung nach PDV 129 VS-NfD- in Fällen der Gewalt im sozialen Nahraum

Die Vermittlung der Lehrinhalte soll in acht Lehrveranstaltungsstunden (à 45 Minuten), sowie sechs Selbststudienstunden (à 60 Minuten) erfolgen. Abgeprüft werden die Lehrinhalte des Moduls in einer vierstündigen Klausur. Bislang wurden diese Klausuren interdisziplinär geschrieben. Bei der vorliegenden Übungsklausur handelte es sich um eine Kombiklausur mit einem Einsatzlehranteil von 50 % und einem Kriminalistik/Kriminaltechnikanteil von 50 %.

Behandelt wird hier aus redaktionellen Gründen nur der Kriminalistik/Kriminaltechnikteil (KR/KT-Teil) dieser Klausur, der Klausursachverhalt wurde daher auf den erforderlichen Umfang zur Lösung des KR/KT-Teils gekürzt. Vorgesehen ist für die Bearbeitung des KR/KT-Teils ein Zeitanteil von zwei Zeitstunden.

2. Lage

2.1 Allgemeine Lage

Im Deliktsfeld der Misshandlung von Kindern wurden in den letzten Jahren bundesweit jährlich ca. 3500 Straftaten in der Polizeilichen Kriminalstatistik erfasst. Nicht darunter erfasst sind die ungleich häufiger im sozialen Nahbereich vorkommenden Körperverletzungen zum Nachteil von Kindern durch Erziehungsberechtigte. Für Beamtinnen und Beamte des Wachdienstes handelt es bei diesen Vorfällen um nahezu alltägliche Einsatzlagen.

2.2 Besondere Lage

Nach erfolgreichem Abschluss des Bachelorstudienganges versehen Sie als Polizeikommissar/Polizeikommissarin Wachdienst in der Polizeiinspektion Mitte des PP D-Stadt. Am heutigen Tag (Mittwoch, 21.12.2022) versehen Sie Nachtdienst in der Nacht von Mittwoch auf Donnerstag. Sie befinden sich auf Funkwagenstreife im Gebiet der Polizeiinspektion Mitte zusammen mit Ihrer Streifenpartnerin/Ihrem Streifenpartner als D 11/31. Gegen 23.00 Uhr erhalten Sie von der Einsatzleitstelle den folgenden Einsatz: „D 11/31 Hüttenstraße 11c, Familie Schmitz dort offenbar häusliche Gewalt durch Herrn Schmitz."

Gegen 23.05 Uhr treffen Sie am Einsatzort ein, vor dem Haus Hüttenstraße 11c werden Sie schon von Frau Müller erwartet. Sie teilt Ihnen mit: „Die Familie Schmitz wohnt über mir im 3. Stockwerk. Eine richtige Familie sind die eigentlich nicht. Frau Schmitz hat ihren Mann vor etwa drei Jahren mit den Kindern verlassen. Jetzt wohnt Herr Schmitz dort mit einer neuen Frau, der Frau Reimers. Frau Reimers ist vor ca. 1/2 Jahren mit ihren beiden Kindern bei Herrn Schmitz eingezogen. Seit dieser Zeit ist in der Wohnung tagsüber ‚Theater' von den Kindern und abends streiten sich die Erwachsenen. Seit ca. zwei Monaten, nachdem Herr Schmitz seine Arbeitsstelle als Lagerarbeiter verloren hat, kommt es auch öfter zu Handgreiflichkeiten zwischen den Erwachsenen. Die Kinder bekommen auch ihren Teil ab, das Mädchen höre ich oft schreien, nachdem zuvor Schläge zu hören waren. Heute Abend war es besonders schlimm. In der Wohnung war ein Gepolter und dann habe ich wieder Schlaggeräusche und Schreie gehört. Es war nicht zum Aushalten, ich konnte meine Sendung im Fernsehen gar nicht mehr verfolgen."

Sie bitten Frau Müller, sich zu ihrer Wohnung zu begeben und sich dort für eventuelle Rückfragen zur Verfügung zu halten.

Bereits im Treppenhaus nehmen Sie laute Geräusche aus der Wohnung der Familie Schmitz wahr. Vor der Wohnungstüre stehend hören Sie wüstes Gebrüll einer männlichen Person, dann ein lautes Klatschen und den Schmerzschrei einer weiblichen Person. Auf mehrfaches Klingeln und lautes Klopfen wird durch eine männliche Person die Türe aufgerissen. Es scheint sich um Herrn Schmitz zu handeln. Ohne dass Sie zu Wort kommen, schreit er sie an: „Was wollte Ihr Witzfiguren denn hier, ich muss meiner Frau mal wieder Manieren beibringen und ihr stört mich dabei nicht!" Herr Schmitz versucht dann, die Wohnungstüre vor Ihrer Nase zuzudrücken. Das können Sie mittels einfacher körperlicher Gewalt verhindern. Im Atem des Mannes nehmen Sie eine sehr stark und deutlich ausgeprägte Alkoholfahne wahr. In der Hand hält er einen ca. 30 mm breiten Holzkleiderbügel. Es gelingt Ihnen dann, Herrn Schmitz durch geschickte Kommunikation soweit zu beruhigen, dass er den Kleiderbügel an die Flurgarderobe hängt. Zwischenzeitlich tritt auch die Streifenwagenbesatz D 11/35 zu Ihrer Unterstützung ein. Mit dieser Streifenwagenbesatzung begibt sich Herr Schmitz dann widerwillig ins Wohnzimmer.

Im Kinderzimmer der Wohnung sitzt Frau Reimers laut weinend und völlig aufgelöst auf dem Boden. Sie ist mit einer Jogginghose und einem kurzärmeligen T-Shirt bekleidet. Sie sprechen Frau Reimers mit den Worten an: „Beruhigen Sie sich, hier ist die Polizei, es kann Ihnen jetzt nichts mehr passieren." Darauf äußert Frau Reimers direkt: „Ich kann das alles nicht mehr gutmachen, mein Verlobter hat meine Kinder verprügelt und ich habe nie was dagegen gemacht, ich hatte nur Angst um mich." Im Gesicht von Frau Reimers zeichnen sich deutlich sichtbar mehrere frische Hautrötungen und Schwellungen ab. Zudem erkennen Sie auf den Unterarmen von Frau Reimers mehrere parallel verlaufende, ca. 30 mm breite, längliche Hämatome.

Im Kinderzimmer finden Sie, versteckt im Kleiderschrank sitzend, weinend die achtjährige Eileen. Das Kind hat mehrere frische und eine Vielzahl älterer, deutlich ausgeprägter Hämatome im Gesicht. Aus dem linken Nasenloch tritt Blut aus. Das Kind hält sich mit der Hand das linke Ohr und klagt von sich aus über heftige Ohrenschmerzen. In einer weiteren Zimmerecke hat sich der 13-jährige Kevin zusammengerollt. Der Junge zittert am ganzen Körper und ist am Oberkörper nur mit einem T-Shirt bekleidet. Im Bereich der Unterarme zeichnen sich auf der Haut deutlich ausgeprägt mehrere frische, ca. 30 mm breite, parallel verlaufende, hellrötliche Striemen als Verletzungsmerkmale ab. Weiterhin sind an den Unterarmen des Jungen auch eine Vielzahl älterer Hämatome in unterschiedlichen Abheilungsstadien sichtbar. Weiter weist der Junge mehrere frische Hämatome und Hautrötungen im Gesicht auf. Auf Ihre Frage an Kevin, was passiert sei, antwortet er Ihnen im aggressiven Ton: „Mensch, was ist wohl passiert, der Schmitz hat mich mit dem Kleiderbügel verprügelt. Er hat erst meine Mutter geschlagen und dann bin ich dazwischen gegangen, damit er aufhört, sie zu schlagen." Als Sie dem Jungen vom Boden aufhelfen wollen, stellen sie fest, dass für den Jungen eine schmerzfreie Bewegung kaum möglich ist. Sie stellen dann fest, dass der Rücken des Jungen gleichfalls mit Hämatomen in unterschiedlichen Heilungsstadien übersäht ist.

2.3 Bemerkungen zur Lage

Die Hüttenstraße liegt im Norden von D-Stadt. Die Bevölkerung des Stadtteils weist eine hohe Arbeitslosigkeit und geringe Kaufkraft auf. Die Hüttenstraße ist durch eine Bebauung mit Hochhäusern durch eine städtische Wohnungsbaugesellschaft geprägt. Bei dem Gebäude Hüttenstraße 11c handelt es sich um ein neungeschossiges Hochhaus mit je vier Wohnungen pro Etage.

Witterung: Temperatur: 2 °C, leichter Nieselregen

3. Aufgaben Kriminalistik/Kriminaltechnik

3.1 Beurteilen Sie im Rahmen der Kriminalistischen Fallanalyse (KFA)

- **die Verdachtslage im Hinblick auf eine Tat (Ziff. 1.1.2)**
- **die Verdachtslage im Hinblick auf eine Person (Ziff.1.1.3)**
- **die allgemeine Beurteilung (Ziff. 1.2)**
  (Gewichtung 15 %)

3.2 Analysieren Sie den Personalbeweis bezogen auf Frau Reimers, Kevin Reimers und Eileen Reimers (Gewichtung 15 %)

3.3 Begründen Sie, welche Maßnahmen vor Ort durch Sie und die Kräfte der Kriminalwache zur Durchführung des Auswertungsangriffs durchgeführt bzw. veranlasst werden müssen. (Gewichtung 20 %)

4. Lösungsempfehlung

Die Lösungsempfehlung erhebt keinen Anspruch auf Vollständigkeit; es sind mit entsprechender Begründung durchaus auch andere Lösungen denkbar. Aspekte, die für den polizeilichen Erfolg weniger bedeutend sind, werden kürzer abgehandelt, wesentliche erfolgskritische Maßnahmen hingegen umfangreicher.

4.1 Beurteilen Sie im Rahmen der Kriminalistischen Fallanalyse (KFA)

- die Verdachtslage im Hinblick auf eine Tat (Ziff. 1.1.2)
- die Verdachtslage im Hinblick auf eine Person (Ziff.1.1.3)
- die allgemeine Beurteilung (Ziff. 1.2)

(Erläuterung zur Lösung)

Bei der Analyse der Verdachtslage im Hinblick auf eine Tat ist durch die Studierenden zu prüfen, welche strafrechtlich relevanten Vorschriften verletzt worden sind und ob bereits der Anfangsverdacht einer Straftat vorliegt. Die jeweiligen Delikte sind konkret zu benennen. Be- und entlastende Faktoren für oder gegen eine Tat sind darzulegen.

Die Verdachtslage im Hinblick auf die angetroffene Person ist anhand der vorliegenden Sachverhaltsinformationen zu prüfen. Hierbei sind die belastenden und die entlastenden Umstände bezogen auf das Handeln der Person gegeneinander abzuwägen. Die Lösung der Aufgabe muss für eine ausreichende Lösung mit der konkreten Zuordnung eines Verdachtsgrades und der dazugehörigen verfahrensrechtlichen Stellung der Person abschließen.

Im Bereich der Allgemeinen Beurteilung (Ziff. 1.2) ist u. a. einzugehen auf:

- die Kriminalpolitische Bedeutung des Deliktes (Strafandrohung/Offizialdelikt)
- das öffentliche Interesse der Bevölkerung sowie das mögliche Medieninteresse an der Tat
- die erforderliche Einsatzintensität
- eventuelle Meldeerfordernisse.

Verdachtslage im Hinblick auf eine Tat (Ziff. 1.1.2 der KFA)

Aufgrund des Gesamteindrucks nach dem Öffnen der Wohnungstüre sowie der Aussage der Zeugin Müller und den Angaben der Geschädigten kommen folgende Straftaten in Betracht:

Herr Schmitz

Frau Reimers weist deutliche frische Hautrötungen und Schwellungen im Gesicht auf. Nach Aussage von Kevin hat Herr Schmitz seine Mutter geschlagen. Es liegt der Anfangsverdacht der vorsätzlichen Körperverletzung nach § 223 StGB vor. Aus dem Sachverhalt ergibt sich der Hinweis darauf, dass Frau Reimers auch mit einem Kleiderbügel geschlagen wurde. An ihren Unterarmen zeigen sich deutliche Parierspuren, die in der Breite dem Kleiderbügel entsprechen. Es lässt sich hieraus ebenfalls der Anfangsverdacht der gefährlichen Körperverletzung nach § 224 StGB zu ihrem Nachteil begründen.

Die beiden Kinder wurden offenbar gleichfalls von Herrn Schmitz geschlagen. Entsprechende frische Verletzungsmerkmale sind im Gesicht von Eileen und Kevin vorhanden. Mithin besteht zum Nachteil der beiden Kinder ebenfalls der Anfangsverdacht der vorsätzlichen Körperverletzung nach § 223 StGB. Kevin wurde laut seinen Angaben sowie ausweislich der sichtbaren parallel gezeichneten Verletzungsmalen mit einem Holzkleiderbügel geschlagen. Es besteht zudem der Anfangsverdacht der gefährlichen Körperverletzung nach § 224 StGB z. N. des Kevin Reimers. Der frühere „Rechtfertigungsgrund" des elterlichen Züchtigungsrechts gilt seit der Änderung des § 1631 BGB nicht mehr. Nach der Neufassung des § 1631 Abs. 2 BGB im Jahre 2000 haben Kinder ein Recht auf gewaltfreie Erziehung. Körperliche Bestrafungen, seelische Verletzungen und andere entwürdigende Maßnahmen sind unzulässig. Diese Formulierung schließt die Zufügung von Verletzungen als Erziehungsmittel grundsätzlich aus. Herr Schmitz wäre allerdings auch nicht in den „Genuss" dieses früheren Rechtfertigungsgrundes gekommen, denn Kevin und Eileen sind nicht seine Kinder.

Die Strafbarkeit nach § 225 StGB baut auf einer besonderen Fürsorgebeziehung zwischen der tatbestandlich handelnden Person und dem Opfer auf. Laut Sachverhalt wohnt Frau Reimers seit ca. sechs Monaten gemeinsam mit den Kindern bei Herrn Schmitz. Ggf. könnten die Kinder damit auch dem Hausstand von Herrn Schmitz zugerechnet werden. Es besteht zumindest der Anfangsverdacht der Misshandlung Schutzbefohlener nach § 225 StGB. Es sind jedoch weitere Ermittlungen zur Ausschärfung der Verdachtslage erforderlich.

Herr Schmitz äußert gegenüber den Beamten: „Was wollt ihr Witzfiguren denn hier, ich muss meiner Frau mal wieder Manieren beibringen und ihr stört mich dabei nicht!" Das Zudrücken der Wohnungstür ist somit eine gezielte Handlung, um Ermittlungshandlungen seitens der eingesetzten Beamten zu vereiteln und begründet den Anfangsverdacht eines Widerstandes gegen Vollstreckungsbeamte nach § 113 StGB.

Frau Reimers
Gegen die Kindesmutter besteht zunächst der Anfangsverdacht der Körperverletzung bzw. der gefährlichen Körperverletzung durch Unterlassen nach §§ 13, 223 und 224 StGB. Sie hat als Mutter eine Garantenstellung gegenüber ihren Kindern inne. Somit ist sie verpflichtet, körperliche Schädigungen von ihren Kindern, auch unter Inkaufnahme vertretbarer eigener Risiken, abzuwehren. Nach Aussagen der Zeugin Müller werden die Kinder häufiger geschlagen, am Körper von Kevin und im Gesicht von Eileen sind Verletzungen in unterschiedlichen Heilungsstadien erkennbar. Zudem gibt Frau Reimers gegenüber den Einsatzkräften an, dass sie nichts gegen die Körperverletzungen z. N. ihrer Kinder durch Herrn Schmitz unternommen hat. Frau Reimers war verpflichtet und wäre es zuzumuten gewesen, diesen Gewaltkreislauf zu durchbrechen.

Weiter besteht gegen Frau Reimers der Anfangsverdacht der Kindesmisshandlung durch Unterlassen[1] (§§ 13, 225 Abs. 1 StGB)[2]. Frau Reimers hat gegenüber ihren Kindern als leibliche Mutter zweifelsfrei eine besondere Fürsorgepflicht. Das erhebliche Ausmaß der Verletzungen Kevins, konnte der Mutter nicht verborgen geblieben sein. Nach der Aussage der Zeugin Müller waren tätliche Auseinandersetzungen an der Tagesordnung. Frau Reimers räumt zudem ein, dass die Kinder regelmäßig von ihrem Verlobten geschlagen wurden und sie aus Angst nichts dagegen unternommen hat.

Verdachtslage im Hinblick auf eine Person (Ziff. 1.1.3 der KFA)

Herr Schmitz
Laut der Aussage der Zeugin Müller kommt es in der Wohnung Schmitz offenbar häufiger zu lautstarken und körperlichen Auseinandersetzungen. Dabei soll Herr Schmitz Frau Reimers und deren

1 § 13 StGB: „... wer es unterlässt, einen Taterfolg abzuwenden, der zum Tatbestand eines Strafgesetztes gehört, ist nach diesem Gesetz nur dann strafbar, wenn er rechtlich dafür einzustehen hat, dass der Erfolg nicht eintritt und wenn sein Unterlassen der Verwirklichung des gesetzlichen Tatbestandes entspricht."

2 Alternativ gerichtlich auch häufig abgeurteilt als unterlassene Hilfeleistung.

Kinder schlagen. Die Handlungsabläufe innerhalb der Wohnung können zunächst zwar nicht beobachtet werden, jedoch waren vor der Wohnungstüre ein „lautes Klatschen“ und dann der Schmerzschrei einer weiblichen Person vernehmbar. Nach dem Öffnen der Wohnungstüre schrie Herr Schmitz, er müsse seiner Frau wieder Manieren beibringen. In der Hand hält er einen Kleiderbügel. Der Kleiderbügel passt von der Breite her zu den parallel verlaufenden Verletzungsmerkmalen auf den Armen von Kevin und Frau Reimers. Frau Reimers und Kevin erklären übereinstimmend, dass alle Personen von Herrn Schmitz geschlagen worden sind. Es liegt gegen Herrn Schmitz der dringende Tatverdacht bezüglich der Körperverletzung z. N. aller Personen und der gefährlichen Körperverletzung z. N. von Kevin und Frau Reimers vor. Die weiteren Ermittlungen richten sich zielgerichtet gegen Herrn Schmitz, er hat daher die verfahrensrechtliche Stellung eines Beschuldigten.

Frau Reimers
Laut der Aussage der Zeugin Müller kommt es in der Wohnung Schmitz häufiger zu lautstarken und auch körperlichen Auseinandersetzungen. Bei diesen Auseinandersetzungen soll Herr Schmitz auch die Kinder von Frau Reimers schlagen. Da sich die Taten innerhalb des Wohnumfeldes abspielen, sich am Körper von Kevin und im Gesicht von Eileen mehrzeitige Verletzungsmerkmale zeigen, können diese Abläufe Frau Reimers nicht verborgen geblieben sein. Zudem gibt Frau Reimers selbst an, dass sie gegen die Körperverletzungen z. N. ihrer Kinder aus Angst nichts unternommen hat. Da sie verpflichtet war, zum Schutze ihrer Kinder zu handeln, besteht gegen sie ein dringender Tatverdacht bezüglich der genannten Straftaten durch Unterlassen. Da das Verfahren gezielt gegen sie betrieben wird, sie ist als Beschuldigte anzusehen.

Allgemeine Beurteilung der Tat (Ziff. 1.2 der KFA)

Die vorsätzliche Körperverletzung (§ 223 StGB) ist ein Antrags- und Privatklagedelikt und wird mit Geld- oder Freiheitsstrafe bis zu maximal fünf Jahren geahndet. Ob ein öffentliches Interesse an der Strafverfolgung – bei mangelndem Strafantrag der Geschädigten – vorliegt, entscheidet grundsätzlich die Staatsanwaltschaft (StA). Eine Sachverhaltsaufklärung durch die Polizei sowie Fertigung einer Strafanzeige und die anschließende Übersendung des Ermittlungsvorgangs an die StA ist daher grundsätzlich erforderlich.

Bei der gefährlichen Körperverletzung (§ 224 StGB) handelt es sich um ein Offizialdelikt, der Versuch ist strafbar, die Tat wird mit einer Freiheitsstrafe von sechs Monaten bis zu zehn Jahren bestraft.

Die Misshandlung von Schutzbefohlenen (§ 225 StGB) wird mit Freiheitsstrafe von sechs Monaten bis zehn Jahren bestraft, die Tat ist ein Offizialdelikt. Eine Mindestfreiheitsstrafe von einem Jahr droht bei Schädigungen der körperlichen oder seelischen Entwicklung des Kindes.

Obwohl der überwiegende Teil der Bevölkerung Gewalt im sozialen Nahraum sowie Kindesmisshandlungen als eine verwerfliche und bestrafungswürdige Tat einstuft, werden bei der Polizei kaum Anzeigen erstattet. Das Schlagen von Kindern mit der Hand wird, obwohl strafrechtlich sanktioniert, auch heute noch von vielen Personen als angemessene Erziehungsmethode bewertet. Auch das Schlagen der Ehefrau oder Lebensgefährtin wird eher als eine innerfamiliäre und private Angelegenheit angesehen. Bei Anrufen bei der Polizei steht häufig eher die Beseitigung der Ruhestörung für Anrufer im Vordergrund. Oft mag sich in einer solchen „Hausgemeinschaft“ keiner als Hinweisgeber „outen“, denn mit dem „schlagenden Nachbarn“ muss man auch nach der Beendigung des Polizeieinsatzes noch im selben Haus wohnen. Mithin dürfte es schwierig werden, in diesem Haus Personen zu finden, die sich der Polizei als weitere Zeugen zur Verfügung stellen werden.

Die vorliegende Tat dürfte keine Presserelevanz entfalten. In der Presse wird lediglich über herausragende Einzelfälle (schwerste Verletzung der Person/tödlicher Ausgang) berichtet. Dann erfolgt die Berichterstattung jedoch oft in reißerischer Art und Weise, häufig verbunden mit Vorwürfen der Untätigkeit gegen Nachbarn, Jugendbehörden und Polizei.

Die Einsatzabwicklung erfolgt zunächst durch zwei Funkstreifenwagenbesatzungen. Es ist 23.00 Uhr, Fachdienststellen stehen für Folgemaßnahmen nicht zur Verfügung. Kriminalpolizeiliche Folgemaßnahmen müssten demnach durch die Kriminalwache erfolgen.

4.2 Analysieren Sie den Personalbeweis bezogen auf Herrn Schmitz, Kevin Reimers und Eileen Reimers

Erwartet wird von den Studierenden eine strukturierte Analyse des Personalbeweises (vgl. Ziff. 3.1 der kriminalistischen Fallanalyse). Diese soll sich lediglich auf die in der Aufgabenstellung benannten Personen beziehen. Im vorliegenden Sachverhalt handelt es sich um alltägliche vernehmungstechnische Fragestellungen, die bei Fällen der Gewalt im sozialen Nahraum für Beamtinnen und Beamte des Wachdienstes und der Kriminalwache auftreten.

Für eine ausreichende Bearbeitung der Aufgabenstellung reicht es nicht aus, nur plakativ die verfahrensrechtliche Stellung der Personen im Strafverfahren, die ihr zustehenden Verfahrensrechte, sowie die möglichen Aussagepunkte zu benennen. Erforderlich sind vielmehr stichhaltige Begründungen zu den jeweiligen Analysepunkten. Weiter ist es auch erforderlich, dass durch die Studierenden sicher zwischen Vernehmung, Spontanäußerung und informatorischer Befragung differenziert werden kann und dies begründet wird.

Abschließend wird von den Studierenden eine klare Aussage dazu verlangt, ob lt. Sachverhalt erlangte Erkenntnisse in einem Strafverfahren vor Gericht als Beweismittel verwendet werden können oder ob sie einem möglichen Beweisverwertungsverbot unterliegen könnten.

Gute Lösungen zeichnen sich durch klar strukturierte, analytische Betrachtungen mit nachvollziehbaren und in sich schlüssigen Begründungen aus.

Herr Schmitz ist in diesem Verfahren Beschuldigter wegen des Verdachts der

- Körperverletzung und gefährlichen Körperverletzung z. N. von Frau Reimers (§§ 223, 224 StGB)
- Körperverletzung und Misshandlung Schutzbefohlener z. N. von Eileen und Kevin Reimers (§§ 223, 225 StGB)
- gefährlicher Körperverletzung z. N. von Kevin Reimers (§ 224 StGB).

Die Identität von Herrn Schmitz dürfte nach § 163b StPO sicherlich vor Ort problemlos feststellbar sein. Da sich das Verfahren gezielt gegen ihn richtet, hat er die verfahrensrechtliche Stellung des Beschuldigten. Als solcher steht ihm ein umfassendes Aussageverweigerungsrecht nach § 163a Abs. 4 i. V. m. § 136 StPO zu. Weiter steht es ihm frei, vor seiner Vernehmung einen Rechtsanwalt mit der Wahrnehmung seiner Interessen zu beauftragen. Als Beschuldigter kann er zudem einzelne Beweiserhebungen beantragen. Über diese Rechte ist er verständlich und aktenkundig zu belehren. Laut Sachverhalt ist bei Herrn Schmitz eine deutlich ausgeprägte Alkoholfahne wahrnehmbar. Eine erhebliche Alkoholisierung des Beschuldigten könnte der späteren Verwertung der Aussage als Beweismittel vor Gericht entgegenstehen. Je nach Alkoholisierung ist eine Vernehmung erst nach erfolgter Ausnüchterung möglich.

Direkt nach Öffnung der Wohnungstüre äußert Herr Schmitz: „Was wollt ihr Witzfiguren denn hier, ich muss meiner Frau mal wieder Manieren beibringen und ihr stört mich dabei nicht!“ Aussagen, die Beschuldigte oder Zeugen ohne Zutun des Vernehmungsbeamten vor einer möglichen Belehrung abgeben, gelten als sog. Spontanäußerungen und sind vor Gericht auch ohne vorherige Belehrung über die Rechte als Beschuldigter oder Zeuge als Beweismittel verwertbar. Die angeführte Äußerung ist vor Gericht also als Beweismittel auch dann verwertbar, wenn Herr Schmitz später vor Gericht nicht aussagen will.

Er kann im Rahmen der späteren Vernehmung, bei entsprechender Aussagewilligkeit, u. a. Angaben machen zu:

- ✓ Umfang und Zeitraum der körperlichen Misshandlungen
- ✓ Was hat Frau Reimers zum Schutz der Kinder unternommen?
- ✓ Wurden die Kinder auch von Frau Reimers geschlagen?
- ✓ Welche Schlaggegenstände wurden benutzt?
- ✓ Motivation für seine Handlungen
- ✓ Alkoholisierungsgrad während seiner Handlungen

Aussagen zur Glaubwürdigkeit seiner zu erwartenden Angaben sind zurzeit nicht möglich. Grundsätzlich sind Aussagen von Beschuldigten mit Vorsicht zu genießen, da stets der Hang zur Verharmlosung der eigenen Handlungen oder zum Auslassen wesentlicher Tatkomplexe besteht. Zugegeben wird durch Beschuldigte häufig nur der Themenbereich, der nicht mehr zu leugnen ist. Zudem besteht bei Herrn Schmitz die Möglichkeit, dass sein Erinnerungsvermögen oder seine Wahrnehmungsfähigkeit durch den Alkoholgenuss beeinträchtigt sein könnte.

Der 13-jährige **Kevin Reimers** ist in dem Verfahren Geschädigter und Zeuge. Seine Identität ist sicher durch Einsichtnahme in einem amtlichen Lichtbildausweis nach § 163b StPO feststellbar. Er ist als leibliches Kind von Frau Reimers ihr unmittelbarer Angehöriger. Ihm steht daher gegenüber seiner Mutter ein Zeugnisverweigerungsrecht nach § 52 Abs. 1 StPO zu. Sowohl über das Zeugnisverweigerungsrecht als auch sein Auskunftsverweigerungsrecht nach den §§ 52 und 55 StPO ist er nach § 163 Abs. 3 StPO verständlich und altersgerecht zu belehren. Von Kindern dieses Alters können sehr wohl gerichtsverwertbare Zeugenaussagen erlangt werden. Sofern sie die Bedeutung des Zeugnisverweigerungsrechts aufgrund ihrer geistigen Reife überblicken können, entscheiden sie selbst über die Inanspruchnahme dieses Rechtes. Hinweise die auf eine nicht altersgerechte geistige Entwicklung von Kevin Reimers hindeuten gehen aus dem Sachverhalt nicht hervor. Mithin dürfte eine hinreichende geistige Reife zum Verständnis des Zeugnisverweigerungsrechts vorhanden sein.

Von den eingesetzten Beamten wird Kevin Reimers gefragt, was passiert sei. Sowohl das wesentliche Tatgeschehen als auch die jeweiligen verfahrensrechtlichen Stellungen der beteiligten Person waren zum Zeitpunkt der Frage bereits geklärt. Mithin ist dies keine informatorische Befragung mehr, es handelt sich bereits um ein Vernehmungsgespräch. Vor dem Vernehmungsgespräch mit Kevin Reimers ist keine Belehrung über seine Zeugenrechte erfolgt. Kevin kann als Zeuge bis in die Hauptverhandlung hinein von seinem Zeugnisverweigerungsrecht Gebrauch machen. Selbst bei erfolgter sachgerechter Belehrung als Zeuge dürften seine vorherigen Aussagen dann nicht vor Gericht als Beweismittel verwertet werden (§ 252 StPO).

Von ihm könnten bei Aussagewilligkeit u. a. weiterhin Aussagen erlangt werden zu:

- ✓ Zu welchen Zeiten wurden die körperlichen Misshandlungen begangen?
- ✓ Wer beging welche Handlungen?
- ✓ eingesetzte Gegenstände/Schlagwerkzeuge
- ✓ Was wusste die Mutter von den Misshandlungen?
- ✓ Ist die Mutter bei Misshandlungen eingeschritten?
- ✓ Wem haben die Kinder von den Misshandlungen erzählt?
- ✓ Wurden die erlittenen Verletzungen ärztlich behandelt, falls ja, durch welchen Arzt?

Aussagen zum Wahrheitsgehalt der zu erlangenden Aussagen ergeben sich aus dem Sachverhalt nicht. Die Aussagen sind jedoch in den Punkten, die Frau Reimers belasten können, aufgrund der engen familiären Bindung als Sohn, durchaus mit Vorsicht zu genießen. Der Wahrheitsgehalt kann durch Abgleichen der Aussagen beider Kinder und ein späteres aussagepsychologisches Gutachten überprüft werden. Laut Sachverhalt zittert Kevin am ganzen Körper. Es ist daher fraglich, ob er derzeit überhaupt vernehmungsfähig ist.

Die achtjährige **Eileen Reimers** ist in dem Verfahren gleichfalls Geschädigte und Zeugin. Ihre Identität ist sicherlich ebenfalls durch Einsichtnahme in einen amtlichen Lichtbildausweis nach § 163b StPO feststellbar. Auch sie ist als leibliches Kind von Frau Reimers deren unmittelbare Angehörige. Ihr steht daher ein Zeugnisverweigerungsrecht nach § 52 Abs. 1 StPO zu. Sowohl über das Zeugnisverweigerungsrecht als auch über ihr Auskunftsverweigerungsrecht ist sie nach §§ 52 und 55 StPO i. V. m. § 163 Abs. 3 StPO zu belehren. Fraglich ist jedoch, ob bei Eileen bereits die notwendige geistige Verstandesreife vorhanden ist, um eine Vorstellung von der Bedeutung des Zeugnisverweigerungrechts zu besitzen. Nach den einschlägigen Entscheidungen des Bundesgerichtshofes sind Kinder in diesem Alter in den meisten Fällen dazu noch nicht in der Lage.

In den Fällen, in denen Kinder die notwendige Verstandesreife nicht besitzen, entscheidet nach § 52 Abs. 2 StPO über die Inanspruchnahme des Zeugnisverweigerungsrechts der gesetzliche Vertreter, also Frau Reimers als leibliche Mutter. Da sie in dem Verfahren jedoch selbst Beschuldigte ist, kann sie nicht über die Inanspruchnahme des Zeugnisverweigerungsrechts durch Eileen entscheiden. In diesen Fällen ist die Einsetzung eines Ergänzungspflegers nach § 1809 BGB erforderlich. Dieser entscheidet anstelle der Erziehungsberechtigten über die Inanspruchnahme des Zeugnisverweigerungsrechts durch das Kind. Bei Aussagewilligkeit könnten von ihr sicherlich Angaben zu den gleichen Punkten wie von Kevin erlangt werden.

4.3 Begründen Sie, welche Maßnahmen vor Ort durch Sie und die Kräfte der Kriminalwache zur Durchführung des Auswertungsangriffs durchgeführt, bzw. veranlasst werden müssen

Die Studierenden sollen nicht nur die erforderlichen Maßnahmen nach der PDV 100, Ziff. 2.2.3 aufzählen oder benennen. Erwartet wird, dass sie die erforderlichen Maßnahmen hinsichtlich ihrer Rechtsgrundlage sowie in der Art und Weise ihrer kriminaltaktischen Durchführung klar bezeichnen. Ferner soll die Zielsetzung der Maßnahme erläutert und begründet werden. Das Treffen einzelner unrechtmäßiger Maßnahmen führt nicht automatisch zu einer insgesamt mangelhaften Lösung, kann jedoch nicht zu einer insgesamt zufriedenstellenden oder guten Lösung der Aufgabe 4.3 führen.

Für eine zufriedenstellende Lösung sollte zumindest eine erkennbar strukturierte, rechtlich einwandfreie und chronologisch geordnete Lösungskonzeption erwartet werden. Gute Lösungen zeichnen sich dadurch aus, dass die jeweiligen Maßnahmen zur Sicherung der Sachbeweise unter Verwendung der Fachsprache beschrieben und die Wahl der jeweiligen Methode begründet wurde. Weiterhin müssen die vernehmungstechnischen Problemstellungen erkannt und Lösungsmöglichkeiten aufgezeigt und begründet werden, um eine sichere Beweislage für die Durchführung des Ermittlungsverfahrens zu bekommen.

Gefahrenabwehrende Maßnahmen

Sowohl Frau Reimers als auch ihre Kinder wurden von dem Beschuldigten verletzt. Die achtjährige Eileen zeigt mehrere frische sowie ältere Hämatome im Gesicht. Sie blutet aus der Nase und scheint erhebliche Schmerzen am/im linken Ohr zu haben. Weiterhin sind am Körper des 13-jährigen Kevin mehrere ältere, aber auch frische Verletzungsspuren zu erkennen, die u. a. von Schlägen mit Gegenständen herrühren. Der Junge zittert am ganzen Körper und ist offenkundig nicht in der Lage, sich schmerzfrei zu bewegen. Eine sachkundige Untersuchung und Versorgung der Verletzungen der Kinder und ggf. der Ehefrau ist demnach unverzüglich durch Kräfte des Rettungsdienstes, soweit noch nicht geschehen, zu veranlassen.

Der Beschuldigte befindet sich derzeit mit einer zweiten Streifenwagenbesatzung im Wohnzimmer. Es ist davon auszugehen, dass es nach Beendigung des Polizeieinsatzes in den nächsten Tagen bei Familie Schmitz/Reimers so weiter geht wie bisher. Aus diesem Grund ist gegenüber Herrn Schmitz zur Verhinderung weiterer Körperverletzungsdelikte z. N. von Frau Reimers und ihren Kindern eine Wohnungsverweisung nach § 34a PolG NRW (Dauer zunächst zehn Tage) auszusprechen.

Das örtlich zuständige Jugendamt ist unverzüglich zu benachrichtigen. Durch das Jugendamt ist zu prüfen und zu entscheiden, ob eine einstweilige Unterbringung der Kinder zu veranlassen ist, oder ob die Kinder nach Wohnungsverweisung des Herrn Schmitz in der Obhut von Frau Reimers verbleiben können. Entsprechende Informationen über die Zustände in der Wohnung sowie die offenkundigen Misshandlungen der Kinder sind dem Jugendamt unverzüglich in Berichtsform zur Kenntnis zu geben.

Strafverfolgende Maßnahmen

Die Identität aller in der Wohnung der Familie Schmitz/Reimers festgestellten Personen ist durch Einsichtnahme in amtliche Lichtbildausweise nach § 163b StPO zweifelsfrei festzustellen. Es ist weiterhin zu klären, wo sich Herr Reimers nach Durchsetzung der Wohnungsverweisung für die nächsten Tag aufhält, damit seine Erreichbarkeit für die polizeiliche Sachbearbeitung gesichert ist.

Der Kleiderbügel in der Hand des Beschuldigten ist offensichtlich zum Schlagen des 13-jährigen Kevin sowie von Frau Reimers verwendet worden. Aufgrund seiner Beschaffenheit und Breite kann er den festgestellten Verletzungen zugeordnet werden. Somit ist er als Beweismittel von Bedeutung und als solches nach §§ 94/98 StPO zu beschlagnahmen. Als Tatmittel ist er weiterhin als Einziehungsgegenstand nach § 74 StGB anzusehen und gem. § 111b StPO zu beschlagnahmen. Ggf. aufzufindende weitere Tatwerkzeuge sind gleichfalls zu beschlagnahmen. Der Kleiderbügel ist in einen Plastikbeutel zu verpacken und verwechslungssicher zu beschriften.

Die Wohnung Schmitz selber ist als Tatort anzusehen, eine umfassende Tatbefundaufnahme ist daher durchzuführen. Herr Schmitz, aber auch Frau Reimers sind Beschuldigte, es ist daher nicht davon auszugehen, dass sie die polizeilichen Ermittlungen gestatten würden. Mithin ist die Tatortaufnahme als Durchsuchung der Wohnung nach § 102 StPO zur Auffindung und Sicherstellung von Spuren der Tathandlungen anzusehen. Bei sofortiger (telefonischer) Erreichbarkeit eines Richters wird die Maßnahme durch ihn angeordnet, ansonsten ist die Maßnahme als Eilfallentscheidung (Gefahr im Verzuge) durch einen Ermittlungsbeamten der Staatsanwaltschaft anzuordnen. Ein Verlassen der Wohnung durch die eingesetzten Beamten um die formelle Beschlussbeantragung abzuwarten, würde dazu führen, dass entsprechende Spuren durch die Beschuldigten beseitigt werden könnten und den Maßnahmenzweck damit vereiteln. Zunächst ist eine systematische und abschnittsweise Spurensuche in der Wohnung durchzuführen. Die Gesamtsituation in der Wohnung ist umfangreich fotografisch zu sichern. Nach der Fertigung von Übersichtsaufnahmen werden vorgefundene Spuren im Detail (mit angelegtem Maßstab) fotografiert und anschließend gesichert. Gesicherte Asservate sind hierbei verwechslungssicher zu kennzeichnen. Schutzmaßnahmen zur Vermeidung von Spurenkontaminationen (u. a. Anlegen von Einweghandschuhe/ggf. Mundschutz) sind hierbei zu beachten.

Beschädigte oder mit Blut befleckte Bekleidungsgegenstände der Kinder werden als Spurenträger nach §§ 94/98 StPO sichergestellt/beschlagnahmt und separat in Papiertüten gesichert. Einzelne Blutspuren werden nach Fertigung entsprechender Lichtbilder mittels Forensic-Swab (sterile Bakteriette) gesichert.

Es erfolgt die Entnahme einer Blutprobe nach § 81a StPO beim Beschuldigten Schmitz zur späteren Bestimmung des Blutalkoholwertes durch einen Arzt. Hierzu ist eine richterliche Anordnung erforderlich, falls ein Eildienst erreichbar ist. Ansonsten ist die Entnahme durch einen Ermittlungsbeamten der Staatsanwaltschaft wegen Gefahr im Verzuge anzuordnen.

Laut Sachverhalt ist Herr Schmitz alkoholisiert. Sollte eine erhebliche Alkoholisierung von Herrn Schmitz vorliegen, so ist eine Vernehmung an diesem Abend zu unterlassen. Bei vorliegender Vernehmungsfähigkeit ist Herr Schmitz über seine Rechte als Beschuldigter sachgerecht und verständlich nach § 163a Abs. 4 StPO i. V. m. § 136 StPO zu belehren. Insbesondere ist er über die ihm vorgeworfenen Taten aufzuklären, über sein umfassendes Aussageverweigerungsrecht zu belehren, das Recht auf jederzeitige Verteidigerkonsultation sowie das Recht zur Stellung von Beweisanträgen. Bei Aussagewilligkeit von Herrn Schmitz wären wesentliche Vernehmungsschwerpunkte u. a.:

- ✓ Auslöser/Motivation für Körperverletzungen z. N. von Frau Reimers und deren Kinder
- ✓ Tathäufigkeiten und Tatzeiten
- ✓ Mit welchen Gegenständen wurde welche Person geschlagen?
- ✓ Was hat Frau Reimers zum Schutz ihrer Kinder getan?
- ✓ Alkoholisierung vor/während der Taten

Die von ihm gemachten Aussagen sind – soweit möglich – in den wesentlichen Passagen weitgehend wörtlich in Berichtsform niederzulegen.

Die Hände von Herrn Schmitz und abhängig vom festgestellten Tatgeschehen ggf. auch weitere Körperbereiche sind hinsichtlich möglicher Verletzungsmerkmale (z. B. geschwollene Fingerknöchel/Hautabschürfungen an den Knöcheln) oder anhaftenden Blutspuren die mit dem Tatgeschehen im Zusammenhang stehen können, abzusuchen. Festgestellte Verletzungen sind fotografisch zu sichern. Da es sich um unbekleidete Körperstellen handelt, ist die Maßnahme noch nicht als körperliche Untersuchung nach § 81c StPO anzusehen.

Aus dem Sachverhalt lassen sich keine Hinweise auf eine Alkoholisierung von Frau Reimers erkennen. Frau Reimers ist im vorliegenden Sachverhalt Geschädigte durch die Körperverletzung zu ihrem Nachteil durch Herrn Schmitz. Laut ihren Äußerungen ist sie mit Herrn Schmitz verlobt. Soweit hier wirklich ein ernstgemeintes Eheversprechen vorliegt, hat sie gegenüber Herrn Schmitz ein Zeugnisverweigerungsrecht aus § 52 StPO. Weiterhin ist Frau Reimers aber auch Beschuldigte eines Unterlassungsdelikts (Körperverletzung und Misshandlung Schutzbefohlener) zum Nachteil ihrer Kinder. Als Beschuldigte hat sie u. a. ein umfassendes Aussageverweigerungsrecht. Frau Reimers ist vor ihrer Vernehmung sachgerecht und verständlich nach § 163a Abs. 4 StPO i. V. m. § 136 StPO u. a. über

- ✓ die ihr zur Last gelegten Taten
- ✓ ihr umfassendes Aussageverweigerungsrecht
- ✓ ihr Recht auf jederzeitige Verteidigerkonsultation
- ✓ ihr Recht zur Stellung von Beweisanträgen
- ✓ sowie ihr Zeugnisverweigerungsrecht gegenüber ihrem Verlobten

zu belehren.

Bei Aussagewilligkeit von Frau Reimers wären wesentliche Vernehmungsschwerpunkte u. a.:

- ✓ Welche Tathandlungen wurden von Herrn Schmitz gegen welche Person verübt?
- ✓ Mit welchen Gegenständen wurde geschlagen?
- ✓ Welche Umstände waren bei Herrn Schmitz tatauslösend?
- ✓ Was hat Frau Reimers zum Schutz ihrer Kinder unternommen?
- ✓ In welchem Ausmaß war Herr Schmitz bei den Taten alkoholisiert?
- ✓ War Frau Reimers während der Misshandlungen ihrer Kinder selber alkoholisiert, falls ja in welchem Umfang?

Von ihr getätigte Aussagen sind – soweit möglich – in den wesentlichen Passagen weitgehend wörtlich in Berichtsform niederzulegen.

Der 13-jährige Kevin ist in dem Verfahren Zeuge, seine bislang gemachten Angaben erfolgten im Rahmen einer Vernehmung ohne vorhergehende Zeugenbelehrung. Er hat gegenüber seiner Mutter das Zeugnisverweigerungsrecht nach § 52 StPO sowie ein Auskunftsverweigerungsrecht nach § 55 StPO. Kevin kann als Zeuge bis in die Hauptverhandlung hinein von seinem Zeugnisverweigerungsrecht Gebrauch machen. Vor einer erneuten Vernehmung ist Kevin nach §§ 52, 55 i. V. m. 163 Abs. 3 StPO über seine Rechte sachgerecht zu belehren. Selbst bei erfolgter sachgerechter Belehrung als Zeuge, dürfen jedoch seine, auch nach korrekter Belehrung, erlangten Aussagen nicht als Beweismittel verwendet werden, wenn er in der Hauptverhandlung von seinem Zeugnisverweigerungsrecht Gebrauch macht (§ 252 StPO).

Soweit Kevin insgesamt vernehmungsfähig ist, ergeben sich bei Aussagewilligkeit u. a. die nachfolgenden Vernehmungsschwerpunkte:

- ✓ zu welchen Zeiten wurden die körperlichen Misshandlungen begangen?
- ✓ wer beging welche Handlungen?

- ✓ welche Gegenstände / Schlagwerkzeuge wurden durch wen eingesetzt?
- ✓ was wusste die Mutter von den Misshandlungen?
- ✓ ist die Mutter bei Misshandlungen eingeschritten?
- ✓ wem haben die Kinder von den Misshandlungen erzählt?
- ✓ wurden die erlittenen Verletzungen ärztlich behandelt, falls ja durch welchen Arzt?

Auch die von Kevin Reimers getätigten Angaben sind möglichst wortgetreu in Berichtsform zu dokumentieren.

Die achtjährige Eileen hat gegen über ihrer Mutter als ein Zeugnisverweigerungsrecht nach § 52 StPO. Altersbedingt hat sie noch keine hinreichende Vorstellung von der Bedeutung des Zeugnisverweigerungsrechts, die Mutter als Erziehungsberechtigte selber ist jedoch an der Entscheidung über die Inanspruchnahme des Zeugnisverweigerungsrechts gehindert (vgl. vorherige Ausführungen zum Personalbeweis). Über die mögliche Inanspruchnahme des Zeugnisverweigerungsrechts nach § 52 StPO würde daher ein noch zu bestellender Ergänzungspfleger entscheiden. Da dieser jedoch frühestens am Folgetag gerichtlich bestellt wird, muss die Vernehmung des Kindes am heutigen Abend unterbleiben.

Da insbesondere die Kinder durch die Misshandlungen erhebliche Verletzungen erlitten haben, ist, soweit möglich, auch eine zeugenschaftliche Vernehmung der Zeugin Müller nach vorheriger Belehrung nach §§ 52, 55 StPO durchzuführen. Sollten im Haus weitere Zeugen gefunden werden, so sind diese – je nach Auslastung der Kräfte und Relevanz der Zeugenaussage – gleichfalls nach zeugenschaftlicher Belehrung zu vernehmen.

Weiter ist eine richterliche Eilanordnung/staatsanwaltschaftliche Eilanordnung zur körperlichen Untersuchung der achtjährigen Eileen nach § 81c Abs. 3 StPO einzuholen. Auf die richterliche Eilanordnung kann bei dem 13-jährigen Kevin verzichtet werden, da er selber über die Inanspruchnahme des Untersuchungsverweigerungsrechts entscheiden kann. Die körperliche Untersuchung ist durch einen als medizinischen Sachverständigen geeigneten Arzt durchführen zu lassen. Dieser darf bislang nicht als behandelnder Arzt des Kindes tätig geworden sein.

Abschließend wären auf der Dienststelle noch folgende Arbeiten durchzuführen/vorzunehmen:

- Strafanzeige gegen Herrn Schmitz und Frau Reimers VIVA-Grundeinträge
- Ausfertigung eines Durchsuchungsprotokolls und Aushändigung eines Exemplars an Herrn Schmitz
- Fertigung des Blutprobenprotokolls
- Tatortbefundbericht
- Bildbericht
- Spurensicherungsbericht

Fall 13: Einbruch Fahrradgeschäft „Pedalo“

Schwerpunkte

Kriminalistische Fallanalyse, Sicherungsangriff und Anzeigenaufnahme

Kriminaldirektor Christoph Frings, HSPV NRW

1. Vorbemerkungen

Die nachfolgende Klausur wurde im Einstellungsjahrgang 2019 im Grundstudium als eine der Wiederholungsklausuren im Modul GS 5 (Kriminalitätsbekämpfung) an der Hochschule für Polizei und öffentliche Verwaltung NRW geschrieben. Der Sachverhalt orientiert sich an einer typischen Problemlage des Wachdienstes, die in Fällen von Einbruchsdelikten auftritt. Die Themenbereiche der strafrechtliche Ersteinordnung von kriminalistischen Sachverhalten, die Anzeigenaufnahme in der Kombination mit Maßnahmen zur Durchführung des Sicherungsangriffs sowie die Klassifikation kriminaltechnischer Spuren hinsichtlich ihrer Relevanz für die Beweisführung in Strafverfahren ist wesentlicher curricularer Bestandteil der Kriminalistik und Kriminaltechnik im Grundstudium. Die Klausur ist für drei Zeitstunden ausgelegt, Hilfsmittel sind zur Bearbeitung der Klausur nicht zugelassen.

2. Lage

2.1 Allgemeine Lage

Sie versehen heute als Kommissaranwärterin/Kommissaranwärter Ihren Dienst im Praktikum HS 2.7 auf der Hauptwache der Polizeiinspektion Süd des Polizeipräsidiums in D-Stadt. Am heutigen Tage sollen Sie den WDF bei der Abwicklung des Publikumsverkehrs auf der Polizeiwache unterstützen. Ca. 300 m von der Polizeihauptwache entfernt befindet sich das Fahrradgeschäft „Pedalo“.

2.2 Besondere Lage

Gegen 8.00 Uhr betritt ein ca. 35 Jahre alter Mann, der sich als Inhaber des Fahrradgeschäfts „Pedalo“ ausgibt, aufgeregt die Polizeiwache. Er teilt Ihnen mit, dass in eine Garage, die seitlich an sein Geschäft angebaut ist, eingebrochen wurde. Diese Garage habe er vorübergehend als zusätzlichen Lagerraum für Neufahrräder angemietet. Der Absatz von Fahrrädern und Pedelecs würde, bedingt durch die Corona-Pandemie, gerade sehr gut laufen. Die Garage sei offenbar mit einem massiven, breiteren Werkzeug aufgehebelt worden. Von den in der Garage befindlichen Neufahrrädern seien durch die Täter nur die beiden teuersten Mountain-Bikes mit E-Antrieb im Wert von je 4000 Euro entwendet worden. Alle weiteren Fahrräder, so auch über zehn weitere Pedelecs, seien von den Tätern zurückgelassen worden.

3. Aufgabe

3.1 Bearbeiten Sie im Rahmen der Kriminalistischen Fallanalyse die Verdachtslage im Hinblick auf eine Tat (Ziff. 1.1.2) (Gewichtung 10 %)

3.2 Erläutern Sie, wie Sie den Ablauf der Anzeigenaufnahme durchführen. Begründen Sie dabei auch die Maßnahmen, die durch Sie zur sicheren Strafverfolgung zu treffen oder zu veranlassen sind (Gewichtung 30 %)

4. Sachverhaltsfortschreibung

Zum Einsatzort (Fahrradgeschäft „Pedalo“) wird die Streifenwagenbesatzung D 13/32 entsandt. Das Fahrradgeschäft befindet sich im Erdgeschoss eines viergeschossigen Mehrfamilienhauses. Linksseitig an das Haus ist eine Garage angebaut, diese ist in Massivbauweise errichtet. Der einzige Zugang zur Garage führt durch das in Stahlbauweise ausgeführte Garagentor. An dem Stahlrahmen des Garagentores werden durch die Streifenwagenbesatzung mehrere verteilt liegende, ca. 40 mm breite Hebelmarken festgestellt. Auf dem Boden der Garage liegt kurz hinter dem Garagentor ein etwa 80 cm langes Brecheisen mit ca. 40 mm breiter Klinge. An dem Brecheisen befinden sich mehrere rötliche Schlieren, auf dem Boden der Garage sind einige rote Tropfen erkennbar, bei denen es sich um Blut handeln könnte.

5. Aufgabe

5.1 Begründen Sie die Maßnahmen, die im Rahmen des Sicherungsangriffs durch die Streifenwagenbesatzung D 13/32 nach der Einsatzübernahme durchzuführen bzw. zu veranlassen sind
(Gewichtung: 25 %)

5.2 Beurteilen Sie den Sachbeweis (Ziff. 3.2 der kriminalistischen Fallanalyse) bezüglich des aufgefundenen Brecheisens und den daran befindlichen bzw. zu erwartenden Spuren
(Gewichtung: 35 %)

6. Bemerkungen zur Lage

Witterung: 22 Grad, heiter, trocken

Die Lösungsempfehlung erhebt keinen Anspruch auf Vollständigkeit; es sind mit entsprechender Begründung durchaus andere Lösungen denkbar. Aspekte, die für den polizeilichen Erfolg weniger bedeutend sind, werden kürzer abgehandelt, wesentliche erfolgskritische Maßnahmen hingegen umfangreicher.

7. Bearbeiten Sie im Rahmen der Kriminalistischen Fallanalyse die Verdachtslage im Hinblick auf eine Tat (Ziff. 1.1.2) (Gewichtung 10 %)

Erläuterungen zur Lösung

Von den Studierenden werden problemorientierte Ausführungen zu den in Betracht kommenden Delikten erwartet. Die Studierenden sollen kurz die Fakten/Umstände, die für oder gegen ein Delikt sprechen, erläutern. Eine sachgerechte Lösung der Aufgabenstellung setzt voraus, dass die Studierenden die Tathandlung als besonders schweren Fall des Diebstahl nach §§ 242, 243 StGB qualifizieren und den Anfangsverdacht einer Straftat nach § 152 StPO bejahen.

Zur Erstbewertung des Sachverhalts ist die Polizei zunächst auf die Aussage des Anzeigenerstatters und (vorgeblichen) Inhabers des Fahrradgeschäfts „Pedalo“ angewiesen. Laut ihm wurde in eine Garage eingebrochen, die er als zusätzlichen Lagerraum nutzt. Zum Aufhebeln des Garagentores soll ein massives, breites Werkzeug benutzt worden sein, entwendet worden seien zwei Mountain-Bikes mit E-Antrieb im Wert von jeweils ca. 4000 Euro.

An der Richtigkeit der Aussage des Anzeigenerstatters sind zunächst keine Zweifel begründbar. Es handelt sich um die Mitteilung eines Sachverhalts, die nach Meinung des Anzeigenden Anlass für eine Strafverfolgung bietet. Sie ist die Anregung des Verletzten, es möge geprüft werden, ob Anlass zur Einleitung eines Ermittlungsverfahrens besteht.[1] Der Polizei hat gem. § 163 StPO die Aufgabe, Straftaten zu erforschen und alle keinen Aufschub gestattenden Anordnungen zu treffen, um die Verdunklung der Sache zu verhüten. Sollte eine Überprüfung des Sachverhalts am nahegelegenen Tatort die Angaben bestätigen, liegen spätestens zureichende tatsächliche Anhaltspunkte für das Vorliegen einer Straftat vor.

Da durch die Tat eine fremde bewegliche Sache in rechtswidriger Zueignungsabsicht weggenommen wurde und zur Tatverwirklichung mittels eines Hebelwerkzeugs in ein geschäftlich genutztes Gebäude eingedrungen wurde, liegt der Anfangsverdacht des schweren Diebstahls nach §§ 242, 243 StGB (Einbruchsdiebstahl) vor. Die Tat ist ein Vergehen und als Offizialdelikt von Amts wegen zu verfolgen.

8. Erläutern Sie, wie Sie den Ablauf der Anzeigenaufnahme durchführen. Begründen Sie dabei auch die Maßnahmen, die durch Sie zur sicheren Strafverfolgung zu treffen oder zu veranlassen sind (Gewichtung 30 %)

Erwartet wird für die Lösung der Aufgabenstellung nicht nur die Benennung bzw. Aufzählung der erforderlichen Maßnahmen zur Anzeigenaufnahme, sondern auch deren Erläuterung. Hierzu sind die erforderlichen Maßnahmen u. a. hinsichtlich ihrer Rechtsgrundlage, der konkreten Art und Weise der Durchführung und ihrer kriminaltaktischen Zielsetzung sachverhaltsbezogen zu erläutern. Weiterhin zeichnen sich gute Lösungen durch einen chronologischen Aufbau des Maßnahmenkonzepts zur Anzeigenaufnahme aus. Für eine sachgerechte Lösung ist es wichtig, zu erkennen, dass hier nicht nur die Anzeige aufzunehmen ist, sondern auch weitergehende Maßnahmen des Sicherungsangriffs zu treffen bzw. zu veranlassen sind.

Mitgeteilt wird durch den (vorgeblichen) Inhaber des Fahrradgeschäfts „Pedalo“ ein Einbruch in eine Garage, die von ihm als Lagerraum für Ware genutzt wird. Es handelt sich um einen überprüfungswürdigen Sachverhalt i. S. d. § 158 StPO. Die Strafanzeige ist daher

1 *Meyer-Goßner/Schmitt*, Beck'scher Kurzkommentar zur StPO, 65. Aufl. 2022, § 158 StPO Rn. 1.

aufzunehmen, die Angaben des Anzeigenerstatters sind unverzüglich zu überprüfen. Bestätigen sich die ersten Angaben des Anzeigenerstatters, so liegt der Anfangsverdacht einer Straftat nach §§ 242, 243 StGB vor. Polizeivollzugsbeamte unterliegen während der Dienstzeit uneingeschränkt dem Strafverfolgungszwang nach § 163 StPO und haben alle erforderlichen Maßnahmen zur Strafverfolgung zu ergreifen oder zu veranlassen.

Der Anzeigenerstatter kann Hinweise zur Tat in einem nicht gegen sich selbst gerichteten Strafverfahren machen, die Person ist daher als Zeuge anzusehen. Zunächst ist nach § 163b Abs. 2 StPO die Identität des Anzeigenerstatters durch Einsicht in einen amtlichen Lichtbildausweis zweifelsfrei festzustellen. Neben den Personalien sind auch die telefonischen Erreichbarkeiten (Handy/Festnetz) sowie die E-Mail-Erreichbarkeit(en) des Zeugen zu erfragen. Die Personalien des Zeugen sind durch eine ADV-Abfrage zu überprüfen. Dabei ist die ADV-Abfrage so durchzuführen, dass sie vom Zeugen nicht mitgehört bzw. bemerkt wird. Da es sich bei dem vorliegenden Delikt (schwerer Diebstahl §§ 242, 243 StGB) um ein Offizialdelikt handelt, ist eine Zeugenvernehmung unabhängig vom Strafverfolgungsinteresse des Zeugen in jedem Fall durchzuführen.

Bereits in dieser Phase muss erkannt werden, dass unverzüglich Kräfte des Wachdienstes für die sofortige Durchführung des Sicherungsangriffs an den Tatort zu entsenden sind. Über den Sachverhalt ist daher unverzüglich die Leitstelle zu informieren, damit von dort Kräfte zur Durchführung des Sicherungsangriffs zum Tatort entsandt werden. Den entsandten Kräften obliegt dort eigenständig die Veranlassung und Durchführung der notwendigen Maßnahmen des Sicherungsangriffs (u. a. Tatortabsperrung, erste Spurensuche und ggf. Notsicherung von Spuren, Zeugensuche und Zeugensicherung, Maßnahmen der Täternacheile). Im Rahmen der Anzeigenaufnahme erlangte Hinweise zur Tat, zur Tatbeute sowie zu den weiteren Tatumständen sind den Kräften unverzüglich mitzuteilen.

Die Anzeigenaufnahme stellt sich als Zeugenvernehmung dar. Dem Zeugen stehen nach § 52 StPO das Zeugnisverweigerungsrecht und nach § 55 StPO das Auskunftsverweigerungsrecht zu. Über diese Rechte ist der Zeuge nach § 163 Abs. 3 StPO ausdrücklich und verständlich zu belehren. Zudem ist der Zeuge auf die Wahrheitspflicht nach § 57 StPO hinzuweisen. Für die Anzeigenaufnahme ist der amtliche Vordruck „NW 1“ zu verwenden. Im Vorgangsverarbeitungssystem VIVA ist zudem ein entsprechender Datensatz anzulegen.

Da der Zeuge sich persönlich auf der Dienststelle befindet, ist die Strafanzeige als Protokollaufnahme durchzuführen, d. h., der vom Zeugen geschilderte Sachverhalt ist wörtlich zu Protokoll zu nehmen. Nach Erhebung notwendiger Daten für die Normfelder des Vordrucks NW 1 (so u. a. Tatzeitraum, Tatörtlichkeit usw.) ist dem Geschädigten zunächst die Möglichkeit einzuräumen, den Sachverhalt in Form eines freien Berichts zu schildern (§ 69 StPO). Dieser freie Bericht ist wörtlich in der Anzeige niederzulegen. Offene Fragestellungen sind dann durch Nachfragen des Vernehmungsbeamten zu klären. Hierbei ist möglichst zunächst mit offenen Fragestellungen zu arbeiten. Sollte eine Klärung mittels offener Fragen nicht möglich sein, so sind die Fragen zunehmend enger zu fassen (d. h. trichterförmige Verengung der Fragestellung), bis hin zu geschlossenen Fragestellungen. Suggestivfragen sind zu unterlassen. Einen sachleitenden Rahmen bieten hierfür die sog. „7-goldenen-W-Fragen". Im vorliegenden Sachverhalt wäre somit u. a. abzuklären:

- ✓ Wer? → Wer erstattet die Anzeige, d. h. Personalien/Erreichbarkeit des Anzeigenerstatters. Sind dem Anzeigenerstatter weitere Zeugen bekannt? Wird die als Lagerraum genutzte Garage nur von Mitarbeitern im Geschäft oder auch von Kunden betreten? Kann er Hinweise zu möglichen verdächtigen Personen/Beobachtungen geben, so u. a. Personen, die sich auffällig für diese beiden Fahrräder interessierten?
- ✓ Wann? → Kann durch den Geschädigten der Tatzeitraum möglichst genau eingegrenzt werden? Wann und wie wurde der Geschädigte auf den Einbruch aufmerksam?
- ✓ Was? → Was wurde genau entwendet, d. h. Marke und Typenbezeichnung der beiden entwendeten E-Mountain-Bikes sowie deren weitere Ausstattungsmerkmale (Farbe, Zusatzausrüstung). Erfragen der Fahrradrahmennummer der Fahrräder sowie des genauen Wertes. Wurden die Fahrräder mit Akkus und Ladegerät sowie ggf. den Schlüsseln für die Entnahme der Akkus entwendet?
- ✓ Wo? → Wo ist der genaue Tatort, wo haben die Fahrräder in der Garage gestanden, waren sie dort nach Aufhebeln des Tores frei zugänglich oder mussten andere Fahrräder zur Seite geräumt werden?
- ✓ Wie? → Wie war die Garage gesichert und wie wurde die Garage geöffnet? Ist eine Anfahrt mit einem Transportfahrzeug vor der Garage möglich, gibt es ggf. eine Videoüberwachung des Geländes? Waren die Fahrräder in der Garage nur abgestellt oder ggf. auch mit weiteren Schlössern gesichert?

- ✓ Womit? → Womit gelangten die Täter in die Garage, Schilderung der Feststellung durch den Anzeigenerstatter (umfassende Erhebung der Tatortspuren durch die Kräfte des Auswertungsangriffs)?
- ✓ Warum? → Warum wurde die Tat begangen? Hier dürfte Bereicherungsabsicht zu unterstellen sein.

Über neu erlangte Hinweise ist die Leitstelle unverzüglich zu informieren, damit diese Informationen an die Kräfte des Sicherungsangriffs weitergegeben werden können. Es ist dafür zu sorgen, dass die Fahrradrahmennummer, sobald sie vorliegt, zur Sachfahndung in INPOL ausgeschrieben wird.

Auch wenn es sich bei der vorliegenden Tat, so wie sie sich derzeit darstellt, um ein Offizialdelikt handelt, ist stets zu klären, ob der Geschädigte einen Strafantrag stellen möchte. Sollten die weiteren Ermittlungen ergeben, dass es sich aufgrund geänderter Tatumstände nicht mehr um ein Offizialdelikt handelt, würde ansonsten die Prozessvoraussetzung fehlen.[2] Zudem drückt ein Strafantrag den Strafverfolgungswillen des Geschädigten klar aus.

Nach Beendigung der Anzeigenaufnahme ist die Strafanzeige auszudrucken und dem Anzeigenerstatter zur Durchsicht vorzulegen. Gewünschte Änderungen oder Ergänzungen können vom Anzeigenerstatter im Text vorgenommen werden. Nach Durchsicht wird der Anzeigenerstatter gebeten, die Anzeige zu unterschreiben. Über die Anzeigenerstattung ist dem Geschädigten eine Bescheinigung auszustellen, ihm ist der weitere Gang des Strafverfahrens zu erläutern: Nach Rücksprache mit den vor Ort eingesetzten Kräften des Sicherungsangriffs Entlassung des Anzeigenerstatters zu seinem Geschäft, damit er dort für Rückfragen zur Verfügung steht und nach Abschluss der Tatortaufnahme die weitere Absicherung der Garage übernehmen bzw. veranlassen kann.

9. Begründen Sie die Maßnahmen, die im Rahmen des Sicherungsangriffs nach der Einsatzübernahme durch die Streifenwagenbesatzung D 13/32 durchzuführen bzw. zu veranlassen sind (Gewichtung: 25 %)

Erwartet wird bei dieser Fragestellung die Begründung der durch die Streifenwagenbesatzung D 13/32 zu treffenden/zu veranlassenden Maßnahmen im Rahmen des Sicherungsangriffs nach der PDV 100. Die

2 So z. B. bei einem Haus- und Familiendiebstahl nach § 247 StGB.

Maßnahmen der Einsatzleitstelle sind nicht Gegenstand der Fragestellung. Die Frage soll insbesondere den Themenbereich „Sicherung des objektiven Tatbefundes" der PDV 100 in den Fokus rücken. Die reine Benennung von Maßnahmen und Rechtsvorschriften genügt nicht den Anforderungen. Die erforderlichen Maßnahmen müssen in der Art und Weise ihrer kriminaltaktischen Durchführung sowie der Zielsetzung der Maßnahme klar bezeichnet werden.

Der Geschädigte hat den Einbruch selbst bemerkt und nachgeschaut, was entwendet worden ist. Da eine Garage ein übersichtlicher Raum ist, kann man davon ausgehen, dass mögliche Täter von dem Zeugen bemerkt worden wären. Der Geschädigte hat dann den Tatort verlassen und die nahegelegene Polizeidienststelle aufgesucht. Es gibt somit keinerlei Erfordernis, die Anfahrt mittels Sonderrechten durchzuführen. Auf der Anfahrt ist gleichwohl durch die Streifenwagenbesatzung auf verdächtige Umstände zu achten. Da aufgrund der Umstände davon auszugehen ist, dass sich keine Täter mehr vor Ort befinden, kann der Streifenwagen in Tatortnähe offen abgestellt werden. Der Tatort kann offen in Augenschein genommen und aufgeklärt werden. Zur Eigensicherung ist zu überprüfen, dass sich tatsächlich keine tatverdächtigen Personen mehr am bzw. im Objekt aufhalten. Das Tatobjekt ist unverzüglich abzusperren, damit mögliche Spuren durch Unbefugte nicht verändert oder beeinträchtigt werden. Es ist eine erste Lagemeldung an die Leistelle zu erstatten. Das Umfeld des Tatobjekts ist systematisch nach weiteren möglichen Spuren abzusuchen, eventuelle Spuren im Außenbereich sind ebenfalls abzusperren; ist dies in Ausnahmefällen nicht möglich, sind die Spuren notzusichern. Eine witterungsbedingte Notsicherung von Spuren dürfte hier nicht in Betracht kommen; lt. Sachverhalt ist es trocken.

Am Tatort ist ein Trampelpfad einzurichten, dieser ist zum Spurenschutz von allen Kräften am Tatort zu nutzen. Im Tatobjekt ist systematische Spurensuche durchzuführen, aufgefundene Spuren im Objekt sind dabei nicht zu verändern. Bei entgegenstehendem Willen des Berechtigten (der hier nicht erkennbar ist) könnte die Durchsuchung der Garage zur Auffindung tatrelevanter Spuren auf § 103 StPO gestützt werden. In der Garage befindliche Spuren sind nicht notzusichern, der Bereich ist polizeilich abgesperrt, hier besteht mithin keine Gefahr der Spurenbeeinträchtigung. D. h., das aufgefundene Brecheisen sowie die offenkundig erkennbaren blutsuspekten Tropfen auf dem Garagenboden sind unverändert vor Ort zu belassen. Die vorgefundene Spurenlage im Umfeld des Tatobjekts und im Tatobjekt ist schriftlich zu dokumentieren, weiterhin sind entsprechende Lichtbilder zu fertigen.

Soweit kräftemäßig möglich, ist im Tatumfeld nach möglichen Zeugen zu suchen. Bei möglichen Zeugen ist die Identität nach § 163b Abs. 2 StPO durch Einsichtnahme in einen amtlichen Lichtbildausweis und ihre telefonische Erreichbarkeit festzustellen. Sie sind nach §§ 52, 55 StPO i. V. m. § 163 Abs. 3 StPO über ihr Zeugnisverweigerungsrecht sowie ihr Auskunftsverweigerungsrecht zu belehren und auf ihre Pflicht zur wahrheitsgemäßen Aussage nach § 57 StPO hinzuweisen. Relevante Personen sind in Form einer Befragung zu vernehmen, die Vernehmungsergebnisse sind im Bericht über den Sicherungsangriff schriftlich niederzulegen.

Über die Leitstelle ist die Kriminalwache zu verständigen, bis zum Eintreffen der Kriminalwache ist der Tatort nicht zu verlassen. Sollte der Geschädigte nach der Anzeigenerstattung vor Ort eintreffen, ist zu verhindern, dass er den Tatort eigenständig betritt und Veränderungen vornehmen kann. Der Tatort ist der Kriminalwache zu übergeben, die Kräfte der Kriminalwache sind in den Tatort einzuweisen. Auf der Wache sind – in Absprache mit der Kriminalwache sowie der anzeigenaufnehmenden Beamtin bzw. dem anzeigenaufnehmenden Beamten – der Bericht über den Sicherungsangriff und ein Bildbericht zu fertigen.

10. Beurteilen Sie den Sachbeweis (Ziff. 3.2 der kriminalistischen Fallanalyse) bezüglich des aufgefundenen Brecheisens und den daran befindlichen bzw. zu erwartenden Spuren (Gewichtung: 35 %)

Die Beurteilung des Sachbeweises wurde bewusst zur sachgerechten Begrenzung des Klausurumfangs auf den ausgewählten Spurenbereich beschränkt, nur dieser ist zu analysieren. Als vorhandene Spuren sind das Brecheisen (Gegenstandsspur) und daran vorhandene körperzellenhaltige Spuren (DNA-Spuren) anzusehen. Die Lage des Brecheisens am Tatort sowie die Lage der rötlichen Anhaftung an dem Brecheisen sind als Situationsspur zu bewerten. Weiterhin sind an der Wasserwaage Fingerspuren zu erwarten. Verbindlich gefordert ist eine Analyse nach dem Schema der Ziff. 3.2 der Kriminalistischen Fallanalyse.[3]

---

3 Verbindlich ist hierbei das Schema für die „Kriminalistische Fallanalyse“ zu verwenden, das an der Hochschule für Polizei und öffentliche Verwaltung NRW vom Landesfacharbeitskreis Kriminalistik/Kriminaltechnik am 17.11.2023 beschlossen wurde.

Hierzu sind Ausführungen zu der Spurenart und Spurenkategorie, der Beweiskraft, dem Beweiswert sowie den weiteren Abgleichmöglichkeiten der Spuren bzw. Sammlungsvergleiche erforderlich.

Das aufgefundene Brecheisen ist, in der Verbindung mit möglichen anhaftenden Finger- und Blutspurenspuren, als Spurenkomplex anzusehen.

Die Lage des Brecheisens am Tatort selbst ist als Situationsspur zu bewerten. Als Situationsspur wird die räumliche Lage von Spuren oder Gegenständen am Tatort bezeichnet. Die unmittelbare Lage des Brecheisens (zudem mit Blutanhaftungen am Tatort) erweckt den Anschein, dass es sich dabei um das vermutliche Tatmittel handelt. Bei dem Brecheisen könnte es sich um eine sog. Gegenstandsspur handeln. Dies ist dann der Fall, wenn es sich um einen beweiserheblichen Gegenstand handelt, der am Tatort aufgefunden wurde. Das Brecheisen hat eine ca. 40 mm breite Klinge, die Hebelmarken sind gleichfalls ca. 40 mm breit. Bei Übereinstimmung der Werkzeugform und -breite mit den Spurmerkmalen kann von einem sog. Gruppenbeweis gesprochen werden. Aufgrund der Breite der Klinge kommt das Brecheisen hier als spurverursachendes Werkzeug in Betracht. Eine genaue spätere gutachterliche Untersuchung kann ergeben, ob das Brecheisen hier auch individuell den verursachten Hebelspuren zuzuordnen ist. Bei der Herstellung des Brecheisens wird die Werkzeugoberfläche mechanisch bearbeitet. Dabei kommt es zu einer (mikroskopischen) individuellen Gestaltung der bearbeiteten Werkzeugoberfläche. Diese Spurzeichnung überträgt sich beim Hebeln von dem härteren Werkstoff des Brecheisens auf das weichere Material des Garagentors und dessen Rahmen. Sollte hier eine individuelle Spurenzuordnung zum Brecheisen möglich sein, so steht zweifelsfrei fest, dass es sich bei dem Brecheisen um das Tatwerkzeug handelt (Individualbeweis). Sollten weitere einschlägige Taten in der Behörde vorliegen, könnte das Brecheisen mit den entsprechenden Hebelmarken – zur Herstellung eines Tatserienzusammenhangs – gezielt abgeglichen werden.[4]

Bei Brecheisen handelt es sich i. d. R. um preiswerte Massenartikel. Ermittlungen im Rahmen der Verkaufswegefeststellung sind hier regelmäßig nicht zielführend. Eine individuelle Zuordnung des Brech-

4 Der Abgleich von hebelnden Werkzeugen ist in der Werkzeugspurensammlung des LKA NRW nicht möglich, dort werden nur die Spuren sog. „greifender bzw. umfassender Werkzeuge“ (u. a. Zangen, Abbruchwerkzeuge, Ziehfix) aufgenommen.

eisens ist aber über eventuell anhaftende Fingerspuren und DNA-Spuren möglich.

An dem Brecheisen sind als latente Spuren Fingerabdrücke zu erwarten. Auf der festen Oberfläche des Brecheisens zeigen sich Fingerspuren, sog. daktyloskopische Spuren, durch die Übertragung von Schweiß und aufgenommenen Substanzen als Abdruckspuren. Die Übertragung des Papillarleistenbildes ist als Formspur einzuordnen. Das Papillarleistenbild der Fingerabdrücke ist von Geburt an einmalig, klassifizierbar und unveränderlich. Bei der Übereinstimmung von zwölf anatomischen Merkmalen nach Lage und Form gilt die Person als zweifelsfrei überführt. Fingerabdrücke sind dann ein Individualbeweis. Eine tatverdächtige Person ist vor Ort werden nicht angetroffen worden, mithin ist ein gezielter Spurenabgleich mit den Fingerabdrücken einer Person nicht möglich. Eine Altersbestimmung von Fingerspuren ist nur indirekt möglich (so z. B., wann bestimmte Gegenstände zuletzt gereinigt wurden). Nach Abgleich der Fingerspuren mit berechtigten Personen können die Fingerabdrücke mit dem AFIS-Datenbestand abgeglichen werden. Sollte hierbei eine Person als Spurenleger identifiziert werden, so kann gegen diese Person zunächst ein Anfangsverdacht bezüglich der Tat begründet werden.

Weiterhin werden an dem Brecheisen rötliche, blutsuspekte Anhaftungen festgestellt. Blut ist eine Materialspur, da es sich um eine Substanzübertragung auf das Brecheisen handelt, die kriminalistische relevante Rückschlüsse auf den Spurverursacher ermöglicht. Neben der Differenzierung, ob es sich tatsächlich um Blut handelt und ob es sich um menschliches oder tierisches Blut handelt (= Gruppenbeweis), kann die DNA des Spurenverursachers ermittelt werden. Lassen sich 17 Allele übereinstimmend einer Person zuordnen, so liegt eine individuelle Zuordnung der Spur vor (= Individualbeweis). Da die Blutspur und auch die Bluttropfen am Boden der Garage offenbar während der Tatbegehung entstanden sind, ist von einer Anwesenheit des Spurverursachers zur Tatzeit am Tatort auszugehen. Da derzeit kein Tatverdacht gegen eine Person begründbar ist, wird das Ergebnis der DNA-Untersuchung mit dem Datenbestand der DNA-Analysedatei abgeglichen. Sollte es hierbei zu einem „Treffer" kommen, dann kann hier schon von einem dringenden Tatverdacht gegen die betroffene Person ausgegangen werden, insbesondere dann, wenn an dem Brecheisen auch Fingerabdrücke der betreffenden Person festgestellt wurden. Die Person hat dann die verfahrensrechtliche Stellung eines Beschuldigten.

Fall 14: Schüsse im Rotlichtviertel

Schwerpunkte

Kriminalistische Fallanalyse, Verdachtslage, Spurensicherungsmaßnahmen

EKHK Frank Rabe, PP Duisburg, Lehrbeauftragter HSPVNRW

Sachverhalt

Allgemeine Lage

Das Rotlichtviertel in A-Stadt hat sich in den letzten Jahren zu einem der größten in der Bundesrepublik Deutschland entwickelt. Wiederholt wurden dort in der jüngeren Vergangenheit Konflikte mit Waffengewalt ausgetragen.

Besondere Lage

Am Freitag, dem 13.1.2023, erreicht die Einsatzleitstelle der Polizei (ELSt) um 23.45 Uhr folgender Notruf:

> „Hallo...? Bitte kommen Sie schnell! Auf uns wurde gerade geschossen. Ich bin Geschäftsführer im ‚Club 69' auf der Konjunkturstraße 1. Meine Mitarbeiter und ich saßen im Security-Büro, als von außen an das Fenster geklopft wurde. Ein Mann sagte, er müsse mit uns reden und forderte uns auf, kurz auf die Straße zu kommen. Wir sind raus und wurden direkt vom gegenüberliegenden Parkplatz aus beschossen. Wir sind dann hinter geparkten Autos in Deckung gegangen. Von uns ist niemand verletzt, aber in einem der Fahrzeuge sitzt ein Mann, der stark blutet."

Am Tatort werden die Einsatzkräfte von insgesamt drei Männern erwartet. Eine der Personen gibt sich als der Anrufer zu erkennen und stellt die beiden anderen als seine Mitarbeiter vor.

Auf der Straße vor dem Haus stehen zwei offensichtlich beschädigte Pkw. In einem der Fahrzeuge sitzt ein regungsloser Mann auf em Fahrersitz. Der bereits zuvor eingetroffene Notarzt teilt mit, dass die Person aus zwei Kopfwunden stark blutet und er nur noch deren Tod habe feststellen können.

Die Haustür des Gebäudes Konjunkturstraße 1 sowie die Hauswand rechts daneben weisen mehrere nahe beieinanderliegende kreisrunde Beschädigungen auf.

Direkt vor der Haustür liegen auf dem Gehweg und auf der Fahrbahn mehrere Patronenhülsen, Kaliber .45.

Auf dem etwa 25 Meter von der Hausfront entfernten Parkplatz liegen ebenfalls mehrere Patronenhülsen, allerdings Kaliber 9 mm.

Im Rahmen der Tatortbereichsfahndung wird ein mit vier jungen Männern besetzter Pkw BMW angehalten und kontrolliert. Im Fahrzeug wird unter dem Beifahrersitz eine Pistole „Glock", Kaliber 9 mm, gefunden.

Alle Personen geben übereinstimmend an, von dieser Schusswaffe nichts gewusst zu haben. Den Pkw habe man sich von einem Kollegen für einen Ausflug geliehen. Schließlich sei ja Wochenende, und man wolle sich ein wenig Spaß gönnen. Das Rotlichtviertel in A-Stadt sei ihnen nicht bekannt.

Aufgaben

1. Erläutern Sie die durch die Schutzpolizei zu treffenden und zu veranlassenden Sicherungsmaßnahmen bis zum Eintreffen am Tatort.
2. Erläutern Sie im Rahmen der kriminalistischen Fallanalyse (KFA) die Verdachtslage im Hinblick auf eine Tat und im Hinblick auf eine Person (Ziffern 1.1.2 und 1.1.3).
3. Ergänzen Sie die notwendigen Sicherungsmaßnahmen nach Eintreffen der Einsatzkräfte am Tatort.
4. Erläutern Sie ausführlich die Möglichkeiten der objektiven Beweisführung (Sachbeweis) zur Aufklärung der in Rede stehenden Straftaten. Gehen Sie dabei insbesondere auf die kriminaltechnischen Möglichkeiten ein und erläutern Sie dazu die notwendigen Spurensicherungsmaßnahmen sowie die zu beauftragenden Untersuchungen. Gehen Sie davon aus, dass die von Ihnen erwarteten Spuren auch tatsächlich gesichert werden können

Die Rechtmäßigkeit der erforderlichen Maßnahmen kann vorausgesetzt werden.

Lösung

1. Sicherungsmaßnahmen bis zum Eintreffen am Tatort

Die Sicherungsmaßnahmen gemäß der PDV 100 beginnen mit Kenntnisnahme eines polizeilich relevanten Ereignisses. Im Sachverhalt erfolgt die Ereignismeldung über Notruf. Folglich werden die ersten Sicherungsmaßnahmen durch die Einsatzleitstelle getroffen und veranlasst.

Hinweise auf einen fingierten Anruf liegen nicht vor.

1.1 Maßnahmen der Einsatzleitstelle (Einleitungsphase)

Der Anrufer teilt der Einsatzleitstelle schon von sich aus wichtige Informationen mit und erscheint trotz der Aufregung nicht konfus. Die Angaben zum Ereignis, zur Örtlichkeit und der Hinweis auf einen stark blutenden Mann genügen für die ersten Maßnahmen:

- Entsendung von mehreren Einsatzfahrzeugen zum Tatort mit dem Hinweis: „Schießerei, nicht ausgeschlossen, dass Täter noch vor Ort sind" und „Eigensicherung beachten"; Hinweis auf offenbar verletzte Person.
- Information der Einsatzleitstelle der Feuerwehr (Anforderung RTW, NEF und, wenn verfügbar, RTH) mit der Maßgabe, dass sich die Kräfte so lange vom Tatort abgesetzt aufhalten, bis weitere Informationen folgen, Hinweis auf Eigensicherung.
- Auslösen einer Ringalarmfahndung gemäß PDV 384.1, hier Ring 20, da das Ereignis laut Anrufer „gerade" passiert ist. Muss aber durch Nachfragen verifiziert werden.
- Einleitung einer Tatortbereichsfahndung.
- Beide Fahndungen mit dem Hinweis: „Nähere Informationen folgen!"
- Aufgrund der Informationen aus dem Sachverhalt muss Eilbedürftigkeit unterstellt werden, sodass die Leitstelle Sonderrechte auf Grundlage von § 35 StVO freigibt.
- Auf die Inanspruchnahme von Wegerechten (Sondersignalen) nach § 38 StVO wird aus taktischen Gründen verzichtet, weil sie an einem Freitagabend aufgrund der üblichen Verkehrssituation keinen zeitlichen Gewinn und taktisch mehr Nach- als Vorteile mit sich bringen würden (Täter werden frühzeitig gewarnt oder zu höherem Risiko verleitet etc.).

Anschließend sind weitere Informationen zu erfragen (im Sinne der sieben goldenen „W"):

- Sind die Täter noch vor Ort; geht von ihnen gegenwärtig noch Gefahr aus?
- Anzahl der Täter, Fluchtrichtung, Fluchtfahrzeug bekannt, Täter bekannt?
- Anrufer am Telefon halten; falls nötig, beruhigen, Erreichbarkeit sicherstellen, falls das Gespräch unterbrochen wird.
- Personalien des Anrufers und, wenn es die Zeit erlaubt, Anzahl und Personalien der Mitarbeiter erfragen; Einsatzörtlichkeit noch einmal hinterfragen.
- Kennzeichen und Fahrzeugtyp erfragen, in dem die verletzte Person sitzt.
- Sachverhalt noch einmal ausführlich schildern lassen.
- Verhaltenshinweise für den Anrufer: „Vor Ort bleiben, sich den Einsatzkräften bemerkbar machen, den Verletzten ansprechen und ggf. Hilfe leisten".

Alle notwendigen Informationen sind unverzüglich, wenn nötig, durch kurze Unterbrechung des Telefonats, an die Einsatzfahrzeuge und an die Leitstelle der Feuerwehr weiterzuleiten. Idealerweise arbeiten mehrere Sachbearbeiter parallel.

Weitere zu treffende Maßnahmen:

- Anfahrt der Einsatzfahrzeuge koordinieren.
- Alle Personalien und Kennzeichen in den zur Verfügung stehenden Systemen überprüfen (INPOL, Einwohnermeldeamt, VIVA/IGVP, CEBIUS, ggf. Ausländerzentralregister (AZR)).

Die Reihenfolge der Maßnahmen der Einleitungsphase kann variieren.

1.2 Maßnahmen der eingesetzten Kräfte

Anfahrtphase

- Eilbedürftigkeit ist gegeben; Sonderrechte können in Anspruch genommen werden. Auf den Einsatz von Sondersignalen wird aus taktischen Gründen verzichtet; Absprache mit der Einsatzleitstelle.
- Absprachen treffen, soweit nötig (Führungsverantwortung, erste Maßnahmen vor Ort, Anfahrt anderer eingesetzter Fahrzeuge etc.).

- Insbesondere auf verdächtige Fahrzeuge, flüchtende oder sonst auffällige Personen und weggeworfene Gegenstände achten.
- Trotz Eilbedürftigkeit: Eigensicherung hat Vorrang
- Einsatzübernahme und Eintreffen über Cebius: Statusgeber quittieren, ggf. Anfahrtstrecke kurz dokumentieren.
- Bei Eintreffen Einsatzfahrzeuge angemessen abstellen, z. B. schon als Bestandteil der Absperrung integrieren.

Eintreffphase/Tatortphase

- Gewinnung eines ersten Überblicks mithilfe einer kurzen Lagebeurteilung.
- Gefahrenabwehr: Hier Erste Hilfe für die offenbar verletzte Person.
- Kontaktaufnahme mit den Geschädigten, Sachverhalt schildern und in die Örtlichkeit einweisen lassen.
- Ggf. Fahndung ergänzen.
- Ggf. Abwehr weiterer Gefahren, allerdings aus dem Sachverhalt nicht ersichtlich.

2. Kriminalistische Fallanalyse

2.1 Verdachtslage im Hinblick auf eine Tat

Wie in der Antwort zu 1. angeführt, liefert der Sachverhalt von Beginn an keinerlei Hinweise auf eine Vortäuschung. Diese Annahme bestätigt sich aufgrund der geschilderten Spurenlage.

Es gibt ebenfalls keinen Hinweis auf eine fingierte Spurenlage. Somit muss zwingend von einem polizeilich relevanten Ereignis ausgegangen werden.

Die Spurenlage, insbesondere die Beschädigungen der Fahrzeuge, der Haustür und Hausfront, die Verletzung der in einem Fahrzeug sitzenden Person, aber vor allem die aufgefundenen Patronenhülsen, stammen zweifelsfrei von einem Schusswaffengebrauch. Damit stimmen die objektiven Feststellungen zunächst mit den Schilderungen des Anrufers überein.

Das festgestellte Trefferbild, insbesondere die Höhe der Treffer in Haustür, angrenzender Hauswand und vermutlich auch im Kopf der im Fahrzeug getöteten Person, spricht für gezielte Schüsse in Körper- bzw. Kopfhöhe.

Damit darf die Schussabgabe in Tötungsabsicht (zumindest billigende Inkaufnahme) unterstellt werden.

In Betracht kommen insbesondere § 211 StGB (Mord), § 212 StGB (Totschlag), § 222 StGB (fahrlässige Tötung) und § 303 StGB (Sachbeschädigung) sowie Verstöße gegen das Waffengesetz (WaffG), begangen durch hier zunächst unbekannte Täter.

Allerdings werden Patronenhülsen unterschiedlicher Kaliber (Kaliber 9 mm und Kaliber .45) an zwei Orten gefunden, die laut Sachverhalt rund 25 Meter voneinander entfernt liegen, einerseits auf dem Parkplatz, andererseits direkt vor dem Haus, an dem sich die Security-Mitarbeiter in Deckung begeben haben wollen.

Folglich darf davon ausgegangen werden, dass aus dieser Gruppe heraus ebenfalls geschossen wurde und die Security-Mitarbeiter auch für die oben angeführten Delikte in Betracht kommen. In welcher Form eine Rechtfertigung durch Notwehr in Erwägung gezogen werden muss, kann zum gegenwärtigen Zeitpunkt nicht beurteilt werden.

Diese Argumentation impliziert den für die Einleitung von Ermittlungsmaßnahmen notwendigen Anfangsverdacht einer Straftat i. S. v. § 152 Abs. 2 StPO.

2.2 Verdachtslage im Hinblick auf eine Person

In Bezug auf den Beschuss der Security-Mitarbeiter geht aus dem Sachverhalt kein konkreter Tatverdacht hervor. Sicherlich darf unterstellt werden, dass sich Täter und Opfer kennen. Inwieweit daraus ein Ermittlungsansatz hergeleitet werden kann, müssen die Vernehmungen ergeben.

Wie erläutert, kann gegen die Türsteher hingegen durchaus ein konkreter Tatverdacht begründet werden. Folglich haben alle drei Personen den verfahrensrechtlichen Status von Beschuldigten.

3. Sicherungsmaßnahmen nach Eintreffen der Einsatzkräfte am Tatort

- Nach der ersten Lagebeurteilung Lagemeldung an die Einsatzleitstelle
- Anforderung von Verstärkungskräften (EHu) u. a. für die Absperrung
- Anforderung Kriminalwache, KTU
- Anforderung von weiteren Spezialkräften (Technisches Hilfswerk oder Feuerwehr mit Licht, Sprengstoffspürhund zur Suche nach Waffen und Munition)
- Information der Pressestelle, Anforderung Pressesprecher
- Einrichtung einer Pressesammelstelle
- Einrichtung einer Absperrung, eventuell äußere und innere Absperrung
- Beschlagnahme des kompletten Tatortes

- Aufbau von Sichtbarrieren zur Verhinderung von Aufnahmen der toten Person
- Vorläufige Festnahme der tatverdächtigen Türsteher, Durchsuchung nach Waffen
- Hinweis: Die Beschuldigten dürfen sich keinesfalls die Hände waschen
- Belehrung nach § 163a Abs. 4 StPO i. V. m. § 136 StPO
- Sicherstellung der Mobiltelefone
- Trennung der Beschuldigten, Abtransport zur Vernehmung, Identitätsfeststellung, Systemabfragen, ED-Behandlung und Spurensicherung
- Ermittlung von Zeugen, Trennung derselben, Belehrung nach §§ 52, 55 und 57 StPO
- Durchsuchung des „Club 69" nach Waffen und Munition
- Suche nach Überwachungskameras und Beschlagnahme von Aufzeichnungsgeräten
- Kennzeichnung und Schutz von Spuren, insbesondere Hülsen, Projektilen und Schussbeschädigungen, falls erforderlich, Notsicherung
- Fertigung erster Übersichtsaufnahmen
- Dokumentation von unvermeidbaren Veränderungen
- Persönliche Übergabe des Tatortes an die Auswertekräfte, unter Mitteilung aller relevanten Informationen, einschließlich einer ersten Arbeitshypothese

Nachlaufphase

- Einsatzende durch Statusgeber in Cebius dokumentieren
- Abschließende Lagemeldung an die ELSt
- Fertigung schriftlicher Arbeiten auf der Wache (Anzeige, Lichtbildmappe etc.)

4. Möglichkeiten der objektiven Beweisführung (Sachbeweis) zur Aufklärung der in Rede stehenden Straftaten

Die gesamte Tatortsituation sowie alle echten Spuren haben immer auch Bedeutung als Situationsspuren, weil sie Rückschlüsse auf die Spurenentstehung zulassen und die Rekonstruktion des Tatgeschehens ermöglichen. Darüber hinaus geben sie Hinweise darauf, wo und wie der Täter vor und nach der Tat gehandelt hat.

Alle relevanten Gegenstände haben Bedeutung als Gegenstandsspuren und grundsätzlich auch als Spurenträger.

4.1 Vorhandene Spuren (im Sachverhalt aufgeführt)

- Auffindesituation, gesamte Spurenlage als Situationsspur;
- Patronenhülsen, Kaliber 9 mm und Kaliber .45 als Gegenstandsspuren und Spurenträger;
- Schussbeschädigungen als Situations- und Formspuren

4.2 Zu erwartende Spuren

Die zu erwartenden Spuren ergeben sich aus den objektiven Gegebenheiten am Tatort und der auf dieser Grundlage hergeleiteten ersten Tathypothese.

4.2.1 Am Tatort

- Projektile und Projektilteile als Gegenstands- und Situationsspuren in Haustür, Hausfront sowie in den beschädigten Fahrzeugen
- serologische Spuren an den Patronenhülsen
- Schussrückstände an Einschüssen (abhängig von der Schussentfernung)
- digitale Spuren von aktiven Mobiltelefonen in der Tatortfunkzelle
- Aufnahmen von eventuell installierten Überwachungskameras

4.2.2 Türsteher

- mögliche Schussverletzungen
- Tatwaffe als Gegenstandsspur und Träger von daktyloskopischen und serologischen Spuren (zurzeit noch nicht gefunden)
- Schussrückstände (gsr = gunshot residues), insbesondere an den Händen und der Tatkleidung
- Daten auf den Mobiltelefonen

4.2.3 Kontrollierter BMW und Insassen

- Schussrückstände insbesondere an den Händen und der Tatkleidung
- Schusswaffe „Glock“ und Munition als Gegenstandspuren und Spurenträger von daktyloskopischen und serologischen Spuren
- Daten auf den Mobiltelefonen

4.3 Kriminaltechnische Maßnahmen

4.3.1 Schussrekonstruktionen

Messungen

Alle Schussbeschädigungen werden in Höhe und Lage zueinander eingemessen.

Ein dicht beieinanderliegendes Trefferbild lässt Rückschlüsse auf eine gezielte Schussabgabe zu. Das im Sachverhalt festgestellte Trefferbild, insbesondere die Höhe der Treffer in Haustür, angrenzender Hauswand und vermutlich auch im Kopf der im Fahrzeug getöteten Person, spricht für gezielte Schüsse in Körper- bzw. Kopfhöhe.

Schussrichtungsbestimmungen

Die Schussrichtungsbestimmung setzt zunächst voraus, dass Schussbeschädigungen als solche identifiziert werden können. Anhand charakteristischer Merkmale (Form, Größe, Beschaffenheit) wird jeweils bestimmt, ob es sich um Ein-/Ausschuss oder Durchschuss handelt. Die Schussrichtung bei Durchschüssen lässt sich beispielsweise anhand von Materialverformungen und Absplitterungen um die Beschädigung herum beurteilen. Generell werden zur Schussrichtungsbestimmung zwei Fixpunkte benötigt, die durch eine Gerade miteinander verbunden werden. Die ballistische Kurve kann dabei in den meisten Fällen vernachlässigt werden.

Im vorliegenden Sachverhalt dürften bei den Schussbeschädigungen an der Hauswand die Voraussetzungen für eine genaue Richtungsbestimmung aufgrund des fehlenden zweiten Fixpunktes nicht gegeben sein. Generell kann hier nur festgestellt werden, dass die Schüsse aus Richtung Parkplatz abgefeuert wurden.

Bei der Beschädigung der Haustür handelt es sich möglicherweise um einen Durchschuss, dessen Projektil im Hausflur eine weitere Beschädigung verursacht hat. In diesem Fall kann eine Schussrichtungsbestimmung aufgrund dieser beiden Fixpunkte durchgeführt werden. Vermutlich wurde auch diese Schussbeschädigung aus Richtung Parkplatz verursacht.

Aufgrund der Spurenlage (Hülsen mit unterschiedlichem Kaliber) muss davon ausgegangen werden, dass die Türsteher ebenfalls geschossen haben. Sie sind nach eigenen Aussagen hinter geparkten Autos in Deckung gegangen. In diesem Bereich werden auch die Patronenhülsen Kaliber .45 gefunden. Damit ist zunächst unklar, ob die in ihrem Fahrzeug sitzende Person durch die „Angreifer“ aus Richtung Parkplatz oder die in Richtung Parkplatz zurückschießenden Security-Mitarbeiter getötet wurde. Gleiches gilt für die Beschädigungen weiterer geparkten Fahrzeuge. Der Notarzt stellt bei dem Getöteten zwei stark blutende Kopfwunden fest, bei denen es sich entweder um Einschüsse aus zwei verschiedenen Richtungen oder um Ein- und Ausschuss handeln dürfte. Näheres muss eine zwingend anzuordnende Obduktion und die Beurteilung der Beschädigungen des Pkw ergeben.

Die Verbindung (Gerade) zwischen den Fixpunkten kann auf unterschiedliche Art und Weise hergestellt werden:

- Sonde aus Metall oder Kunststoff
- farbige Schnur
- Laserlicht
- Laserscanner (Berechnung) der kriminaltechnischen Untersuchungsstelle (KTU)

Insbesondere die Messergebnisse der Schussbeschädigungen und die Schussrichtungsbestimmungen werden mit Hilfe von digitalen Lichtbildern dokumentiert.

Schussentfernungsbestimmung

Schussentfernungsbestimmungen erfolgen anhand von Schmauchverteilung und der Verteilung unverbrannter Nitrocelluloseteilchen rund um den Einschuss.

Laut Sachverhalt werden die Hülsen Kaliber 9 mm auf dem 25 Meter von der Hausfront entfernt liegenden Parkplatz gefunden. Aus dieser Entfernung sind um die Einschüsse herum keine zur genaueren Entfernungsbestimmung notwendigen Elemente mehr vorhanden, sodass die Lage der Hülsen zunächst den einzigen objektiven Parameter darstellt.

Für den Fall, dass die Türsteher für die Beschädigung der Pkw und die Tötung des Mannes verantwortlich sind, könnten aufgrund der Nähe von Schütze und Pkw durchaus Schussentfernungsbestimmungen möglich sein.

Die entsprechenden Einschüsse werden großflächig mit transparenter Folie zur Aufnahme der oben beschriebenen Rückstände abgeklebt. Wenn möglich, sollen die Spurenträger allerdings eher im Original gesichert werden. Die Schussentfernungsbestimmung wird per Untersuchungsantrag beim LKA NRW in Auftrag gegeben.

Munitionsteile (Hülsen, Projektile)

An und in den Fahrzeugen, Haustür, Hauswand und auf dem Parkplatz, eventuell an weiteren dort geparkten Fahrzeugen muss nach Projektilen und Projektilteilen gesucht werden. Sie werden gegebenenfalls aus den Spurenträgern herauspräpariert und im Original asserviert.

Waffensystembestimmung

Die Munitionsteile werden durch die KTU-Stelle über das LKA dem BKA mit der Bitte um Waffensystembestimmung und Abgleich mit der dort geführten zentralen Tatmunitionssammlung übersandt.

Im Ergebnis werden Hinweise auf die verwendete Tatwaffe (Hersteller und Fabrikat) und auf Tatzusammenhänge erwartet.

Verfeuerungsnachweis

Die in dem mit vier Männern besetzten BMW aufgefundene Schusswaffe „Glock“ wird spurenschonend sichergestellt, auf daktyloskopische und serologische Spuren untersucht und beim LKA als Tatwaffe gemäß des Erlasses Schusswaffenerkennungsdienst[1] vergleichsbeschossen. Die Spuren der Vergleichsmunition werden mit der Tatmunition verglichen, um festzustellen, ob die am Tatort sichergestellten Hülsen (Kaliber 9 mm) und Projektile aus der „Glock“ abgefeuert wurden.

Schusshanduntersuchung

Die Hände aller beteiligten Personen (Türsteher und Insassen des BMW) werden auf Verfeuerungsrückstände untersucht. Dazu werden die Hände entweder mit Stiftträgern (REM-Tabs) oder mit transparenten Folien abgeklebt und beim LKA auf typische Verfeuerungselemente untersucht. Zur Vereinfachung der Untersuchung werden der Untersuchungsstelle jeweils Proben von Referenzschmauch aus den Tatorthülsen zur Verfügung gestellt.

4.3.2 Daktyloskopische Spuren an der „Glock“

Situations- und Formspuren, als Abdruck vorliegend

Allgemeine Beweiskraft

- Individualbeweis, wenn Spuren auswertbar sind
- Ausschluss von Personen als Spurenleger
- Sammlungsvergleich über AFIS (automatisiertes Fingerabdruckidentifizierungssystem) zur Ermittlung von Spurenlegern
- Die Zusammenführung von Taten (Tatzusammenhänge) kann über AFIS durchgeführt werden, spielt aber in der Praxis aufgrund des hohen Aufwandes keinerlei Rolle.

1 Erlass IM/NRW vom 24.10.1983 i. d. F. vom 22.7.1987, IV A 2 – 2029 – 1.

Konkreter Beweiswert

Daktyloskopische Spuren auf der „Glock“ belegen, dass der Spurenleger die Waffe in der Hand hatte. Finden sich darüber hinaus Spuren auf dem Magazin und der Munition, weist das über das „in der Hand halten“ hinaus auf eine Handhabung durch den Spurenleger hin. Der Schusswaffengebrauch an sich kann durch die Daktyloskopie nicht bewiesen werden.

4.3.3 Serologische Spuren (DNA) an der „Glock“ und den Hülsen Kaliber 9 mm

Situations-, Form- und Materialspuren bei Blut bzw. Situations- und Materialspuren bei sonstigem DNA-fähigen Zellmaterial

Allgemeine Beweiskraft

- Nachweis von Menschenblut, Herkunft am Körper, z. B. Nase, Mund, Vaginalblut ... (Gruppenbestimmung)
- Individualbeweis über die DNA-Analyse, wenn Vergleichsmaterial vorhanden ist, mit der Einschränkung bei eineiigen Mehrlingen
- Gruppenbestimmung über das Geschlechtschromosom X, Y, wenn kein Vergleichsmaterial vorhanden ist
- Ausschluss von Personen als Spurenleger
- Sammlungsvergleich zur Ermittlung von Spurenlegern und Tatzusammenhängen über die DNA-Analysedatei (DAD)

Konkreter Beweiswert

In Bezug auf die Schusswaffe „Glock“ wird auf die Aussagen zur Daktyloskopie verwiesen. Für den Fall, dass von einem Spurenleger DNA sowohl an der Schusswaffe als auch an den am Tatort gefundenen Hülsen nachzuweisen ist, spricht einiges dafür, dass es sich bei dieser Person um den generellen Nutzer der Waffe handelt, wenngleich auch in diesem Fall die Schussabgabe selbst noch nicht zweifelsfrei bewiesen ist.

4.3.4 Überwachungskameras

Generell werden Etablissements im Rotlichtviertel durch Aufzeichnungssysteme des Betreibers überwacht. Im Idealfall wurden Tatablauf, Tatzeit und Beteiligte aufgezeichnet. Die Aufzeichnungsgeräte sind sichergestellt und werden bei der zuständigen Dienststelle (in A-Stadt KK 31) forensisch gesichert und ausgewertet.

Hinweis
Die Differenz zwischen Echtzeit und Systemzeit ist zu überprüfen und zu dokumentieren.

4.3.5 Digitale Spuren

Funkzellendaten, Kommunikationsdaten, Chat-/SMS-Verläufe, Fotos

Über die Funkzellendaten können alle zur Tatzeit in der Tatortfunkzelle aktiven Mobiltelefone erfasst werden. Sie werden auf Grundlage eines richterlichen Beschlusses bei den jeweiligen Providern angefordert.

Im vorliegenden Sachverhalt kann insbesondere festgestellt werden, ob sich die Mobiltelefone der vier Insassen des BMW zur Tatzeit in der Funkzelle befunden haben. Die Auswertung der Mobiltelefone selbst verspricht Hinweise auf Beziehungen zwischen den rivalisierenden Gruppen (Motivlage). Gleiches gilt für die Mobiltelefone der Türsteher.

4.4 Kriminaltechnische Beweisführung

4.4.1 Schüsse auf die Türsteher

Die Schussabgabe dürfte in kurzer Folge hintereinander vom Parkplatz aus abgegeben worden sein. Dafür spricht einerseits die Konzentration der Hülsen auf dem Parkplatz, andererseits das Trefferbild in Haustür und Hauswand.

Mit Hilfe des Verfeuerungsnachweises wird festgestellt, ob Hülsen und aufgefundene Projektile aus der „Glock“ abgefeuert wurden. Damit steht die Tatwaffe fest. Darüber hinaus wird über die Tatmunitionssammlung des BKA ermittelt, ob mit dieser Waffe bereits bei anderen Taten geschossen wurde (Tatzusammenhänge).

Die Videoaufzeichnungen belegen unter Umständen die erste Tathypothese durch Aufzeichnung des Tatablaufs und lassen eine genaue Bestimmung der Tatzeit zu.

Damit kann sich die Funkzellenauswertung auf einen vergleichbar präzisen Zeitraum konzentrieren. Aufgrund der Dunkelheit erscheint die Identifizierung der Tatbeteiligten mit Hilfe der Aufzeichnungen eher unwahrscheinlich.

Daktyloskopische und serologische Spuren auf der „Glock“ und den 9 mm-Hülsen am Tatort widerlegen die Aussage der BMW-Insassen hinsichtlich der Pistole und belegen, dass der Spurenleger mit der Waffe hantiert haben muss (Handhabung der Waffe). Sind an den Händen dieser Person Verfeuerungsrückstände nachweisbar, die in ihrer Zusammensetzung dem Referenzschmauch aus den Hülsen entsprechen, bestehen keinerlei Zweifel, dass es sich bei ihr um den Schützen handelt.

Die Beweislage lässt sich möglicherweise durch Auswertungen aller Mobiltelefone hinsichtlich Planung der Tat und Motivlage verdichten.

4.4.2 Schüsse durch die Türsteher

Sind an den Händen eines der Security-Mitarbeiter Verfeuerungsrückstände nachweisbar, die in ihrer Zusammensetzung dem Referenzschmauch aus den Hülsen (Kaliber .45) entsprechen, handelt es sich wahrscheinlich um den Schützen. Allerdings bleiben letzte Zweifel, da es sich beim Nachweis von GSR um eine reine Gruppenbestimmung handelt. Die Tatsache, dass die Hände beschmaucht sind, beweist in diesem Fall lediglich den kürzlichen Kontakt mit einer Schusswaffe nebst Munition, eventuell auch eine oder mehrere Schussabgaben, ohne den genauen Zeitpunkt bestimmen zu können.

Die Beweislage verdichtet sich, wenn von dieser Person DNA-Spuren auf den Hülsen (Kaliber .45) festgestellt werden. Dennoch bleiben letzte Zweifel, ob nicht doch eine andere Person geschossen haben kann.

Die Waffensystembestimmung hilft lediglich, die Suche nach der Tatwaffe einzugrenzen. Wird sie gefunden, kann über einen Verfeuerungsnachweis ihr Einsatz an diesem Tatort und über die Tatmunitionssammlung auch an anderen Tatorten festgestellt werden. Daktyloskopische und serologische Spuren an der Waffe sind lediglich weitere Indizien und beweisen nicht die Täterschaft im vorliegenden Fall.

Letzte Sicherheit können unter Umständen die Videoaufzeichnungen bringen, die, wenn schon nicht die Schussabgabe selbst, so doch eine Person mit der Waffe in der Hand erfasst haben können.

In Bezug auf die Tötung der vermeintlich unbeteiligten Person lässt sich zweifelsfrei feststellen, aus welcher Waffe die tödlichen Schüsse abgefeuert wurden. In Bezug auf den Schützen gelten die vorstehenden Aussagen.

Die Ausführungen zur Beweisführung beschränken sich gemäß der Aufgabenstellung auf die kriminaltechnischen Aspekte. Zeugenaussagen und Geständnisse können auch im vorliegenden Fall erheblich zur Verbesserung der Beweislage beitragen.

In der Praxis erfolgt die Beweisführung immer durch Interaktion zwischen Personal- und Sachbeweis.

Einsatzlehre

Fall 15: Gewalttätiger Familienvater

Schwerpunkte

Beurteilung von Lagefeldern

Polizeidirektor Jörg Dietermann, HSPV NRW

1 Lage

1.1 Besondere Lage

Nach erfolgreichem Abschluss des Bachelorstudienganges versehen Sie als PKin/PK Wachdienst in der Polizeiinspektion Süd des PP D-Stadt. Sie haben Spätdienst und befinden sich zusammen mit Ihrer Kollegin/Ihrem Kollegen auf Funkwagenstreife im Bereich Ihrer Polizeiinspektion. Sie sind Streifenführer/-in des D 13/42. Gegen 17.30 Uhr erhalten Sie von der Leitstelle folgenden Einsatz:

> „D 13/42, fahren Sie in die Emil-Barth-Str. 96, dortiger Hinweis auf familiäre Streitigkeiten bei Schumacher/Beil. Die Melderin, Frau Potthoff, ist die Schwester der Lebensgefährtin von Herrn Schumacher. Sie wohnt in der Emil-Barth-Str. 46 und hat von zu Hause aus angerufen, weil sie nicht über ein Handy verfügt."

Die Leitstelle teilt Ihnen anschließend mit, dass aufgrund der telefonischen Befragung der Melderin aktuell von folgendem Sachverhalt auszugehen ist:

Frau Potthoff war mit ihrer Schwester Karoline Beil und deren Kindern zum Einkaufen in der Stadt. Anschließend waren sie noch einen Kaffee trinken, dort hat Frau Beil noch eine alte Freundin getroffen. Dadurch wurde die Rückkehr etwas später als geplant. Nachdem sie die Wohnung von Herrn Schumacher betraten, hörten sie ihn schon aus dem Wohnzimmer krakeelen. Er saß auf dem Sofa. Er regte sich tierisch darüber auf, dass Frau Beil jetzt erst nach Hause kommt. Nach Angaben von Frau Potthoff hatte er auch schon wieder einiges intus und wenn er „gesoffen“ hat, sei er noch jähzorniger als ohnehin schon. Auf dem Couchtisch im Wohnzimmer standen neben überfüllten Glasaschenbechern mehrere Schnaps- und Bierflaschen. Der Fernseher lief, es war sehr laut. Frau Beil hat ihn gefragt, ob er den Fernseher nicht mal leiser stellen könne. Daraufhin hat er sie angeschrien, dass es schließlich allein seine Wohnung sei und hier könne er machen, was er wolle. Dann ist er aufgestanden und hat Frau Potthoff mit den Worten „So, Deine Party ist hier zu Ende, das geht nur die Familie an“ aus der Wohnung gedrückt. Durch die Wohnungstür habe sie ihn dann brüllen hören: „Wenn ich 17.00 Uhr sage, dann meine ich das auch!“ Anschließend waren mehrere Klatschgeräusche zu hören. Frau Beil hat währenddessen laut „Aua, hör doch auf“ gerufen. Anschließend habe Frau Potthoff ein Wimmern vernommen. Die Kinder haben ebenfalls gebrüllt und der Hund hat laut gebellt. Frau Potthoff macht sich große Sorgen um ihre Schwester, „der Nikolaj ist so komisch drauf, irgendwann schlägt er sie tot“. Erst vor ein paar Tagen hat sich ihre Schwester zuletzt am Telefon bei ihr ausgeweint, weil er ihr schon wieder eine verpasst hatte. Durch die Faustschläge hat sie immer noch ein sichtbares Hämatom (Veilchen) am rechten Auge. Aber sie würde ihn niemals anzeigen.

1.2 Bemerkungen zur Lage

1.2.1 Störer

Nikolaj Schumacher ist 35 Jahre alt. Seine Eltern haben lange in Kasachstan gelebt, bevor sie 1990 nach Deutschland gezogen sind. Herr Schumacher spricht einwandfreies Deutsch. Er ist ohne Ausbildung und hat zuletzt als Gerüstbauer gearbeitet. Er ist seit 1.10.2022 arbeitslos. Im VIVA/INPOL-System hat er den PHW „gewalttätig“. Er ist alleiniger Mieter der Wohnung.

1.2.2 Nichtstörer

Karoline Beil, geb. Potthoff, ist 28 Jahre alt. Sie wurde in D-Stadt geboren. Nach der Trennung von ihrem Ehemann, der auch der Vater ihrer beiden Kinder ist, ist sie im Februar 2022 mit ihren Kindern und ihrem Hund zu ihrem neuen Lebensgefährten Herrn Schumacher in die Wohnung gezogen. Sie ist gelernte Fachverkäuferin im Nahrungsmittelhandwerk, Schwerpunkt: Fleischerei, ist aber zurzeit arbeitslos. Sie hat zwei Kinder, Carsten, neun Jahre alt und Petra, sechs Jahre alt. Zum Haushalt gehört ebenfalls ein Hund der Rasse „belgischer Schäferhund“.

Stefanie Potthoff, 24 Jahre alt, ist die Schwester von Karoline. Sie wohnt in der Emil-Barth-Str. 46.

1.2.3 Raum

Die Emil-Barth-Straße liegt im Stadtteil Garath. Dieser gilt als sozialer Brennpunkt, die Bebauung besteht größtenteils aus Hochhäusern und Wohnblocks aus den siebziger Jahren, die Häuser sind von Rasenflächen und Parkplätzen umgeben. Hier wohnen überwiegend sozial schwache und kinderreiche Familien. Der Anteil an Migranten beträgt 80 Prozent.

Die Wohnung Schumacher befindet sich in einem zwölfgeschossigen Hochhaus, im vierten Stockwerk rechts. Sie verfügt über einen Balkon. Auf jeder Etage befinden sich zwei Wohnungseingänge. Das Haus verfügt über einen Lift.

1.2.4 Kräfte

Bei der Auftragsvergabe durch die Leitstelle befinden Sie sich in D-Stadt Urdenbach und erreichen den Einsatzort unter Beachtung der Vorschriften der StVO in fünf Minuten.

D 13/43 befindet sich im Nahbereich auf Streife und wird Ihnen im Falle Ihrer Anforderung von der Leitstelle unterstellt. Er wird nach Anforderung in zehn Minuten eintreffen.

Weitere Kräfte stehen zurzeit nicht zur Verfügung.

D 13/42 und D 13/43 sind Fustkw-Besatzungen der zuständigen Polizeiwache Wersten der Polizeiinspektion Süd. Bei den Dienstfahrzeugen handelt es sich um blau-silbern-gelbe Streifenwagen, die jeweils mit einer Beamtin und einem Beamten in Uniform besetzt sind.

1.2.5 Zeit, Wetter

Donnerstag, 12.1.2023, 17.30 Uhr, 8 Grad, trocken.

1.2.6 FEM/sonstige Ausrüstungsgegenstände

Nachfolgend aufgeführte Gegenstände sind persönlich an die Beamten des PP D-Stadt ausgegeben:

1 Pistole mit Holster inkl. 15 Schuss Munition, 1 Reservemagazin mit Tasche inkl. 15 Schuss Munition, 1 Handfessel Stahl mit Tragevorrichtung, 1 RSG 3 mit Klemmspange, 1 Taschenlampe mit Tragevorrichtung, 1 Paar Handschuhe, 1 Schutzweste, 1 Tragevorrichtung für den Einsatzmehrzweckstock, 1 Smartphone, 1 Bodycam

Die Funkstreifenwagen sind u. a. ausgerüstet mit 2 Handsprechfunkgeräten (HRT), Einmalhandschuhen, 3 Einsatzmehrzweckstöcken (ausziehbar), 1 Fotokamera digital.

2 Aufgabe

Beurteilen Sie die Lagefelder Auftrag, Störer, Gefahren, Gefährdung und Opfer, Bevölkerung, Raum und Kräfte!

3 Lösung

Lagefeld Auftrag

1. Auftrag

1.1 Dienstliche Weisung

Die Einsatzanweisung der Leitstelle „Fahren Sie in die Emil-Barth-Str. 96, dortiger Hinweis auf familiäre Streitigkeiten bei Schumacher/Beil" ist eine dienstliche Weisung, die mich gem. § 35 BeamtStG i. V. m. § 2 Abs. 5 LBG NRW zur Durchführung und Koordination der polizeilichen Maßnahmen verpflichtet. Die Leitstelle als ständiges Führungsorgan der AAO ist mir gegenüber weisungsbefugt.

1.2 Aufgabenzuweisung

Nach Angaben von Frau Potthoff wurde Frau Beil aktuell, aber auch schon mehrfach in der Vergangenheit geschlagen. Erfahrungsgemäß unterliegt die Gewalt in der Familie einer Gewaltspirale, die durch steigende Intensität der gewalttätigen Übergriffe in immer kürzeren Zeitabständen gekennzeichnet ist. Die auch weiterhin zu befürchtenden Übergriffe auf Frau Beil stellen Straftaten insbesondere nach §§ 223 ff. StGB dar. Es besteht daher eine Gefahr für die Rechtsordnung als Rechtsgut der Allgemeinheit. Wir sind zur Verhütung dieser Straftaten gem. §§ 1 (1) Satz 1, 2 PolG i. V. m. §§ 10, 11 (1) Nr. 1 POG zuständig.

Frau Beil könnte durch die aktuelle Handlung von Herrn Schumacher verletzt sein. Es bestehen somit Gefahren für Leib und Leben von Frau Beil. Wir sind gem. § 1 (1), Satz 1 und 3 PolG i. V. m. §§ 10, 11 (1) Nr. 1 POG zur Abwehr dieser Gefahren zuständig.

Die Kinder, sechs und neun Jahre alt, haben ggf. mitangesehen, wie ihre Mutter geschlagen wurde, sie weinen. Es sind zumindest schwerwiegende seelische Belastungen der Kinder zu befürchten, die unter dem Eindruck von Gewalt in der Familie stehen. Das Kindeswohl ist gefährdet. Wir sind gem. § 1 (1), Satz 1 und 3 PolG i. V. m. §§ 10, 11 (1) Nr. 1 POG zur Abwehr dieser Gefahren zuständig.

Die Maßnahmen zur Gefahrenabwehr werden nach pflichtgemäßem Ermessen getroffen. Aufgrund der hochwertig gefährdeten Rechtsgüter Leib/Leben besteht hier eine Ermessensreduzierung auf Null.

Aufgrund der Zeugenaussage von Frau Potthoff (es waren mehrere Klatschgeräusche zu hören; Frau Beil hat währenddessen laut „Aua, hör doch auf“ gerufen; anschließend war ein Wimmern zu vernehmen) besteht ein konkreter Anfangsverdacht für KV-Delikte gem. §§ 223 ff. StGB. Daher sind wir gem. § 1 (4) PolG i. V. m. §§ 10, 11 (1) Nr. 2 POG i. V. m. § 163 StPO zur Straftatverfolgung zuständig. Das Legalitätsprinzip ist zu beachten, Straftaten sind zu verfolgen.

2. Bindungen für das taktische Handeln

Der Einsatzauftrag der Leitstelle enthält keine weiteren taktischen Bindungen.

Es handelt sich hier offenkundig um häusliche Gewalt i. S. d. Polizeigesetzes NRW. Frau Beil und Herr Schumacher leben seit knapp einem Jahr in häuslicher Gemeinschaft.

Als wesentliche taktische Bindung ist der RdErl. vom 21.3.2002 – 42.1-2761 – „Häusliche Gewalt – Information für die Polizei und andere Beteiligte“ als verbindliche Handlungsanweisung zu beachten. Dieser Erlass verpflichtet die einschreitenden Beamten insbesondere,

- Straftaten im Zusammenhang mit häuslicher Gewalt konsequent von Amts wegen zu verfolgen, und zwar unabhängig davon, ob von den Geschädigten ein Strafantrag gestellt wird,
- bei entsprechender Gefahrenprognose eine Wohnungsverweisung konsequent durchzusetzen und zu kontrollieren,
- Opferschutz und Opferhilfe durch eine entsprechende Betreuung der Opfer zu berücksichtigen,
- Täter und Opfer getrennt zur Sache zu befragen,
- Beweissicherung und Dokumentation durchzuführen.

Bindungen für das taktische Handeln ergeben sich zusätzlich aus den allgemeinen Einsatzgrundsätzen der PDV 100 VS-NfD:

Der Einsatz wurde mir (D 13/42) übertragen, die Kräfte des D 13/43 werden unterstellt. Somit sind klare Befehlsverhältnisse und Unterstellungsverhältnisse gem. Nr. 1.6.1.2 gewährleistet.

Gemäß Nr. 1.6.1.8 sind Einsatzkräfte und ggf. betroffene Polizeidienststellen über die Lageentwicklung umgehend, umfassend und regelmäßig zu informieren.

Gemäß Nr. 1.6.1.16 sind die Empfehlungen des LF 371 VS-NfD „Eigensicherung" zu beachten.

Hieraus ergeben sich für den vorliegenden Sachverhalt folgende Bindungen:

Nach Angaben von Frau Potthoff hat Herr Schumacher „schon wieder Einiges intus". Beim Umgang mit alkoholisierten Personen ist mit ungewöhnlichem und nicht berechenbarem Verhalten zu rechnen (Nr. 4.1).

Der häuslichen Gewalt ist ein Streit vorausgegangen. Streitigkeiten stellen für die handelnden Personen psychische Ausnahmesituationen dar, in denen sie zunehmend unter Stress geraten. Die Bereitschaft zur körperlichen Auseinandersetzung wächst mit der Heftigkeit des Streites (Nr. 5.1).

Familie Schumacher/Beil besitzt einen Schäferhund. Bei Hunden, insbesondere im Bereich von Wohnungen ist immer Vorsicht und Zurückhaltung geboten. Verletzte Hunde können besonders aggressiv sein (Nr. 5.11).

3. Prioritätenentscheidung

Nach dem RdErl. vom 21.3.2002 – 42.1-2761 – „Häusliche Gewalt – Information für die Polizei und andere Beteiligte" erfolgt der polizeiliche Einsatz vorrangig zur Gefahrenabwehr.

4. Leitlinien

- Die Abwehr der Gefahren für Leib, Leben der Lebensgefährtin und der Kinder hat oberste Priorität.
- Die Eigensicherung ist besonders zu berücksichtigen, aufgrund der Alkoholisierung und der Aggressivität des Herrn Schumacher ist mit einem unberechenbarem Angriffsverhalten zu rechnen.
- Alle Maßnahmen sind durch anlassbezogene, deeskalierende Kommunikation zu begleiten.
- Opferschutz und Opferhilfe haben besondere Bedeutung, Zwangsmaßnahmen vor den Kindern sind zu vermeiden.

5. Taktische Ziele

- Gewinnen von Erkenntnissen zur Gefahrenbewertung und Einsatzkoordinierung

- Abwehren von Gefahren für Leib, Leben der Lebensgefährtin und der Kinder
- Verhindern einer Eskalation sowie weiterer Gewalttätigkeiten/ Stabilisierung der Lage
- Gewährleisten einer beweissicheren Strafverfolgung
- Gewährleisten von Opferschutz und Opferhilfe

Lagefeld Störer

Ansprechen

Nach Angaben von Frau Potthoff waren mehrere Klatschgeräusche zu hören; Frau Beil hat währenddessen laut „Aua, hör doch auf" gerufen; anschließend habe Frau Potthoff ein Wimmern vernommen; nach Angaben von Frau Potthoff hatte er auch schon wieder Einiges intus.

Bewerten

Wahrscheinlich hat Herr Schumacher seine Lebensgefährtin geschlagen. Diese Handlung erfüllt den konkreten Anfangsverdacht für KV-Delikte gem. §§ 223 ff. StGB. Die Alkoholisierung des Herrn Schumacher ist im Rahmen der Strafverfolgung zu berücksichtigen.

Folgern

- Aufklärung im Hinblick auf die Tat und die Alkoholisierung
- Beweissicherung, insb.
  - Fertigen von Fotos (Situationsspur Wohnung, Verletzungen Opfer pp.)
  - Feststellen und Befragen von Zeugen (Frau Potthoff, ggf. weitere)
  - Getrenntes Vernehmen von Frau Beil und Herrn Schumacher
  - Anordnung eine Blutprobenentnahme bei Herrn Schumacher, Gefangenentransport

Ansprechen

Nach Angaben von Frau Potthoff hatte er auch schon wieder Einiges intus und wenn er „gesoffen" hat, dann ist er noch jähzorniger als ohnehin schon; auf dem Couchtisch im Wohnzimmer standen u. a. mehrere Schnaps- und Bierflaschen; Herr S. ist 35 Jahre alt und hat zuletzt als Gerüstbauer gearbeitet.

Bewerten

Eine Alkoholisierung kann gefahrerhöhend wirken. Angetrunkene Personen sind bezogen auf ihr Verhalten schlecht einschätzbar. Sie können Stimmungsschwankungen unterliegen, sowohl die Steuerungsfähigkeit als auch die Hemmschwelle kann herabgesetzt sein.

Polizeiliches Einschreiten könnte die Aggressionen von Herrn Schumacher verstärken, die sich dann sowohl erneut gegen die Lebensgefährtin als auch gegen die einschreitenden Polizeibeamten richten kann. Bei der Anwendung unmittelbaren Zwanges muss ggf. ein herabgesetztes Schmerzempfinden berücksichtigt werden. Alkoholisierte Personen entwickeln oft ungeahnte Kräfte. Gerade weil Herr Schumacher als Gerüstbauer gearbeitet hat, er sich mit 35 Jahren in einem körperlich leistungsfähigen Alter befinden dürfte und es sich um eine kräftige Person handeln könnte, muss von einer erheblichen Gefahr durch körperliche Gewalt ausgegangen werden.

Im angetrunkenen Zustand ist auch mit einer verminderten Aufnahmefähigkeit zu rechnen, was die Kommunikation am Einsatzort erschweren könnte.

Folgern
- Aufklärung in im Hinblick auf den Alkoholisierungsgrad und physische Verfassung
- Anfordern von D 13/43
- Absprache (Gespräch, Sicherung, Zwang, Stichwort)
- Zeitgleiches Betreten der Wohnung mit D 13/43 unter Beachtung der Eigensicherung
- Deeskalierende anlassbezogene Einsatzkommunikation
- Trennen und getrennt halten der Konfliktparteien
- Ingewahrsamnahme/Festnahme nach Lageentwicklung, Anwendung unmittelbaren Zwangs
- Ggf. Fesselung
- FEM mitführen (Handsprechfunkgeräte, RSG, Handfessel, EMS-A, Handschuhe, Bodycam)

Ansprechen
Nach Angaben von Frau Potthoff waren mehrere Klatschgeräusche zu hören; Frau Beil hat währenddessen laut „Aua, hör doch auf" gerufen; Herr Schumacher hat gebrüllt und hat Frau Potthoff aus der Wohnung herausgeschubst; wiederholter Übergriff nach Angaben von Frau Potthoff; Herr Schumacher hat in POLAS/INPOL den PHW „gewalttätig"; er ist seit 1.10.2017 arbeitslos.

Bewerten
Das Verhalten des Herrn Schumacher weist auf eine hohe emotionale Belastung hin. Er befindet sich anhaltend in einer psychischen Ausnahmesituation. Unrechtsbewusstsein hat Herr Schumacher offen-

sichtlich nicht. Offenbar hält er es für legitim, in seiner Familie Gewalt einzusetzen, obwohl er dadurch Straftatbestände verwirklicht. Unklar ist, ob über die von Frau Potthoff angedeuteten Übergriffe der Vergangenheit polizeiliche Erkenntnisse vorliegen. Durch die Arbeitslosigkeit haben sich seine Lebensverhältnisse gravierend geändert. Dies kann sich zusätzlich erhöhend auf seine individuelle Belastung und seine Aggressionsbereitschaft auswirken. Herr Schumacher ist in der Vergangenheit schon durch sein gewalttätiges Verhalten aufgefallen. Aufgrund des PHW „gewalttätig“ müssen nämlich Anhaltspunkte dafür vorliegen, dass er bei der Begehung einer Straftat erhebliche Gewalt gegen Personen oder Sachen, insbesondere bei Widerstandshandlungen, eingesetzt hat und bei zukünftigen Straftaten, erhebliche Gewalt gegen Personen oder Sachen einsetzen wird. Insgesamt ist von einer fortdauernden Gewaltbereitschaft auszugehen. Daher ist die Gefahr, dass er auch uns gegenüber mit Gewalt reagiert, besonders hoch.

Folgern
- Aufklärung im Hinblick auf seine psychische Verfassung und Gewaltbereitschaft
- VBA LST: eCEBIUS-Recherche nach vorangegangenen Einsätzen, ggf. VIVA-Recherche nach vorangegangenen Ermittlungsvorgängen
- Anfordern von D 13/43
- Absprache (Gespräch, Sicherung, Zwang, Stichwort)
- FEM mitführen (Handsprechfunkgeräte, RSG, Handfessel, EMS-A, Handschuhe, Bodycam)
- Zeitgleiches Betreten der Wohnung mit D 13/43 unter lageangepasster Einnahme der Sicherungsstellungen
- Deeskalierende anlassbezogene Einsatzkommunikation

Ansprechen
„So, Deine Party ist hier zu Ende, das geht nur die Familie an“

Bewerten
Herr Schumacher stammt aus einer russischen Migrantenfamilie. Die familiären Bindungen sind für Vertreter dieses Kulturkreises sehr wichtig. Es herrscht die Einstellung: „Das, was in den eigenen vier Wänden passiert, darf nicht nach außen getragen werden.“ Herr Schumacher hat durch sein Verhalten gegenüber Frau Potthoff deutlich gezeigt, dass er die „Streitigkeiten“ als interne Angelegenheit sieht, in die sich niemand einmischen soll.

Ein frühzeitiges Erkennen der Polizei kann Herrn Schumacher provozieren, da er dies möglicherweise als Eindringen in „seine Welt" bewertet. Folgen können Kurzschlussreaktionen (Bedrohungslage, sofortige Gewaltanwendung gegenüber seiner Familie, Vorbereitung auf den Einsatz der Polizei) sein.

Wahrscheinlich wird der angetrunkene Herr Schumacher mit Wahrnehmung der Polizei in „seiner Wohnung" gegen einschreitende Beamte vorgehen.

Die mögliche Annahme, seine Lebensgefährtin wäre für das Einschreiten der Polizei verantwortlich und will ihn anzeigen, kann ihre Gefährdung erhöhen.

Folgern

- Zunächst verdeckte Annäherung
- Anfahrt der Verstärkungskräfte ohne Sondersignale
- Absprache (Gespräch, Sicherung, Zwang, Stichwort)
- Zeitgleiches Betreten der Wohnung mit D 13/43 unter Beachtung der Eigensicherung
- Anlassbezogene oder eingriffsbegleitende Einsatzkommunikation
- Weitere Stabilisierung der Situation durch taktische Kommunikation
- Bei Eskalation bzw. aktueller Gewaltanwendung z. N. der Lebensgefährtin oder Angriff auf die Polizeibeamten
  - konsequente Anwendung unmittelbaren Zwanges zur sofortigen Ingewahrsamnahme des Täters
  - Fesselung und Durchsuchung
  - Gefangenentransport
- Trennen und getrennt halten der Konfliktparteien
- Darlegen der Rechtslage bei häuslicher Gewalt (Anzeige muss gefertigt werden, Wille seiner Frau ist unbeachtlich)

Lagefeld Gefahren

Ansprechen

Die Familie besitzt einen belgischen Schäferhund.

Bewerten

Diese Hunderasse hat grundsätzlich einen natürlichen Schutztrieb, ohne aggressiv zu sein. Nur ein Hund, der vernachlässigt wird und verkümmert, wird schnell aggressiv.

Der belgische Schäferhund kann aber sehr aufbrausend und kampflustig reagieren, wenn er Herrchen, Frauchen oder deren Kinder in Gefahr sieht. Zusätzlich ist zu berücksichtigen, dass Hunde ihr

Revier gegen „Eindringlinge" verteidigen. Herr S. könnte den Hund auf uns hetzen, insbesondere wenn der Hund abgerichtet ist.

Folgern
- Aufklärung bei Frau Potthoff in Bezug auf das Verhalten, den Zustand sowie das Alter des Hundes
- VBA mit DHF über LST in Bezug auf Charaktereigenschaften dieser Hunderasse
- ggf. polizeiliche Verfügung an Herrn Schumacher den Hund in einem Zimmer einzusperren
- ggf. Übergeben des Hundes in die Obhut von Frau Potthoff für die Dauer der Maßnahmen
- ggf. Einsatz von Pfefferspray

Ansprechen
Auf dem Couchtisch im Wohnzimmer standen neben überfüllten Glasaschenbechern mehrere Schnaps- und Bierflaschen.

Bewerten
Glasaschenbecher können als Wurfwaffen, Bierflaschen insbesondere als Schlagwaffen und Wurfwaffen eingesetzt werden. Die Köpfe der Flaschen könnten an der Wand oder am Wohnzimmertisch abgeschlagen werden. Mit abgeschlagenem Kopf verstärkt sich die Gefährlichkeit der Bierflasche. Sie kann in diesem Zustand darüber hinaus als Stichwaffe verwendet werden.

Ob sich weitere Flaschen oder potenziell gefährliche Gegenstände in der Wohnung befinden und ob Herr Schumacher im Besitz von Waffen ist, ist uns derzeit nicht bekannt. Z. B. im Bereich der Küche muss damit gerechnet werden, dass Zugriffsmöglichkeiten auf Hieb- und Stichwaffen bestehen.

Folgern
- Aufklärung durch Befragen der Frau Potthoff und beim Betreten der Wohnung
- VIVA/INPOL-Abfrage Herr Schumacher, ggf. Abfrage Nationales Waffenregister (NWR)
- Beachten der Eigensicherung bei Betreten der Wohnung, sofortige Einnahme lageangepasster Sicherungsstellungen
- anlassbezogene und/oder eingriffsbegleitende Einsatzkommunikation
- ggf. polizeiliche Verfügung an Herrn Schumacher sich an der Couch anzulehnen bzw. von dort wegzutreten oder ggf. Wegziehen des Wohnzimmertischs durch die Polizeibeamten

Lagefeld Gefährdung

Ansprechen
Vermutlich aktuelle Gewaltanwendung durch Herrn Schumacher (analysiert s. o.); wiederholter Übergriff nach Angaben von Frau Potthoff: „Der Nikolaj ist so komisch drauf, irgendwann schlägt er sie tot."

Bewerten
Häusliche Gewalt ist häufig ein Seriendelikt. Diesem liegt ein Gewaltkreislauf zugrunde, der geprägt ist von einer Wiederholung in immer kürzeren Abständen sowie von einer Steigerung der Gewaltintensität. Herr Schumacher hat Frau Beil bereits ein „Veilchen" geschlagen. Dies deutet schon auf eine fortgeschrittene, gefestigte Gewaltbeziehung hin. Weitere Gewalttätigkeiten in der Zukunft gegenüber seiner Lebensgefährtin und ggf. ihren Kindern sind nicht nur möglich, sondern zu erwarten.

Folgern
- Aufklärung in Bezug auf die Gewalthistorie und Erstellung einer Gefahrenprognose
- Wohnungsverweisung/Rückkehrverbot gegen Herrn Schumacher

Lagefeld Opfer

Ansprechen
Erst vor ein paar Tagen hat sich Frau Beil zuletzt am Telefon bei ihrer Schwester ausgeweint, weil er ihr schon wieder eine verpasst hatte. Sie würde ihn aber niemals anzeigen.

Bewerten
Frau Beil könnte das Einschreiten durch die Polizei ablehnen, da sie selbst in der Vergangenheit auf Hilfe von außen verzichtet hat. Im Extremfall kann es zu Solidarisierungseffekten zwischen Opfer und Täter kommen.

Folgern
- Anlassbezogene Einsatzkommunikation
- Trennen und getrennt halten der Konfliktparteien
- getrenntes Vernehmen von Herrn Schumacher und Frau Beil
- Darlegen der Rechtslage sowie Transparent machen der polizeilichen Maßnahmen (Ingewahrsamnahme/Wohnungsverweisung mit Rückkehrverbot/Strafanzeige)
- Opferbetreuung und Vermittlung von Beratungsangeboten

Ansprechen
Frau Beil wurde von ihrem Lebensgefährten vermutlich geschlagen (analysiert, s. o.).

Bewerten
Bei häuslicher Gewalt ist von einer hohen emotionalen Belastung aller Beteiligten auszugehen. Frau Beil befindet sich in einer psychischen Ausnahmesituation, die ihr eine Einschätzung ihrer Lebenssituation sehr erschwert. Welche rechtlichen Möglichkeiten sie zur Lösung ihrer Beziehungsprobleme hat und welche Hilfestellungen sie in Anspruch nehmen kann, wird ihr nicht bekannt oder bewusst sein. Wahrscheinlich ist sie auch verletzt.

Folgern
- Opferberuhigende Kommunikation
- bei Verletzung Leisten Erster Hilfe, ggf. Anfordern RTW
- Hinweis auf ärztliches Attest
- Darlegen der Rechtslage sowie Transparent machen der polizeilichen Maßnahmen (Ingewahrsamnahme/Wohnungsverweisung mit Rückkehrverbot/Strafanzeige)
- Hinweis auf spezifische Beratungsstelle und Hilfseinrichtungen
- Fertigen der Strafanzeige und Dokumentation über den polizeilichen Einsatz bei häuslicher Gewalt

Ansprechen
Frau Beil wurde von ihrem Lebensgefährten vermutlich geschlagen (analysiert, s. o.); die Kinder haben ebenfalls gebrüllt.

Bewerten
Die Kinder, sechs und neun Jahre alt, haben ggf. mit angesehen, wie ihre Mutter geschlagen wurde, sie weinen. Minderjährige sind durch häusliche Gewalt besonders belastenden und traumatisierenden Eindrücken ausgesetzt. Insbesondere für Kinder ist es angsterregend, Gewalttätigkeiten zwischen Erwachsenen mitzuerleben. Dies ist umso gravierender, wenn es sich bei diesen Erwachsenen um die Eltern bzw. sehr enge Bezugspersonen handelt, die ihnen doch Schutz und Fürsorge bieten sollen. Beobachtete und erfahrene Gewalt von Kindern hat vielfältige und unterschiedliche Auswirkungen. Sie kann zu einer Beeinträchtigung der emotionalen, körperlichen und kognitiven Entwicklung der betroffenen Kinder führen, unter bestimmten Bedingungen auch zu traumatischen Schädigungen. In Untersuchungen wurde festgestellt, dass 50–70 % der Kinder, die häuslicher Ge-

walt ausgesetzt sind, unter posttraumatischen Stressstörungen leiden.

Diese Eindrücke können sich durch polizeiliche Intervention gegenüber den Elternteilen noch verstärken.

Folgern
- Aufklärung im Hinblick auf die körperliche und seelische Verfassung der Kinder
- Opferberuhigende, anlassbezogene Einsatzkommunikation
- Übergabe der Kinder in die Obhut von Frau Potthoff für die Dauer der Maßnahmen
- Bericht Jugendamt, ggf. Anforderung des Jugendamtes zur Einleitung von Sofortmaßnahmen zum Schutz der Kinder

Lagefeld Bevölkerung

Ansprechen
Hier wohnen überwiegend sozial schwache und kinderreiche Familien. Der Anteil an Migranten beträgt 80 Prozent. Die Wohnung Schumacher befindet sich in einem zwölfgeschossigen Hochhaus.

Bewerten
Das Einschreiten in sozial belasteten und konfliktträchtigen Wohngegenden (sozialer Brennpunkt) ist häufig besonders problematisch. Der Einsatz der Polizei wird ggf. als Einmischung in eigene Angelegenheiten und Eindringen bewertet. Wahrscheinlich sind viele Jugendliche vor Ort. Mit Schaulustigen ist in jedem Fall zu rechnen. Aber auch mit Solidarisierung und möglicher Einmischung/Behinderung muss gerechnet werden.

Folgern
- Anfahrt ohne Sondersignale
- verdeckte Annäherung
- Aufklärung vor Ort (insbesondere Umfeldbeobachtung und Verhalten der übrigen Bewohner, Schaulustige)
- Verstärkungskräfte D 13/43 anfordern
- FEM mitführen (Handsprechfunkgeräte, RSG, Handfessel, EMS-A, Handschuhe, 2. Fzg-Schlüssel, Bodycam)

Lagefeld Raum

Ansprechen
Einsatzort ist die Wohnung der Familie Schumacher/Beil in der vierten Etage eines zwölfgeschossigen Hochhauses.

Bewerten
Sowohl das Wohnhaus, insbesondere Ein- und Ausgänge, Flucht-, Versteck- und Rückzugsmöglichkeiten als auch der eigentliche Einsatzort (Wohnung) mit seinen spezifischen und gefahrträchtigen Bereichen (Aufbewahrungsörtlichkeiten für gefährliche Gegenstände etc.) ist den Einsatzkräften der Polizei grundsätzlich nicht näher bekannt.

Im Gegensatz dazu ist anzunehmen, dass Herr Schumacher nicht nur mögliche Flucht- und Versteckmöglichkeiten kennt, sondern insbesondere Ablagen gefährlicher Gegenstände oder gar von Waffen.

Folgern
- Aufklärung bei Frau Potthoff und vor Ort
- Besondere Beachtung der Eigensicherung

Lagefeld Kräfte

Ansprechen
D 13/42 ist bereits im Einsatz, der D 13/43 wird auf Anforderung unterstellt.

Bewerten
Das analysierte Eskalationsrisiko und die Notwendigkeit von Folgemaßnahmen (z. B. Gefangenentransport zur Entnahme einer Blutprobe) machen den Einsatz einer weiteren Fustkw-Besatzung erforderlich. Es kann aber nicht ausgeschlossen werden, dass im Fall einer unerwarteten Lagenentwicklung weitere Kräfte angefordert werden müssen.

Folgern
- Anforderung des D 13/43
- Koordination der Maßnahmen
- Lagemeldungen an LST und DGL nach Lageentwicklung
- Türen offenlassen (Haustür, Wohnungseingangstür)

Polizei Info Report

Die traditionsreiche unabhängige Zeitschrift für den Polizeibereich bietet in sechs Heften pro Jahr fundierte Beiträge zu aktuellen Rechts- und Polizeithemen, gesellschaftlichen Entwicklungen, Rechten und Pflichten sowie Berichte zu spannenden Kriminalfällen. Anerkannte Fachautor:innen, sowohl aus dem wissenschaftlichen wie auch dem polizeipraktischen Bereich, gewährleisten hochwertige Beiträge. Musterklausuren in jeder Ausgabe bilden einen zusätzlichen Schwerpunkt für die Unterstützung von Polizeischüler:innen und Polizeianwärter:innen. Erscheint 2-monatlich.

Zeitschrift, erscheint 2-monatlich, Jahrespreis 72 € (für Studierende 28 €)

Grutzpalk

Gesellschaftswissenschaftliche Grundlagen für Polizei und Verwaltung

Einführung in Studium und Praxis

Der Band hilft zu verstehen, wie Gesellschaft funktioniert, und vermittelt praxisnah die diesbezüglichen Grundlagen für Studierende und Behörden gleichermaßen. Warum wir in Gemeinschaft leben (müssen), obwohl jedes Gemeinschaftsleben stets problematisch und konfliktbehaftet ist, wie diese Grundprobleme angemessen analysiert und bewältigt werden können, welche Institutionen dazu erforderlich sind und welche besondere Rolle hierbei die öffentliche Verwaltung in modernen Gesellschaften spielt, sind die zentralen Fragen, die dieses Lehrbuch kompakt, präzise und allgemeinverständlich behandelt.

2024, Softcover, 142 Seiten, ISBN 978-3-8293-1871-6, 25 €